U0060193

目錄

巧固球（Tchoukball），是他從不會、不懂到擔任國際巧固球總會會長，卸任後成為國際巧固球榮譽總會長，這是一個傳奇。

一位小學的老師，憑著他堅毅不拔的精神、強烈感恩的信念，終於獲得國際上巧固球朋友們的肯定。雖然曾經有不少人剛開始並不看好他，但是也有不少鮮為人知的奮鬥過程，確實值得我們來學習。那些事呢？

1，基層做起：教師實習時剛學會帶巧固球隊，帶隊至今 25 年，更重建高雄市體育會巧固球委員會，期間擔任過總幹事和主委，全國副秘書長、亞洲秘書長、副會長、國際執委、技委、總會長到榮譽總會長，資歷非常完整，難得一見。

2，英文自學：從不會說英文，自學到擔任會長八年和各國溝通良好，幾乎每天都學習和用到英文，實用英語是與人溝通最好的互動。

3，自費百萬：25 年推展期間，約花五百萬，尤其早期沒政府資金協助，各國會長和秘書長來台灣都是他接待自籌，也和國外建立很好情誼。

4，八年政績：進成擔任總會長期間，舉辦 43 場比賽，123 場講習，建立很多制度，一群志工主動協助，花很多心力，也讓國外看到台灣 37 年來年年世界冠軍的成果。

5，走訪 34 國：進成每次出國都是因為巧固球，也是如此讓各國間可以風行，早期自費而且都是自己一人做廉價航空，一次還跑二個國家省經費。研究歷史的他，總是馬不停蹄地向各國推展巧固球運動，宣揚巧固球發明人布蘭德博士（Dr. Hermann Brandt）的理念及意涵。

6，二次連任：與會各國都支持當選，沒來也都支持，幾乎沒有反對之國家，可以知道他的超人氣，八年內國際間巧固球呈現和諧和積極之動能。

　　這本書是進成榮譽總會長為紀念及感恩瑞士布蘭德博士所發明的巧固球而寫的，內容含蓋布蘭德博士發明巧固球的原因和過程。由於他在發明巧固球後隔年去世，文章也都是法文，因此，進成榮譽總會長發願先找人翻成英文，再取得授權翻成中文。此書的問世，在讓大家知道巧固球運動之教育性，透過它，知道我們的根，我們的本，讓人類的社會更美好，這就是人人常說的：運動教育真善美的地方。

　　恭喜你！身為曾是你的博士班導師，很替你高興，願你能藉著在巧固球運動中，將所學所得的經驗與榮譽，無私無我地繼續傳承下去，回饋國際社會。

周宏室

前國立體育大學校長

亞太巧固球總會會長　2017-12-06

透過巧固球，我認識了黃進成老師，也因為認識了黃老師，才知道他在教育界不僅為人憨厚、認真負責地指導學生，還奉獻了大半時間在學習、教學並推廣巧固球。黃老師是位巧固球的歷史家，他熟悉巧固球發展的過程，是如何一點一滴地在台灣紮根和廣為人知，這個運動甚至成了老少咸宜的休閒娛樂，巧固球大家庭有了黃老師的親力親為並奠定優良的基礎，我真的為此感到相當地榮耀和開心。

黃老師在擔任國際巧固球總會會長，8 年的時間裡，用心且不辭辛勞地把巧固球運動體系建立得完善，不論是幕前還幕後，他都有著堅守崗位、全力以赴的正向態度去實行，腳踏實地一步步往外與國際接軌，跑遍五大洲，與其他同樣為巧固球盡心盡力的夥伴們，一起舉辦許多研習課程和大小型比賽，不斷地開會討論，帶領巧固球和夥伴們往更好的成績和目標邁進。往內與台灣本地許多小學、國中、高中甚至大學，建立良好的巧固球教學課程系統，加上雙向交流溝通，使巧固球在台灣站穩腳跟，根深植入校園裡，甚至年齡較長的長輩們也深深為之著迷，無論是觀賽或是作為球員，都知道巧固球並了解其規則。8 年，看著黃會長為巧固球付出的點滴，身為他的前任秘書長，在他身上學習了很多國際推廣等相關事務。

黃會長長期研究巧固球的歷史，專精且熟稔各國巧固球之發展狀況，因而汲取了布蘭德博士發明巧固球的重要精髓與理念：和諧、友好、互助，更把布蘭德博士的法文原版著作翻譯成英文，再翻譯成中文，不但傳承了布蘭德博士對巧固球的精神和熱愛，還不吝把自己所經歷與學習到的東西都放進書中，造福了巧固球大家庭，期望大家在拜讀此書時，都能有愉快的心情，也不忘感謝黃會長有如此大的貢獻！

國際巧固球總會會長
FITB President
Shen Szu Fang

各位熱愛巧固球的夥伴們：

您知道巧固球運動為何叫做巧固球？它是怎麼被發明的嗎？若您看過這本書，您會驚嘆當時布蘭德博士的遠見，從心身醫學、人類學、運動教育學、社會學、生理學和心理學，透過團體運動的科學評論，將所有規則擬定都有其科學基礎，寫出 200 多頁的報告書，研究一個未來運動，就是巧固球。

當時布蘭德博士發明這運動後，得到當時國際體育學術聯盟之最佳創意獎，然而隔年生病去世，也因為所有文獻都是法文，初期推展不順利。數年前我請瑞士會長 Pierre 翻譯成英文，我也立志要翻成中文，也取得瑞士 Michel Favre 的授權，可以翻譯和發行。

全書有很多專業術語，讀起來會有點累，但是您會知道我們巧固球這運動偉大的發明，尤其是布蘭德所說的話：人類運動的目的不是為了優勝，而是為了建立一個和諧的美好社會來有所貢獻。哪有一個運動發明即有如此崇高的理想？

我擔任 8 年會長期間，我一直以幫助各國為宗旨，尤其是新興國家，因為會員國增加，我們才有機會增加能見度，也才能加入大型運動賽事，從 22 國{當時實質只有 15 國推展}到 47 國，這中間在有限的經費下，非常辛苦。感恩陪我走過的八位秘書，八位執委、各國會長和秘書長及教練裁判和選手家長們的協助，感恩教育部體育署經費支持和感恩家人的體諒。

如果巧固球運動很好，為何初期我們會推展不好？研究歷史的我發現幾點就教大家：

1. 布蘭德博士去世早：發明後生病，隔年去世，若能晚個二年，以他在瑞士運動界之能力，一定可以讓巧固球走出一片天。

2. 大型運動擴張衝擊：很多大型運動增加不同量級或項目，增加獎章，也增加人口，相對排擠新興運動。每每只有亞奧運項目才能參與大型賽事，其他新興運動都沒考量，新興運動不容易發展。

3. 不知道巧固球之根：看過這本書之後，您將會知道巧固球發明者的偉大，更希望我等巧固球推展者，深信運動之根本，促進彼此更美好之未來。

4. 說的人多做的人少：在一個新興運動中，沒有利益和看不到的未來，大家都在觀望和等待，期許喜愛這運動的夥伴，每人在自己專業領域來協助這運動之推展，巧固球一定會更好。

如何來閱讀本書呢？

1. 學理上不懂可跳過：本書為了避免原意誤解，直接從法文翻成中文，期許更知道內容之精要。翻譯社非常用心，很多醫學名詞還去問醫生，其實有些很難懂，那就跳過去吧！

2. 這是近 50 年前的瑞士：內容談及都是約 50 年前在瑞士，有時空環境不同之問題，然而很多學理至今非常先進，改變最多是規則喔，和現在差很多。

3. 歡迎提供問題：因為是翻譯，若有問句不順或字有誤，歡迎告知。可 mail 到 academic@aptbf.org，我會再版會更好。

4. 歡迎來做學術研究：本書可以給大家做學術研究很大之方向。

當我親自看完且校對，我深信巧固球會有很好之未來，因為我們是一個經過科學研究出來促進人類和平的運動。

本書親自去瑞士取得布蘭德博士學生 Michel Favre 親自授權，扣除翻譯費和出版印刷、廠商販賣基本成本和利潤後，本書所有盈餘我擬捐助亞洲太平洋巧固球總會成立布蘭德基金專戶，協助巧固球運動之推展。這本來就是布蘭德博士資產，應該用於巧固球推展。

黃進成

國際巧固球總會榮譽會長
亞洲太平洋巧固球總會副會長兼秘書長

布蘭德博士

團體運動的科學評論研究

布蘭德博士出生於西元 1897 年 10 月 6 日瑞士。他在 1924 年成為運動生理學家且迅速喜愛上生理學教育。在對一些受傷的運動員進行諮商時，他發現極大部分的運動傷害都是因為不適當的生理動作或是因具侵略性的運動練習而造成的。

布蘭德博士是排球和籃球運動在瑞士的發起和推展的第一人，他也是在瑞士創立運動醫學中心的創始人。在 1967 年他著作且出版了「運動教育與身體活動：從生物學的觀點」一書。1965 年在閱歷過所有的運動傷害後，他想發明一種既遵照個體解剖學且有團體互動更有教育性的運動。

對他來說，"人類運動的目的不是為了優勝，而是建構一個美好的社會來有所貢獻"。在 1970 年八月十六日葡萄牙里斯本，他在國際體育學術聯盟〔FIEP〕發表了他的研究結果，並且提出一個新運動名叫"巧固球"。藉由他的著作「團隊運動的科學評論研究」一書，使他獲得蘇林獎，且一書被公認為運動教育中最好的發現和理論，「團隊運動的科學評論研究」一書中包含了生理學、心理教育學和社會學等主題。

在 1972 年日內瓦，布蘭德博士在未見到法國和瑞士球員所舉辦的第一屆世界巧固球比賽，就去世了。

謹此致上我最友好和誠摯的敬意
向國際體育聯盟和各位長官

萊昂・奧利維拉（Leal d'Oliveira），國際體育聯盟榮譽會長
皮耶・瑟瑞安（Pierre Seurin），會長

以及葡萄牙政府國家教育部體育和運動總局捐贈 2000 美元
贊助蘇林獎

赫爾曼・布蘭德（Hermann Brandt）

序言

國際體育聯盟會長<u>皮耶・瑟瑞安</u>（Pierre SEURIN）撰文

我們親愛的朋友<u>赫爾曼・布蘭德</u>博士的著作榮獲蘇林獎，這個獎項是由<u>國際體育聯盟</u>為獎勵（每四年舉辦一次）從生物、教學和技術觀點的體育理論創作而設立。

一九七零年八月<u>里斯本國際體育聯盟</u>大會期間隆重地將此獎頒給他。

他著實當之無愧。

事實上，這部得獎作品，主要內容是廣泛思考關於運動一般問題（從實踐者、領導幹部、運動醫學醫師等長期且密集的活動開始），以及<u>赫爾曼・布蘭德</u>博士所發明的一種新運動的系統性實驗成果，這種新運動叫做巧固球。

這部作品的一般意義看來非常清楚：

1. 出發點，乃由於醫生、教育家和運動員關切現代身體活動的教育價值。

有關這項主題，三段引文尤具特色；

《人類身體活動的目的不在於製造冠軍，而是幫助建立有意義的人類社會》（第 22 頁第 3 段）

《我們非常懷疑不斷地製造超級冠軍適合人性需求》（第 23 頁第 2 段）

《我們應該讓身體活動發揮社會教育作用，並盡最大可能妥善普及社會各階層人口》（第 23 頁第 2 段）

這絕不是抨擊任何運動，即便是那些追求冠軍的運動，只是希望這麼做能使那些追求冠軍的運動（這在許多領域是天經地義的）莫再有錯覺幻想，並且不要隱藏真正的社會問題：為了最大多數人設想，使運動具有教育性。

2. 在這場爭取具教育價值的體育運動的奮鬥過程中，透過身體活動（或體育）將運動完全和教育合為一體，我們樂見因此能開發一種具體的 — 和經過系統性研究的 — 秉持本精神設計的運動實例。

正由於這股殷切關懷的驅使，多虧其豐富的生物學、心理學、社會學涵養，還有對於體育的熱心奉獻精神，布蘭德博士反覆思量，逐漸開發出一種新運動，其架構可在成長和教育意涵上，非常有效地解決身體活動產生的問題。

布蘭德博士說道：「這是關於將一種運動轉化成正常化社會環境裡心身醫學（psychosomatique）要素的真正體適能活動。」，

我們認為已達到追求的目標。巧固球替教育性運動和大眾運動提供非常有趣的活動方式。它幾乎在任何地方都可以玩。無須固定或昂貴設備。從小孩到老人都適合，不論專業運動員或未受訓練的成人都可參加。其在生物學、心理學和社會學方面的教育價值非常顯著。多虧布蘭德博士和他的朋友們，巧固球已開始在瑞士風行。我們期望這個『家庭式運動』（jeu « de famille »）也可以饒富運動性，並且很快地發展。

除了上述巧固球帶來的諸多樂趣以外，布蘭德博士作品建立了科學數據、哲學思考和教學的資源，這對於體育和運動領域的科學研究員和教育家而言將是彌足珍貴的。

我們的朋友將會，再一次，以鍛鍊身體成就有穩定機會進步的教育偉大事業。

皮耶・瑟瑞安（P. SEURIN）

緒論

　　國際體育聯盟（FIEP）一向表現非常關切科學在體育（l'Education Physique）或，尤其是精神運動教育（l'Education Psychomotrice），簡言之就是在教育的演進過程中所佔地位，其著重點在於身體活動、和諧發展和器官養護。

　　這就是為何在宣布第一屆體育理論國際文學大賽（le Premier Concours Littéraire International sur la Théorie de l'Education Physique），葡萄牙政府撥款貳仟美元贊助當時即將於一九七零年八月里斯本舉行的蘇林獎（le Prix Thulin）；國際體育聯盟前任會長約瑟夫·蘇林[*1]（Joseph G.Thulin）贈送一面銅製藝術獎牌；我們曾正式表達願望，願每位競爭者的研究能綜合科學、教學和技術價值對於身體活動的影響。

　　國際體育聯盟最後將蘇林獎頒給赫爾曼·布蘭德博士，他身兼科學家、教育家和鍛鍊身體的實踐家，得獎論文乃關於一種功能綜合的運動之基礎理論概念，作者將該運動命名為**巧固球**。

　　第一屆體育理論國際文學大賽和巧固球運動為當代體育的重要轉折點。

安東尼·萊昂·奧利維拉（Antonio Leal d'OLIVEIRA）
國際體育聯盟榮譽會長

[*1] 約瑟夫·蘇林（Joseph G.Thulin），瑞典人，1935-1958 年擔任會長

前言：巧固球得到認識

八到十六歲的課程 2004 年 10 月

　　巧固球在體育學校即使還沒有像舞蹈那般成功受歡迎，這門科目無論如何已獲得認識。雖然有一個學期的課程因為參加人數不足而被取消，但誠如米歇爾・弗爾（Michel Favre）所保證，絕不會就此放棄。米歇爾・弗爾是這項運動的負責人，而表現最優異的就屬紐沙特人（Neuchâtelois）[*1]。米歇爾・弗爾說道：

　　『我們將會努力不懈。而且，我們已於十月十一日至十五日的假日營在紐沙特市全方位體育館開設入門課程。我很清楚紐沙特市有極富潛力的巧固球員。』

　　社會暴力現象層出不窮，我們必須說巧固球是一種完全可以讓社會大眾開心的運動。一位剛退休的數理教授說明：『巧固球對於身體和心理的健康都有益處。球的大小可選擇適合的，沒有擋球動作。這是一種非常高尚美好的運動，它具備完善的運動規則以求盡可能避免比賽暫停。』

它是適合所有人的運動

　　紐沙特市雖然還沒有全面陷入對巧固球瘋迷狀況，身為巧固球青少年兒童專家的米歇爾・弗爾非常清楚實際情形，現在每週一和週五有五十多位兒童齊聚瓦勒德魯斯[*2]（Val-de-Ruz）分享巧固球歡樂時刻：『我們也很歡迎大人加入，這是當然的。目前參加週五晚上訓練課程的學員，有十二到十四歲的青少年，也有超過七十五歲的人。說到這點，應該有國際人士加入更好。所有人混合加入一起比賽。』沒有多

[*1] 紐沙特，位於瑞士西部紐沙特州的紐沙特市
[*2] 瓦勒德魯斯，位於瑞士西部紐沙特州的瓦勒德魯斯鎮

少運動項目可以如此自豪適合大家一齊玩。

談到國際化，瑞士巧固球男子隊贏得最近世界冠軍頭銜可帶來廣大的宣傳效果，米歇爾・弗爾對此有何看法？他回答道：『我有點不好說。巧固球終於能在電視上稍微亮相，固然是好的。但巧固球講求的真正精神並不在於所獲得的成績。我覺得最理想情形應該是報紙一整個版面充滿友好動作的照片。就好像連環漫畫一樣，然後分數寫得小小的，放在頁面最下方就好。我認為從事巧固球運動是規律鍛鍊身體並從中享受樂趣的良好機會。而且，科學已經證明鍛鍊體能可以提高智能。』巧固球，一種希望對參加者只有益處的運動。

在二十一世紀初，運動盛會仍然是首屈一指的重要活動。

現今法文的「運動」《sport》一詞乃從（十五世紀的）英文《sport》外借而來（時值 1828 年），而英文《sport》本身係從（十二世紀的）古法語《desport》外借而來，在古法語中，《desport》意謂娛樂消遣。「運動」一詞代表出於樂趣而從事的身體活動，並經常本著競爭精神。此後，運動即代表所有身體活動，含有運動、拼鬥和努力意味，實踐過程中必須經過訓練和遵守一定的規則。

在二十世紀，運動成為新聞娛樂的重要版面，運動因此帶來可觀的經濟效益。

運動在社會中的重要形象，讓所有男女都可任憑想像力馳騁，想像有機會讓身體達到理想狀態或夢想輝煌的體育戰功帶來名利。體育賽事不僅有關運動，還牽涉金錢。這些現象放縱貪婪並衍生諸多惡劣行徑。

事實情況至此，如何保護運動的本質和其教育價值的根本問題，更形重要。

巧固球的設計概念乃在於防禦、保護和發展體育的首要基本價值。拜其整體設計之賜，巧固球是 一種提供涵蓋生理、心理、教育和社會學成效的工具。

在 1970 年巧固球主要還是一項理論而已，只有我們少數幾個人尋求必要方法以便在社會裡實踐這項運動。巧固球的哲學主要強調兩點：一方面，就個人（精神的和身體的）整體而言，涉及身體運動活動；另一方面，就團隊而言，則包含人際關係、互助合作和共同建設。

當今我們社會不安的氣氛或許更激發大家想在團隊關係領域裡獲得滿足的願望和需求。在這層意義上，巧固球運動非常有利於人際關係，並增進人與人之間的交流和互相尊重。這項運動提倡溫和有禮，而非製造衝突打擊對手。

其比賽和對抗應該是如同歡慶節日般，可以允許表現個人英雄式的精彩動作，而兩隊交鋒對抗時，也鼓勵利用豐富團隊關係增加作戰力。球員的個人成績，對其他隊友而言，是其個人的一種自我實現，每個人都可以感覺自己是主角。

一位球員的輝煌成績乃因其他隊友個人成就才得以存在，每位隊員都應感覺自己是主角。

赫爾曼・布蘭德（Hermann Brandt）著作的第一本英文譯本：〝團體運動的科學評論。巧固球，未來的運動！》（*Etude ciritique scientifique des sports d'équipe. Le Tchoukball sport de demain!*），是一件重大紀事。它是在法文版第一次出版之後，隔了三十三年才出版，也因此反映了巧固球的擴大發展。英文版問世的時機正好，希望能促進本運動風行全球。

在寫這篇前言，許多有關西元 1971 年法文版初版的回憶再度浮現我的腦海。我很幸運能夠結識赫爾曼・布蘭德，並和他共事數年，還與他共同出席里斯本的「蘇林獎」（prix Thulin）的頒獎典禮。應其要求，我參與其著作內部的插畫製作，以及書本封面圖樣設計和背面的「蘇林獎」獎牌照片樣式。

西元 1972 年慕尼黑奧運會期間，我在奧運會附設的講習班，即第八屆世界基督教青年會健康和體育協商會（8th World YMCA Consultation on Health and Physical Education），親自介紹巧固球這項體育競賽和其哲學，地點就在慕尼黑，期間是為西元 1972 年 8 月 28 日至 9 月 1 日。

西元 1970 年，赫爾曼先生和我共同編寫一份章程（charte）*，以作為巧固球競賽規則的必備補充資料。

本章程初稿完成時，我們寫了這樣一句話（現今只能說是我一個人的承諾）：

> *"我們摒棄這種虛偽和極端民族主義的現代奧林匹克精神"*

當西元 2000 年創立國際巧固球總會網站，重新細讀該章程的文本時，我接受刪除這句話。看來這樣似乎明智些，在國際巧固球總會內部發言語氣最好和緩些，避免激烈言論，並且對於奧林匹克運動，不要堅持太過批判的立場。

我覺得很有意思的是，在第一次編輯草稿時，我們寫了這段話：

『比賽應該以人性理解的意志作為發展框架，考量所有宗教或團體，無任何民族優越感（或是任何兩個團體！）…期待直到有一天沒有任何參賽隊伍會大肆炫耀代表自己民族的顏色，一個團隊的組成人格特質對其本身仍有意義，而其所代表的國家，僅表示該隊伍是由該國提供資源。』

赫爾曼・布蘭德和我，兩個人都同意不要印出這段話，因為我們認為民族主義已逐漸式微。但把它放在序言裡，我倒覺得恰當，因為這段話可以提供大家有關我們社會中運動的演進發展和連結民族主義等值得省思的主題。

在此表達我最衷心的願望是，希望各位，不論您是男性或女性高階管理人員或是運動員，都能永遠遵照赫爾曼・布蘭德講求的精神，以及我本人在本書和我們的章程所介紹和發展的精神，幫助推展巧固球運動。

我引述遺傳學家亞伯特・賈夸（Albert Jacquard）的一段話作為結語：

『運動的真正實施方式是，在他人帶著審判、或可能是讚賞的眼神觀看下，建立個人和自己身體之間的對話。這種對話可能很粗野，要求也可能很嚴格，重要的是，身體是受尊重的，而非淪為簡單的工具而已。』

『一起帶著微笑好好活著，這將是我們的座右銘。』

米歇爾・弗爾（Michel Favre）

I. 總序

1. 從科學到技術

　　年輕醫生接觸運動醫學（la Médecine Sportive）時，首先會發現在最外層表象下，有一些了不起的真相，稱作《體育教育》（Education Physique）和《運動》（Sport），涵蓋了整套流程、方法、極其多樣化的活動，而人們對它卻僅有少得可憐的零星粗淺概念。大家的第一個印象是，運動醫學要有效且實用必須仰賴*至少足夠*的體育和運動知識。

　　但，當我們開始全面檢視這套看起來似乎不協調的流程、方法和活動時，我們了解到這些活動涵蓋的範圍之廣且呈現問題之多。

　　就個人而言，我一貫的看法是，要制定運動醫學活動就必須精確且充分地了解身體活動的自然技巧。然而當我們要研究這第一個問題時，一個意外發現吸引了我們的注意：關於身體活動，有時候我們會去做一些身體活動，只是基於單純的樂趣，並無其它任何理由或動機，純粹享受運動、競賽或運動成就帶來的樂趣；有時候我們必須面對*教學上所關切的問題*，首要在於達到人類的有形身體素質。這第一種分類法，乍看似乎有點過於簡化，在所有運動醫學活動領域裡，這種分類法卻與我們從此不可分，因為，一方面，有人從事運動是單純*為了樂趣*，未考慮生物方面的成就；但另一方面，有人追求的是具體質量的成績，因此，不論他們是老師或受訓學生皆擔憂教學成果。

身體活動首重人性

　　若我們還沒有從基礎認識做起，就從醫學觀點說明運動，在我看來這是沒有意義的：我們應該認識身體活動的技術結構，了解其中指揮管道，並利用科學知識支持那些努力使體育朝人性化方向發展者。

正所謂『無感知的科學充其量只是心靈的廢墟』：科學仍應以人性基礎做出發點，我認為經由身體活動探討人性是值得科學家關注的。

　　這就是為何就某部分而言，我們只能說很滿意越來越多的體育教師發揚科學活動，至少，這些老師明白他們不可能完成如此龐大的任務，除非盡最大可能引用生物科學現實主義（le réalisme scientifique biologique）；當我說生物學，包括所有腦部活動和心理方面。

　　希望看到人性化身體活動是表示主張現實主義還是缺乏現實主義呢？醫學教我們明白人類，因為無論任何一個醫療行為若和病人的性格毫無關連是很罕見的。任何醫療接觸，任何健康問題都需要檢查有關該問題的人類資料數據，而人表現他真正的人性，也就是說其全部性格，首先是醫學和生物的，但也包括這方面的心理、個人行為及家庭、社會和工作環境，簡言之，就是使人類成為人的全套資料數據，不可分割，不任由不同方面共用；全套資料數據彼此互為連帶關係，而〝人〞集大成。

　　當我們檢驗、研究和應用**身體活動**，鍛鍊《全人》（homme total）的困難總令我們驚訝不已；所有方法、所有運動競賽、所有運動都忽略人的某些特定方面；並且，若身體活動真的必須延伸幫助造就一個人，而非僅供消遣娛樂，那麼應該好好關切實施身體活動的方法及其效果，尤其必須核實是否遵守我們賦予它的承諾。

科學與實踐

　　對於負責處理這些問題的科學家而言，沒有比自己親自掌舵還要更好的經驗了，也就是說，將自己變成教學者，親自教授訓練別人，負責所使用的教學方法和程序的成效。身為科學家應有能力檢視自己所追求或期待的成果是否已實現；然而，在這方面，唉！我們只能嘆息，越來越失望；但願從一開始我們就有一個明確的理想，亦即，對於必須提出的長遠目標先有清晰的概念，應該達到的願景範圍，包含個人的和身體的，以及心理的和社會的，我們會遭遇很多常令人氣餒的經驗和意見。身體活動遠遠沒有達到一般文化水準，而一般文化水準是孕育和擔保人性化水準的根基，有了文化，人們才懂得人性是令人想望的、是必要的。

醫生專心檢查細小問題，血壓、脈搏、心臟聽診、呼吸，甚至氧氣燃燒，僅明白在身體活動時，人類參與其中非常小的一部分；然而，他不僅僅忽略其餘部分，還毫不在意；例如，不久前，醫學界終於決定努力探討人類心理層面，經過初步嘗試，一些新發現令人振奮，顯示科學領域何其浩瀚，有待我們探究以確認結果。

追尋完美目標

儘管如此，不斷追求完美目標的人總令人驚喜、失望、希望交迭出現；但是，唉！有人提出悲觀看法，認為身體活動的項目太多以致無法達到他們的目標，因為這些身體活動的規劃設限太多，目標又過於狹隘；體育經常只求肌肉關節的改善、一些神經系統的發展、有時可能還有一些比較廣泛的生物效應（包含心血管功能、呼吸功能）；此外，運動具備休閒和運動的吸引力，人們即使有點困惑不安還是一股腦兒投入；我不相信任何一個明事理的人，觀察到大型運動比賽和奧林匹克世界冠軍引發的社會和團體效應，當其**思量人和社會**的關係時，豈能不因此深感不安；因為社會大眾都關切，但以甚麼方式？比方說奧林匹克運動會，它是為人類利益發展嗎？我可以很輕易舉證說明事實正好相反，有正當意圖的人和教學者以健康心態強調他們深刻企求人性化，承認不安並自問如何能夠有一天推翻運動唯利是圖的風氣和糟透的心理影響，停止追逐冠軍，運動是大眾同樂的運動。

因為必須高度確認：我們的目標，有關於身體活動的目標，是人性化的，不是為了製造冠軍，而是讓身體活動得以幫助建立一個安定的社會；此社會的建立應該首先真正地、有效地替單一個體設想，還有在社會中實踐和生活的所有人。一旦我們清楚認識問題，就可簡要地指明和規劃各項不同的身體活動演進計畫之時程，這些計畫讓我們得以清晰觀察有時候哪些方法成功可行，比較常見的是，有時候可以認清那些嘗試會增加或減少慘重的、群體的或個人的失敗。

它關於甚麼呢？

我們強烈懷疑不斷製造超級冠軍是否真正符合人性需求，比方說，如果像奧運體制那樣的超級國際大賽讓我們產生了一種看法，我們看到冠軍偉大，但，我們卻不認同全體人類為了供應冠軍產生而花費甚鉅；我們應該意識到有一群運動實踐者（他們唯一要求是盡可能消遣放鬆）在一旁被漠視，無論如何，這沒有道理，尤其是不平衡，而且，針對身體活動，為了產生超級奧運世界冠軍竟如此耗費努力，若我們真正考量全球所有人口的大眾群體需要，我們只能憂懼唯利是圖的運動已失去人性。

我聲明並堅持以上所述：從我們想要真正地、科學化地處理身體活動這方面問題開始，便邀請這個計畫其他負責人員共同討論，各種客觀的、現實的或當今現況的意見所引發的焦慮只有促使我們更想大力努力以達成這萬分緊急又必要的目標：使我們的身體活動人性化。當我說《人性化》，意指，一方面，了解人的全部面向，包含其複雜性、內在活動、社會關係等；同時我也說，應該讓身體活動發揮它的社會教育作用，盡最大可能完善地普及各階層的人口。

我並不想去激憤抗議有人認為談到運動和體育就只能和年輕人有關；幸好有一些組織像是樂於運動（Gymnastique Volontaire）非常關心其他人需求，即便不再年輕，卻仍努力維持體力，而且身體和心理雙方面都感覺迫切需要健康的身體活動；但是現在我們能夠向他們擔保多少身體活動能確實達到這兩個目標：有效和有趣。

我們花了超過四十年的時間才意識到問題嚴重，透過逐漸跨越不同文化階層的身體活動，從單純生物學出發，進入心理和社會領域。因為內心痛苦地深刻感受到這些問題的緊迫性，我們已經努力更完善地定義這些問題的相關術語。

第一步驟：科學

一方面，我們過去看到在純生物學上犯了一些嚴重的錯誤，對我們而言，第一要務是客觀地清楚解釋身體活動的科學標準，以便明確地（以能夠實際自我掌控，進而確實對身體活動起作用的方式）建立相關責任的科學基礎。

看到有多少體育教練錯誤詮釋精神運動性（psychomoteur）的動作（geste）[*1] 和行動（acte）[*2]（舉例來說，甚至於常常錯誤解釋肌肉活動只是重力作用，這種誤解在體育教學很常見），體認到這種缺失多麼嚴重減損體育和運動的培訓效果，相反地，一些比較簡單的觀點卻有可能讓負責的教育家或教練其教學活動發揮更大價值，我們已嘗試集結生物學主要價值並加以彙整成綜合報告，以供教學使用。

（《從體育到競賽運動，其生物學觀點》《De l'Education Physique aux Sports par la Biologie》，出版：醫藥與衛生出版社，日內瓦）

這本書應該僅提供以客觀及完整的方法制定體育教學在生物學方面的基本標準之基礎；依此套標準，我們就可判斷這項或那項身體活動真正達到教學要求的程度如何，這些標準主要和關節、肌肉、心血管、呼吸和神經等性質有關，並在其各自範圍裡，這些標準可以讓我們知道以何種方法評估當今任何一種身體活動的鍛鍊和教育的真正可能性。這是不可缺少的基礎，沒有了它，我認為我們無法要求將教育科學觀點引入體育和運動教育。

過去在還未建立上述基礎前，處處窒礙難行，無論做甚麼都不可能；而且在寫這本書時，我們一直認為會遭遇一些反對意見、批評，那麼就更證實，或者說，讓我們有機會確認或更正我們的基本資料數

[*1] 動作（geste）的精確法文定義：自主或非自主的動作
[*2] 行動（acte）的精確法文定義：為了某種目的而去做的動作

據。我們仍堅信這本著作應作為評估身體活動有關器質性（organique）方面的基礎之用。因此，在寫本書時，我們不會利用上述這些陳述以證明我們的觀點、或讓某一個生物文化更容易了解我們，或是成為我們所負責的某種培訓的必備條件。

探索性格

在第一卷有一章特別重要：它是在人類綜合概述和人性化領域推出的最前衛尖端；這個領域用於神經活動和心理層面。這一章以極初淺、概要的方法撰寫，我們感覺它只是藉此指出我們所關切的問題的方向，並證明腦部、心理和社會問題的科學相關性，呈現一個更清晰的腦部功能複雜性的畫面、儘管是很小的畫面，並且順帶提到在身體活動領域得以建立性格基礎的要素；因為若僅僅關心一般生物的、肌肉關節的、呼吸的，甚或心血管的功能是無法了解性格的。一個人要展現其性格，唯有其心理和社會行為搭配得宜；他的社會地位和其性格處於同一水平，並且其社會反應有助於提升社會地位。體育教育應該整合神經和腦部的功能，使人類得以朝向盡可能完美的個人和社會結構演進。

目前我們暫時只記住這點：任何不符合生物學所建立的培訓方法和身體活動之教育標準都是有所不足的，而且關於這個主題，我們有權要求履行有關一般文化方面的承諾，倘不符合生物學，則有違承諾。舉例來說，在體育教育方面，越來越真切的個人冷漠顯示出當今最常見的身體活動設計想要獲得青睞、抓住人的注意力，有多麼困難，因此，想要在不可或缺的教育措施裡發展身體活動亦非易事。

結論

有人跟我們說，體育已死，被淘汰了；這真是天大錯誤，這個觀點說明由於體育傳統觀念，投入實施的人力不足；還有其它極為重要的觀點等待我們去檢視和研究，儘管如此，我們仍應認為未達這些標準條件的身體活動，對我們而言，是判為有所不足的，任何技術的新研究首先應該符合一般生物標準。

從此開始，尊重基本基礎，開放創新。

探索《人類運動》（humain Sport）的理性定義

但是所謂創新，並非只是為了想要提議就隨意臆造。所有新措施首先必須借鑑於現代最新資料。為了達到我們期望的長久持續和提供服務，提出體育和運動教育（l'Education Physique et du Sport）領域的新技術之前必須充分了解相關問題的所有基本要素，以協助解決問題，甚者，對於有關從生物學到社會學方面的問題提議解決方法。領導階層的主管們責任範圍非常廣大，同時也絕對必要負起責任，所有創新都必須要有十足把握保證所獲得的要素皆經過個別確認，以證明確為人類身體活動（Activité de l'Homme）的基本要素。

從一開始我們的探索研究方向就特別採取有關人的全部的（complet）[*1]、完整的（intégral）[*2]、生物的、精神的（mental）[*3]和社會的方向。這就是所謂的人（l'Homme）。

當我們堅持運動需要人性化時，看起來我們只是遵循多年來的標語，標語冠軍當然是顧拜旦[*4]（Coubertin）先生。但，使運動人性化的偉大志願，亦即，賦予運動真正人類性格，以前這個偉大志願只是保護沒有能力的、功能不全的、弱勢偏差者，而現在是替平庸之人開闢一條道路，大家共同的志願，事實上是希望做到前所未有的好，而且不論是誰，都支持人性，但平庸者不懂得從這個志願的現實條件汲取靈感來創新。因為，實際上，在共同目標下，秉持人性特質，我們只

[*1] 全部的（*complet*）之精確法文定義：包含所有部份和所有必要組成成分的。

[*2] 完整的（*intégral*）之精確法文定義：沒有被除去任何部份的。

[*3] 精神的（*mental*）之精確法文定義：和智力和心理相關的。

[*4] 這裡應指皮耶・得・顧拜旦（*Pierre de Coubertin*），法國人，生於 1863，歿於 1937。現代奧林匹克運動發起人，終生倡導奧林匹克精神，留下許多名言被當作標語，如：『奧運會最重要的不是取勝，而是參與』。

感覺到一些極其模糊的肯定，尤其是大多數其他人努力頂著光環使大眾接受運動。

為何要使他們接受運動？因為現在的運動採取商業利益包裝已逐漸被合理化了；為了使我們提議的所有措施通過，特別是財務方面和精采運動方面，我們認為再也沒有比談論適合大多數人的教育性運動和必要性運動更好的了，這是《全體的福利》；總之，我們認為運動造就人類。

好吧，就承認我們徹底反對到目前流行的主張，因為，這些潮流愈被合理化，人道主義目標就愈是應該被接受，過去所採取的措施更顯得片面、粗淺，總歸一句，不足。

心身醫學（psychosomatics）

因為當人運動時牽涉到整個人全身的上下內外，人是由心理、精神感受性、腦部，還有器質性感受性（sensibilité organique）等現象組合，人具備行動和意志，以及身體反應；所有這些混合一起互相依存。它是徵候性的，近代一種新的科學漸露頭角，稱為心身醫學；心身醫學（psychosomatique）一詞來自希臘文，字頭 psycho 代表希臘文的 psyché，意思是心靈、思想，因此是心智方面，somatique 代表希臘文的 soma，意思是體質，所以凡是肉體的皆屬之。心身醫學主張處理兩個迄今看來猶似相距遙遠的領域，即心理和生理，兩者互相依存和互相侵入的問題。我大膽說，這門科學僅處於初始階段，還無法要求做有效系統性的報告陳述。但必須承認它的醫學出發點把我們導向特別是在醫療上兩個合作且不可分離的系統之依賴性，一方面是精神生活，另一方面則是器質性生活，尤其是有關內臟（同時包含腹部內臟和胸腔內臟）、消化系統狀況和呼吸現象，尤其是心肺現象和自律神經症候群，從焦慮到心悸。這些現象使我們思考醫學，因為它們帶來病因學和治療學的極端嚴重問題。所以很正常的，我們跨越心理和器質迄今不可分離的界線，並表示兩者應同時合併考慮之必要性。

心身醫學和身體活動

但是身體活動讓我們接觸到心身醫學報告中完全不同的另一面—不再是心理和功能性器質數據（被看作是功能，而非器官）之間—它迫使我們重新考慮作為表達方法及許多心理複雜情結源頭的精神運動行動（l'acte psychomoteur）在整體性格裡所佔的地位。

心身醫學和性格

是該重新思考瓦隆（Wallon）傑出作品（從行動到思想（de l'acte à la pensée），科學哲學圖書館系列，佛朗瑪里翁出版社（Flammarion））的時候了，今日我們有幸得以拜讀這偉大篇章。

若要將心身醫學的概念應用到身體活動，我們現在應該重新更貼近檢視精神運動功能在整體性格裡，特別在其精神行動方面的確切位置。在某種程度上可以說，我們應該在整體性格裡，將這些功能進行一次重新配置。

內臟功能只會偶而意外地連結到身體活動，精神運動功能卻經常介入精神行動本身。這完全是個人和外在關係的問題，而所有外在因素：自然地理環境、物質以及社會心理背景；這些都是精神運動行動（l'acte psychomoteur）所涉及的；那麼，我可以說，必需更加人性化，人性化某一項身體活動，或人性化一切身體活動，首先要重新定位精神運動行動，給予其應得的位置，還有其在整體性格行動裏該有的位置。這可以推展很遠，因為依據每一種性格的運動轉換，都會有一門精神、心理學科。

我很深刻地記得當我還是學生時，一位很偉大的老師讓我學到了個人行動規則的一個偉大真理，他說：『為了自我操控，一定要當作這些行動已經註記在思想裏，根據思想的目標、思想的願望去行動，就好像這些願望已經實現』。去行動，把它當作是可能的事實，就好像已經註記在自己創造的現實裏，然後再返回心靈，心靈狀態呼應行動，兩者一致。

　　樂觀主義者以自發性樂觀心態行動，但悲觀主義者更應該以樂觀心態行動，結果才能接收到樂觀的激勵，修正其基本悲觀主義。一個動作不僅僅是思想的結果，而是，輪到它，由它創造心靈狀態，隨著心靈狀態行動，因此，個體在精神運動方面的行為並非無感於其性格，既然它涉及兩方面：從思想轉換的動作以及由心靈狀態啟發的動作。

　　是故，在心身醫學方面，身體活動被理解為個體的全部（含思想、意象、心靈狀態、個人對世界的感受）融入運動外在活動。

非任何身體活動皆有利於性格

　　攏統來說，運動活動可塑造個性，但這項說法缺乏清楚了解這些身體活動的所有不同面向，因為很明顯的，根據不同的運動行動（l'acte moteur）條件所產生的性格平衡效果完全不同。因此，運動行為於人類教育所占係數主要取決於特定身體活動過程中發揮作用的性格裡所有條件。因此，真正占主導地位的是所選擇進行的活動和相關條件，比方說，若認為為運動行為在身體活動裡永遠具有教育性的，那是件危險的事。

　　談到社會學，稍後會得到證明，我們現在認為運動對於性格所發生的影響並非永遠都是有利的。運動時的**道德環境和心理因素**（*le Climat moral et psychique*）比運動技巧本身更重要；在此必須特別指出，身體活動呈現多樣可能性的影響，因為一些活動、遊戲、運動基本上能夠充分或部分地提供總體教育效果。我們才得以分析在身體活動過程中個人行為的組成成分。

　　在這方面，純粹**身體調理**（*le conditionnement cororel*）顯然發揮了基本作用。調理身體，器官才因此得以使用，這是重要的身體問題，此外，為了符合實際身體基本要素的人性化定義的身體活動，我們還研究什麼才是應用準則。但自然地，而且尤其是，包括心理學和精神狀態。

心理學和社會環境

從這個觀點，我們越研究運動的心理問題，閱讀越多這方面的著作，我們越深信社會心理學是極重要的一種現實表達，超越純粹的精神領域甚遠。實際上，個人心理學必須和社會環境連結才具意義：同儕、社會團體、對於廣告元素的反應，等等…事實上，運動員心理狀態只能從他對於*環境*所展現的行為才得以了解。我們也應該認同社會心理學的重大重要性。本章將大篇幅討論運動活動，輔以純心理學觀點會容易些。但必須堅持一件事實，運動永遠是一項社會活動，並且心理學永遠和社會學合成一體。

現象錯綜複雜

考慮到這些正式問題後，我們應該關心運動所應用的結構本身，以及該結構和器質行為（comportement organique）和社會心理學之間的關係。運動的結構將以性格效應來評斷，性格應同時從身體和心理兩方面考量。運動結構係由對運動而言是特點的成分所形成，同時考慮現場（或實施的地理位置）、資源（實施設備）、運動規則（制定實施的社會條件）、控制裝置（包含個人處於暫時性的社會情結），因此我們應該要能夠仔細檢驗在何種程度內一個運動團體、尤其是團隊，可以視為一個社會縮影、小組，並且在當今的團體社會心理學影響下，以這些關係之名義，檢查確認所考慮的運動項目有何有用的品質。然後根據這些不同的評價，將會很容易提出一項運動。

2. 新運動已獲證明了？

當我們查閱全國賽或國際賽登記的運動清單，我們加上一些還沒有國際冠軍的小型單項運動，最後仍在考慮一些身體活動（例如，自願體操課程，即沒有競賽性），我們很難想像，也很難接受有人聲稱沒有足夠的選擇。看來形形色色都有，不是嗎？

　　但如果我們將這個不很清晰的小小統計，更換成上述這些各種不同學科的社會功能嚴謹分析，結論應該存在一些缺漏。

　　唯有在檢視總體時，這些缺漏才得以顯現。如果我們要探討多種不同主題，應用從生物學到社會學的觀點，看來必須製作一份總結報告，將我們從開始評判身體活動所依據的觀點依序紀錄（體育和運動），我們總習慣認為發表觀點是專家們的事，讓他們去發言，我們乖乖地聽就好…有時，根本心不在焉地！

　　但每一個觀點包含一套完整的、基本上針對某項專門主題的研究，以闡釋我們的判斷，使我們的意見成形直到獲得確認。我們可以說，最令人信服和最紛擾人心的闡述來自於比較兩者，即我們必須在可能的情況和現實最常發生的情況兩者之間做比較。所有我們參考的研究，包括來自生物學、生理學、心理學、社會學、社會心理學、技術等研究，形成了基礎參考資料，少了它，便無法建立任何有價值的判斷。

　　我們接觸所有這些學科四十年來獲得的經驗，遇見一些有計畫、追求目標、捍衛理想的人士所留下的種種印象，以某種社會現實主義看到運動界發展偏離正軌，焦慮感油然而升，倘若無望改變，那會是沉重的挫敗。

　　身體活動仍然向我們展示極大可能性，可以讓我們有相當大的成就。只需簡單地問這個領域還可能包含的技術：憑藉這些要素我們應該能夠貢獻足夠教育價值。這就是證明新運動可行的理由。

　　有需要談論證明的理由嗎？
提供體育鍛鍊的名單充斥許多小型運動、並非真的不好但價值也不高。說真的，我們很遺憾看到大家把時間花在這種運動，大部分時間都是白白浪費了…為了一個好理由。

追求的目標

　　因為我們認為有一個理由要去捍衛。我們主張花在運動場、健身房的時間必須發揮最大效用；這符合雙重觀點。

　　首先就實施運動者的觀點，相較於他的生命所有自由時數，通常只有很少的時間可運動；人們可以享受體育鍛鍊的時間極其有限。

　　而就教學者的觀點：這段可利用的最短時間，應使其發揮最大效率；在體育和運動教育的負責領導階層，有一件似乎不常見但令人憂心的事。看來教學者（螢幕和教練）比較只是依常規給些建議、命令，而較少依真正興趣，教學者的使命感完全不復存在。人們賦予體育教育和運動的目標極其多樣，從純粹打發時間到教育性的練習，透過一些經常是孩童式的遊戲，加上令人提不起勁、意興闌珊的設備。總體而言，現今應該領導大眾人口的體育活動的這些人，是以過去長久以來遵循體育傳統的環境所使用的一些方法及其賦予的經驗來帶領現代體育。每個世代都將自己累積的知識傳遞給下一代。需要豐富的強烈意志和積極度才能實現自己所接收的一切。過去發生的歷史，使我們發現今日的真相。當今社會承諾未來的社會，我們只能對未來更負責任。觀察到科技快速滲透所有經濟和社會系統，我們不能限制人類需求對齊一般演進原則。對齊意謂應用在我們自己身上的新發現和新知識亦同，新發現和新知識傳遞新科學觀念給我們，新科學是由現代學者熱忱地研究人類知識以蒐集大量事實而得的專業知識。

　　任何人類活動的學科皆無法逃避這股普遍化推力，要求學習新概念、新科學要素、新趨勢，以便生活在與他所處的世紀共同生活。電子時代不能夠對體育教育和運動置之不理，無動於衷。

　　輪到我們採取行動了！

II. 新運動：巧固球

1. 巧固球的由來

一般說明要點

　　很久以前我就覺得運動問題很重要；國內已大力推動籃球和排球，隨著現代社會的教育需求面臨團體運動的心理生理學（psychophysiologie），透過直接或間接和身體活動有關的多種研究所顯示的種種需要，我得到的結論是，在體育應用範圍仍然存在嚴重缺失。應用在人性化社會結構的科學，必須讓其一方面，和上述社會整體演進過程，另一方面，和一般體育課和特殊運動，顯示出必要連結關係，才能被嚴肅的質詢提問。

　　在歷經多次經驗之後，我仍難過地觀察到現代身體活動還沒有找到方法以便組織化科學研究的一般數據資料。哪幾門科學？稍後我會詳加解說以便說明巧固球。

　　西元 1938 年我有機會仔細了解回力球（pelote basque）[*1] 與它項球類組成不同之處。我當時好羨慕那些球員可以玩這麼有趣的運動。但儘管我努力研究問題，還是必須承認這項運動很難引進其他國家。

　　然而，我從未忘記回力球的基本概念。直到有一天我看到了謝菲特勒（Cheftel）[*2] 網架，利用該網架再結合回力球的牆面的畫面頓時躍

[*1] 回力球（pelote basque），此處應指原為西班牙巴斯克人（Basque）玩的球戲。運動員在三面圍牆的球場上，一隻手臂戴柳條編織的長勺形手套，將硬橡皮球擲向前牆並接住從前牆彈回的球。後來變成用扁平的木拍或長勺手套。（資料來源：台灣維基回力球，網址：http://www.twwiki.com/）

[*2] 謝菲特勒框架，指謝菲特勒先生所設計的框架，當時作為訓練足球後衛和創傷後的

於眼前，於是我開始研究如何調整該網架。

運動基本要素

打回力球的牆面 — 框架

我們知道回力球主要組成是在球場底部豎立起牆面，將球擲向牆面使球反彈。每一次一位球員將球擲至牆面使球反彈時，對方球員必須接球並將球擲再回牆面，直至有一方漏接或擲球失誤。

這種利用牆面擲球反彈再換邊接球的封閉式球場設計，可應用在利用<u>謝菲特勒框架</u>反彈以取代牆面。

於是利用每邊長為一公尺的金屬框，中間為強韌的尼龍繩依蹦床方式編織成網（其彈性懸掛功率特別依此運動專門計算過）。當球擲向該彈性網面就會強力反彈，以達到遠距離將球再擲回的效力。由於球會反彈，該運動所佔場地很大。我們以後再解釋這項形同功率放大器的裝置操作，決定運動機制。

選擇以《巧固球》（Tchoukball）命名乃因球碰觸球網發出聲音：《巧固…》（Tchouk…）。這個反彈的聲響是本運動的重點時刻。這個名字可以說就是模擬本運動關鍵時刻發出的聲音而來。

框架

我們花了八個月時間研究組成框架的材料，最後研究出一種具備下列優點的裝置設備：

1. 可折疊和易攜帶
2. 輕巧，為附著於地板，只需將重量壓在水平橫桿。

復健運動之用。西元 1965 年<u>布</u>蘭德博士在一次運動器材展覽中看到此框架之後激發靈感。（資料來源：瑞士巧固球協會 2007 年 3 月 24 日官方公報，
網址：https://www.tchoukball.ch/documents/Fr_CHTB_24.pdf）

3. 網子壓力必須強大到足以確保反彈的機械反應充分有效。

框架的位置已先圈畫完成。

如此，球場底部，回力球的牆面以框架替代。轉變自回力球的元素有：

1. 反彈網架。
2. 球場面對框架，由兩隊混和佔據。
3. 每一次反彈，換對方球員接球。
4. 不可擋球：不得影響對方球員接球。

至於用球，以手球（Handball）表現最佳，其內充滿空氣。

巧固球創新之處

如此非常恭敬地承接回力球的基本和有效原則，我們還需要修改一些元素以便增加趣味。

立於原地

沒有利用地板；沒有任何和地面接觸的反彈，球從反彈網架彈起和反彈後都是在空中接球。但球員接到球後必須保持立於原地；不可持球移動；因此只能傳球，而人不得移動。

總之，基本上沒有拍打球的動作，接球之後隨即再擲出。

傳球

話說強迫一位球員接球之後馬上再擲出射向框架看來毫無益處而且有害的，為了種種原因這種操作法將會很快被理解，主要是從球場的最盡頭處，如此遠距離，射網到一平方公尺的框架需要很敏捷的技巧，所以看來必須准許傳球以拉近球員射網到網架的距離。

仔細研究此傳球問題。剛開始我們允許一次傳球，後更為兩次，然後現在允許三次傳球。這個問題以後會再加陳述，但首先要讓大家明白傳球的好處是將重要技巧要求引進運動裏。

顯然地，應該管制持球時間；我們認為限制為五秒鐘已足夠，以免使運動停頓。實際操作上，很少球員持球過久，運動的韻律和交換的節奏很緊湊以至於球員必須好好自我控制接球後未立即擲回之時間差。

禁區

網架腳架前應設一個禁止觸及的區域，因為球員距離反彈網過進會形成完全阻礙。網架前面設禁區的問題已經過長時間研究並制定規章。（見下文）

計分

本運動的目的在於使**對方球員不可能接到球**；換句話說，我們努力投出一顆很難接的球，使對方球員無法接到球。球反彈後落在地面，則判原應接球的那一隊得分。球不得觸及地面，所以當我們手中沒有球，當對隊射球的那一刻，最重要的是就位以便能夠接到球。

有球的那一隊，目的是將球射向網架，並設法讓球反彈時能落在球場某個角落沒有任何對方球員可以接到之處，自然，射網彈回之球必須落於場內不得超出界線。

而防守的隊伍，則要特別注意對方球隊射網位置的移動方向，以便就可能接到球的位置接球。所以要密切監看攻隊射網位置，守隊球員應於對隊射網時力圖佔據球場最有利的位置，就定位準備接球。

2. 運動規則一般觀點

原則：將球（手球）擲向本運動之設備（內掛強韌彈性網的框架，類型標記註冊為：《巧固球》）；球呈對稱性反彈（《鏡面反射》）。

1. 如同回力球，每一次球觸網反彈之後，由對隊接球：射網彈回之球，應由另一隊接手。

2. 手持球時不可走步（停球點）。可以用一隻腳為軸旋轉帶動另一隻腳，但作為支撐的那隻腳一旦抬起，即判為《走步》。

3. 不可阻礙任何人，無論以任何方式：禁止阻擋行為（路徑通暢《trajectoires libres》），不可有移動或攻擊姿勢阻擋對方（無攻擊性，但有戰鬥性）。接球（傳球）和射網接不允許任何干預或攔截。

4. 場地：比賽場地先以本運動之設備的底座為基準，向前畫 3 公尺；即從本運動之設備的腳架橫向延伸全部場地，劃分出一塊區域，並宣布：〝禁止運動〞；不論是球或人皆不得進入此區，是故稱作《禁區》。

比賽場地本身則從面對本運動之設備起算，長度 15 至 25 公尺，寬度 7 至 15 公尺。兩隊一同在此場地打球。

比賽場地的大小攸關所需體力。（場地小，所需體力小）。

5. 球不應觸及上述規定的比賽場地之地面，才屬有效球。若球超過規定範圍的場地，則守隊不應接球。有關例外情況之解讀，詳閱裁判規則。

6. 因屬團隊運動，故允許同隊傳球三次（非強制性），但不允許任何球員以手持球超過五秒鐘。

7. 剛失一分之隊伍獲得發球權（原則上由一位後衛）繼續比賽。這位後衛所用的球，可由後衛自行取得，或有的話，亦可由裁判提供，或者由未失分隊伍提供。這樣就避免發生任何爭議。

8. 失分：

球超出允許的限定範圍；

球員接不到球（球觸地）；

球觸及反彈網架之金屬框；

故意阻擋；

球員走步超過一步；

同隊傳球超過三次；

球員誤接對隊之傳球；

射網彈回之球，由射網球員本身觸及；

射網彈回之球，由同隊球員接獲；

9. 計分：當球從一位球員傳至另一位球員，以及射網標準彈回（標準＝未觸及金屬框）且未觸及地面，判定該球《處於比賽狀態》。當球員任憑或主動使球不符標準操作（傳球失誤、漏接、出界、射網未能觸及反彈網時），判該隊失一分。

　　每項失誤以一分計算。輸的球隊為獲得最高分者。（分數＝失誤）

10. 運動的流程：一部分組成一組《設定》。有兩組設定算出贏球隊伍成績，一組設定可以用兩種方式計算：

　　a) 以失分計：《設定》將達到事先規定分數數字：（通常 20、30 或 35 分：設定分數 20 分平均持續時間 9 至 10 分鐘）

　　b) 運動將持續事先規定的時間分鐘數：通常一組設定時間為 10 分鐘（經過培訓的實力堅強選手為 15 分鐘）

　　每個系統有其優缺點。在戶外進行球賽時，出界球經常丟失幾秒鐘需要較長時間取回：採分數計的優點，則無此顧慮。

　　運動開始前，必須商議制定計分方式。

規則評論

　　原則：將回力球的打球牆面以一個金屬框架取代，金屬框架內部掛一張網，網子以數個彈簧連接至框架。歷經好幾次原型設計實驗，研究最適合反彈的機械軸座。地面上的傾斜角度應約為 35 度。框架愈接近水平面，球反彈越高（反應方式趨向《高吊球》（lobes）參閱第 46 頁平面圖 3）。

1. 兩隊在球場成混合狀態。兩隊交替上場，攻隊射網彈回之球，由守隊接球。

　　比賽目標在於努力使球反彈在未被對隊佔領的區域，使球漏接。

　　好的射網是擲球《方向正確》。《瞄準》射網之後的對稱反彈路徑（《鏡面反射》）。《標記》對隊球員，站在其對面準備接球，射球時站在其旁邊位置。

如何控制射網之球《方向正確》？

a) 自站定某一特定位置：使球發揮適當效果，努力使其變得無法被接獲。這是《球技》。

b) 將球傳給位置較適合射網之同隊球員：這是《戰略》基礎。找尋最佳射網位置是同隊隊友的團體合作問題，但傳球不得超過三次。

最常見的運動頭號問題是射網成功但彈入球場的《空分》區：球觸地未被接獲，記一分。其它失分皆由於技術性失誤（接球或射網失誤）

2. *不可走步。何謂走步？*

專指手持球的時候。若單腳移動（支柱重心仍維持在原來同一隻腳），主體本身並未移動：球員單腳仍固定在原點，即非走位；相反地，若第二隻腳舉起，身體移位，是謂《走位》，即便只是原地踩踏。

在實務上，裁判應以第二隻腳為判定標準。（參閱第 168 頁 a) 及下文）。

3. *不得阻擋*（參閱第 173 頁 c) 及下文）。

巧固球的口號：《路徑通暢》（trajectoires libres）總結了巧固球基本信條。阻擋犯規，不論接球或擲球皆不得阻擋。干預球的進行路徑路徑，阻擋接球，不論基於故意犯規或失誤（當出於自己意願、意圖，稱之為故意犯規）。意圖明顯時，判失一分。

不論接球或擲球，都必須保持路徑暢通。攻隊球員若所處位置妨礙守隊球員接球，應移動位置。此規定不僅僅為了運動保持清潔（避免個人接觸），同時也是因為這個運動必須在本質上具建設性。所有阻擋行為都會引起負面元素，這是我們想避免的；運動中不得有任何阻擋行為；每個人永遠能夠且必須能夠盡全力發揮其潛力，根據自身能力採取行動；不應有任何個人直接爭鬥；兩隊之間的互動規定必須透過彈性網。不得針對個人予以干涉妨礙。取得優勢的方法永遠是積極的、正面的：實現結合（戰略）和技術的最佳表現是獲勝的唯一取決要件。

做假動作佯裝擲球或射網雖屬戰略技巧，但可能導致對隊無法暢通球徑路徑：在此情況下，判做假動作者違規。

若擲球位置靠近球門，射網之球反彈觸及射網球員本身，屬重要錯誤，應判失分。

在此情況下，為求順利進行比賽，精神應該保持專注：持續監看球的動向，除了隨時準備接球，亦須避開以使球徑順暢《不得有任何阻擋行為》之規定是巧固球的社會哲學基礎。這項規定也決定了教育的力量。

4. 比賽場地 —— 比賽場地界線是可變化的。根據當時的指示依個案處理訂定規定。由技術主任負責根據當下問題的資料數據制定相符的規定。

中立區（稱為《禁區》）可縮至 2.5 公尺，或甚至 2 公尺（例如供初學者，或較年幼者使用）。

球員必須嚴格遵守不得觸及禁區。如侵越禁區，即便只是腳尖，判失分。

射網時，違規研判關鍵在於腳和分界線的位置關係。跳躍射網是有效的，即便身體的位置在禁區上方，只要球員在腳觸及地面之前，球已離手，並且腳未踩線。

若在反彈網架前傳球，同隊隊友在禁區內接球，判該球出界。若有質疑，分數重新計算。

當急衝接球導致球員侵入禁區，分成下列兩種情況：

a) 最後一次傳球機會：分數重新計算；

b) 還有一次傳球機會（比賽允許 2 次傳球的第一次傳球，或是比賽允許 3 次傳球的第二次傳球），球員在其停下來的原地傳球。

球不可觸及禁區內地面：將球擲入禁區之隊伍判扣分（不論射網後或傳球）。

至於比賽場地的一般界線（球隊不斷變化移動之處），應該注意動線的分界線：必須能夠讓球員根據需要快速移動。一位好的教練甚至會先從比較稍微小的場地訓練，以便球員有恢復活力的喘息機會，然後才以正式比賽規定的場地訓練。

應參考下列規則來指導球員：場地的深度可依球員的喘息耐受力（鍛鍊程度）而增加。

球場尺寸是依據球員流動、位移能力而機動調節的係數，此流動、位移能力乃根據受試者的身體耐受度計算而得。

當球場擴大尺寸，就會要求更大的位移，球員之間空間加大：因此，需要更準確、更快速，甚至經常還需要一些特殊技巧；同時，移位範圍更擴大，更需增加換氣：所以處於運動員良好健康狀態的球員會對大場地非常感興趣，同時也可以依循一種逐漸發展型式促進心肺功能。

任何球隊若讓自己負責的球觸及比賽場地地面，判該隊失分，不論是射網反彈回來的球或是漏接傳球。除非是特別明訂的特殊情況（例如球員因急衝順勢倒地），球員必須在比賽場地的內部移動。若球剛好觸及場地界線，我們認為最簡單公平的方法是取消該項分數。將球重新發回事發前原來擁有球權的隊伍。

5. 規則：《球不得觸及地面》，本規則不要求特殊註釋。

某些接球困難情況，球員在接球後，*順勢倒地*：裁判必須嚴密監看當時球未觸地，因為不論倒地或重新站起接球都應避免球接觸地面。

6. 允許傳球三次。── 傳球的目的在於將球傳至最佳射網位置：此乃戰略基礎。

在小型隊伍（每隊各兩人）的比賽中，為便於安排球員，可將傳球次數限制為兩次。

好的傳球需要高度專注力：球員即便在移位時，視線仍不應離開球，並且隨時準備接傳球。

持球球員有權傳球，必須快速判斷其本身是否在射網的適當位置，或其他同隊隊友在或即將在更佳的射網位置。

而要加入傳球的同隊球員則面臨不同的問題：他所選擇射網的位置必須是其《對稱》位置是空曠無人接球的位置。

傳球的執行品質很重要：它是球員之間的一種溝通，而且必須確定傳球能被好好接著。

有時會發生球員只有碰觸到球但沒有成功接住，以至於讓球又彈跳一次：這時同隊隊友有權將球再度接回，但視同形成一次傳球。

雖然不想打斷運動節奏，但擲球前仍允許些許考慮時間：以 5 秒鐘為限，超過則換邊發球。

7. 重新發球：剛失一分之球隊，獲得發球權繼續比賽；但用於此目的發球，由失分球隊的一位球員站在後面發球（當球員有三到四位的情況時，如果有隊友站在後面的話，由後面隊友發球；在只有兩位球員情況時，其中一位球員移到後面）。

球員在後面就位發球，球可由下列方式提供給他：

a) 由裁判，若有的話；

b) 由未失分隊伍的一位球員。

不論經由誰，在提供球之前都要先確定每個球員已就位，能夠進行比賽。

自後面球員拿到球的那一刻起，就表示球賽《開始》，所有比賽規則都適用。重新發球繼續比賽的傳球次數相同於比賽進行中。若重新發球繼續比賽配合的球員犯錯（例如傳球漏接），則判失分。換句話說，只有在球已離開後面球員之手才開始計分。

提供球給後面球員的這個動作，當球員在界外時不得執行。

裁判規則：當失分時，裁判清楚宣布：《紅色分數》（非常明確敘述失分球隊顏色）。用這種方式就沒有任何含糊不清的可能性，同時裁判也清楚他應該提供球給《紅色》後排球員。若沒有裁判，則指派一名球員擔任《指示員》（indicateur）（選任最熟悉本運動的球員）。若可能的話，在選派一名球員負責計分。

為使比賽快速進行，每一位球員遇到其可及之處的球都應參與接球，使比賽按運動規則繼續進行。當後排錯過時，就重新開始，不計失分。界外球重新發球的規則經過測試，發現能夠避免濫用不當手法和欺騙性假動作。

9. 計算違規 ─

裁判宣布一項違規則判失一分，依規定重新發球繼續比賽。

每次發生第 8 條規則無法清楚定義之事件時，僅須取消該分，由失誤尚未發生前持球球隊之後排球員重新發球。

有關失誤基本上如下：

a) 非蓄意的阻擋（無論任何形式）：一級比賽被阻礙乃由於球員個別的位置，裁判認定《失誤》但無罰責。

b) 球落在比賽正常場地的邊界（即便剛好在分界線上）

c) 評估第 8 條規則的錯誤很困難，甚至無法規格化：在此情況下，分數很可能誤判。若其判斷的客觀價值有可能引起爭議，裁判有充分權力取消該分。

10. 比賽的基本要素。─ 進行運動時強調兩項特點：

a) 球技：凡有關於各種擲球方式、傳球技術、接球能力（延伸至當球尚未觸地仍屬好球時，俯身接球）

b) 戰略，包括在球射網之後，根據鏡面反射邏輯合理推斷球的反彈路徑。

─ 所採取的戰略必須有利於擲球的球員在最佳位置射網，使球反彈至無對隊球員可接球之處。因此，隊友亦應找尋適當位置準備傳球，在允許的傳球次數內，將球傳至最佳投擲位置（攻）。

─ 當預測到對方球隊哪位球員將負責投擲，根據《鏡面反射》原理估計球反彈路徑，迅速移位準備接球（守）。

前排和後排的球員皆應依此雙重視覺角度調整其移動位置。

3. 比賽的技術條件說明

網架（參閱第 192 頁照片 1）

（參閱第 34 頁運動基本要素）

開始時我們曾利用謝菲特勒（Cheftel，法國）的反彈網架。我們現在仍然遵守這個概念，使用每邊約一公尺之網架（一平方公尺）。這種彈性表面在我們看來非常適合。

反彈的機械定律

網架安置在球場的最底端，立於地面上，面向球場傾斜，因此球碰到彈性網面會反彈至一定高度（參閱第 46 頁平面圖 1-2）。

我們已經研究反彈網面多種不同的傾斜角度（參閱平面圖 3-4-5）。發現最佳角度是從水平面起算 55°角（從彈性網的後面測量之角度）。若加大角度，換句話說，將網架更垂直放置，則反彈位置更低，更接近地平面；相反地，若縮小傾斜度，將網架更朝地面往後放置，反彈就更垂直，達到更高位置。這提醒我們利用此特性並可以擴大其用處：例如，對於初學者而言，將網架更傾斜放置（球反彈更高）可以讓球員更清楚察看到反彈路徑變高，球員有更充分時間移位到適合接球的位置：愈往水平面傾斜，球往空中反彈愈高，落下愈慢。

除了特別教學需要之外，我們認為其它地方並不需要如此放慢速度；因此，我們認為 55°傾斜角度最適合，這個角度對於幫助球的反彈也最有用又最有效。

為理解射網反彈作用，必須提醒大家注意反彈的機械定律（參閱平面圖 6，從水平面視角觀看）。

當球不是從正面投擲出去時，只要依《鏡面反射》原理去推想反彈路徑即可。網架的反彈面是思考的重點，球從框架平面彈起的出發方向正好對稱於落點到達方向（即使將框架垂直立起，原理亦同）。

這點很重要：首先從水平面展開來看，這代表投球愈偏側面，反彈也將愈偏側面（相等角度）（詳見平面圖 6 人物 1）。在投球的時候，必須考慮側面射網的球會反彈至球場相對另一邊：若力道稍強，球會出界並因此失分。所以，若所處位置愈靠近側面，射網力道應愈輕巧，而且會影響反彈路徑的網架傾斜程度亦應一併納入考量以斟酌力道。側面位置不可大力射網。

在 4 個人的比賽裏，擲球的球員必須擁有充足的射網力道，以便有時候能夠到達底線。

根據位置的側面程度**斟酌的射網力道**，這是非常困難學會的，特別是對於運動員。

通常，若沒有累積一些經驗，很難計算射網彈回的球之對稱路徑（依《鏡面反射》原理反彈）。然而，這項計算是非常重要的，因為在射網時，其實我們針對的並非網架，而是找出一個沒有對隊球員可接球的鏡面反射位置。每位球員射網時皆應計算、研究此對稱作用。

攻隊球員應找出一個《標記》點（無人佔據的對稱點），若自身位置不佳，則傳球給位置較佳的隊友。若已達最後一次傳球，即使位置仍不理想也必須將就射網，不過，可以嘗試斟酌射網強度（球的作用、力道等等）以混淆對隊之判斷。

守隊球員應計算球的反彈路徑並依此就位：對稱據點沿著這條路徑一路延伸。正確的觀察是快速預測從射網開始和之後，按照對稱原理預知球的行進路線。沿著這條路線，根據射網的力道決定球的落點，判斷可接球的位置。守隊球員根據直覺判斷—還有經驗—，其跑步移動的路線必須能夠允許他在最後一刻修正和球的反彈路徑交會可能存在的距離誤差。

不論攻或守，所有努力方向都依據**透視對稱落點**調整。再重提我們有關於視野的注意事項，我們注意到這是經由高度分化的大腦過程（觀察和判斷），球員才能調節適應持續變化的各種情況。

在移動過程中（移動球的速度盡量加速，使對手無法捉摸動向），每一位球員監測對方隊伍動向，首要重點在於注意可能的落點：這是

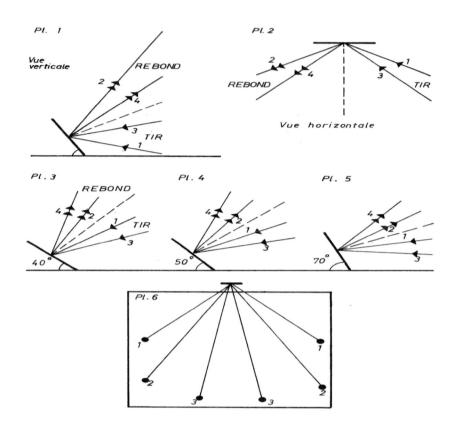

平面圖 1（Pl.1）
　垂直視角（Vue verticale）
　反彈（REBOND）
　射網（TIR）
平面圖 2 （Pl.2）
　反彈（REBOND）
　水平視角（Vue horizontale）
　射網（TIR）

平面圖 3（Pl.3）
　反彈（REBOND）
　射網（TIR）
平面圖 4（Pl. 4）
平面圖 5（Pl.5）
平面圖 6（Pl.6）

一個智力精神層面的問題，必須根據各種相互連結或永久脫離關係的不同情況予以考量。

4. 生物心理學的（psychobiologique）調理

就生物心理學的觀點，我們可以辨識有關於本運動特色的幾項調節行為：

首先有關球員位置的相關資訊和其移動的意義，都是感覺器官的範疇，尤其首重視覺（稍後我們會研究有關參與的問題）。這種感覺信息可以說是一種腦部整合，將我們能夠猜測到的球員意圖納入考慮。這些整合歸功於我們在運動的不同階段所累積的經驗和球員的特質和心理。

所以感覺信息乃伴隨腦部整合作用而產生，腦部整合作用會持續追蹤生物高等同化領域，球員藉此得以考慮在場球員的可能意圖和他們的反應。評估愈準確和適當，身心方面的必要參與會根據行為需要調節得更好。所以這個階段可說是**智能**方面的。

最後階段，就是做出決定的階段，必須藉助於先前得到的所有數據資料，而且再導入感覺其可能採取的姿勢，並推演該姿勢的目的是朝向哪個對稱路徑的方向，以判斷球的落點，即這場競賽的目標。

首要關注焦點：對稱落點

關於巧固球，當我們說到其目標不在正前方視野內，而是向後方或側面的，我們描述其運動機制比我們認識的其它運動更複雜。**對稱落點**主導比賽場面，應時時刻刻思考這點並依此調節所有暫時性的意圖。若想要有效協調所有個體的不同姿勢動作，就不應該也不能夠忘記這點。這也是為何本運動連一秒鐘的休息都沒有：每一刻，每位球員，必須觀察球賽全場機動，每位球員在任何時候都可能要參與並連帶負起責任，所以必須隨時準備好，也就是說，掌握充分資訊和保持最佳反應狀態。

本運動的所有特性依存於此多重價值的程序裡。其中一個間接性的結果—本章尚未有空間談論此結果，但基於前面的察看了解，現在我們觀察到—本運動的特性持續令人**感到莫大的興趣**。請容我們在此補充，我們觀察到每一次操練，所有球員在終局都明顯感覺腦力激盪。反應出來的明確細節亦證明此點；然而運動是如此有趣，球員也玩得非常愉快，以至於沒有任何一位球員因為覺得太累而想要中斷運動。甚至於球員自己本身幾乎沒有感到體力耗弱：這是在更衣室球員坦白承認這樣說！

只有在傳球時，我注意到有關於本運動特點**共同參與提高警覺**所引發的一些問題。如同巧固球的心理生理學的其它要素，我們觀察到非常明顯的實驗性。保持警覺是比賽的品質因素，因為它會持續催化所有相關功能以控管此優良運動。但在此同時，經由完全參與提高警覺，也能自我改進、自我鍛鍊。優良的教學方式，若必要時，可以創造一些運動條件以便能夠以較低的警覺狀態參與運動。我們將會清楚如何調整節訓練模式；這項資源可增加本運動的教育和教學價值。然而重要的是要注意本運動的**教育系數**和調節其**有效功率**的特定特性之間存在的關係。

在運動規則的發展過程裏，這種特定的特質啟發我們根據這項因素組織運動。

5. 場地

比賽場地從反彈網腳架開始展開；對面是長度，網架兩側是球場橫切線。

依我們看，最理想的尺寸是每條側邊七公尺，到八或九公尺，而球場的深度則長 10 公尺、15 或 20 公尺。尺寸並非無關緊要，因為在運動發展過程中，場地尺寸關係重要。

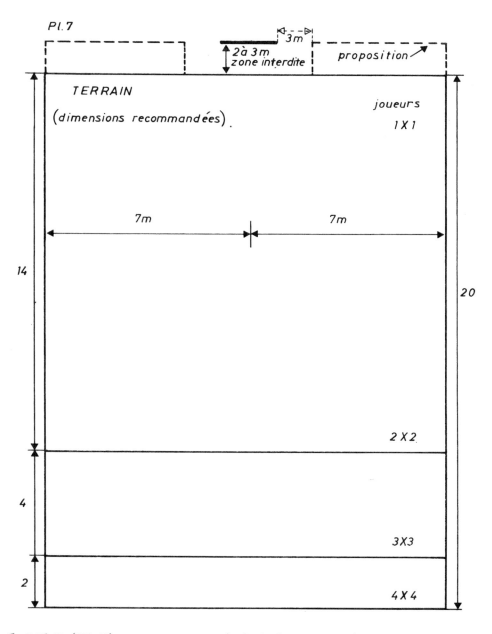

平面圖 7（Pl .7）　　　　　比賽球場（TERRAIN）
2 至 3 公尺（2 à 3m）　　　建議尺寸（dimensions recommandées）
建議（proposition）　　　　球員（joueurs）

禁區

我們已經談過這項場地問題，最好明確說明禁區的性質之重要性。

在網架前面必須在保留一段距離區隔網架和球員。這是有道理的，我們不能使用到反彈網腳架的所有地面。這樣可能最終只會以一對一捉對廝殺結束運動。距離的關係如附圖的圖解示意（參閱第51頁平面圖8）。

球的反彈軌道若是中等高度則已足夠避免從反彈網架隔一段距離的位置被立即接到。

距離1，近距離射網，球立即反彈回到擲球者本身。

位置2，球還是很容易被接住，守隊球員伸出手即可觸及的範圍。這種位置，若球員都貼近網架，沒理由漏接球。若我們允許球員靠近網架，將會使本運動變得危險，因為會演變成近距離交戰。所以必須規定隔開一定的距離，以便能夠適當防守。這說明了為何我們不應該讓比賽過於靠近反彈網架進行：這項限制定義為禁區。

這樣一來，以這種方式就會騰出一個足夠空間讓球有可能在空中運行而不需載反彈網架前設置一個真正的障礙柵欄。我們認為距離三公尺已足夠，但若未來經驗告訴我們還可以更好，那麼還是有可能以此為理由再更改尺寸。目前，這個禁區看來有利於運動順利進行。

唯一的問題是還未解決這個禁區的形式如何設計。我們過去以比賽場地的兩條邊線從頂端起算三公尺處橫切線為界。但是我們可以假設禁區的側邊界線可以更靠近些從反彈網架本身的邊線處起算，每邊三公尺，因此禁區的界線形成一個長方形。這種形式有很多益處，尤其是，這樣可以增加利用比賽場地的兩側位置。然而，側面的位置就靈巧度的觀點來看顯得極有趣。因此要考慮從側面取得有利位置，我們仍然接受橫切界線的原因是，這是場地的標記。但如果我們找到輕鬆標示此側邊區域的方法，橫切區域顯得更佳。

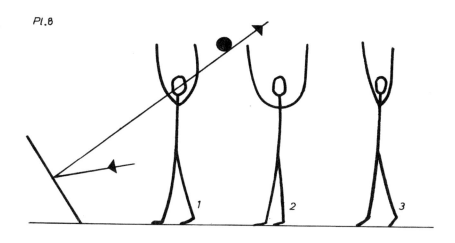

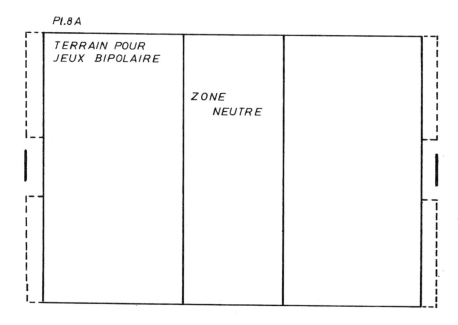

平面圖 8（Pl.8）

平面圖 8A（Pl.8 A）

雙網賽球場（TERRAIN POUR JEUX BIPOLAIRE）

中立區（ZONE NEUTRE）

場地尺寸

禁區外之場內區域稱為有效區。彈入有效區的球，守隊未接住，則失分。而攻隊則應努力讓球在有效區觸地；有效區也是大家開始球賽的區域。

超出界線則不得比賽

途中會警示一些極端情況，為了實務理由是可接受的，但必須先清楚規定尺寸。

原則上比賽球場的長度應大於寬度，反彈網架至其對面的距離是謂長度；但不該忽略側面球場比賽的有趣之處。事實上，若就技術觀點，側面球場比賽提供一些困難度（射中網架中心的困難），就戰略觀點來看，側面球場比賽使運動更富變化，所以應替鍛鍊優良的隊伍保留側面球場比賽（有可能擴大側面場地），但應好好應用。

至於長度總長，應視球員人數按比例訂定之。一般來說，長度為14、18、20 公尺（請詳見圖解）。如果，原則上我們依照球員人數修改尺寸，比賽球場的大小和所使用的技術和戰略息息相關，不應低估其重要性。同時它也影響球員的發展。

比賽球場的尺寸對於運動發展的影響作用

尺寸規模較小的球場會使球員比較緊密聚集中，比較專注於自己，不須大範圍移動，較容易接近網架的射點。但說到比較不需移動，也表示比較不需要*計算*移動，比較不需要設想戰略；這說明了當球員逐漸熟知合理使用移動位置，我們想要加大場地尺寸以增加挑戰性。這也很清楚說明本運動需要更大的移動空間以實現最後階段。

但在球場的大小對於教育方面也很重要。我們看到在球賽進行中，大範圍移動、快速移位都是懂得運用有效戰略的球員專屬技能。但隨著移位逐漸增加，必須考慮到涉及心血管因素。事實上，*比賽球*

場面積增加，球員對於強健心血管及肺呼吸功能的需求也同時增加。以戰略技巧來講，大的比賽場地，球員需要很好的呼吸功能才能整場比賽保持良好狀況。

比方說，兩名球員在三名球員尺寸的場地比賽，需要相當可觀的大量及快速的移動，此時強健的心肺功能助益良多。

根據場地的尺寸引發呼吸作用多重變化，這使我們得到幾項有趣結論。特別是剛開始訓練或是一局比賽，為了讓球員初始階段有效換氣，*最好從比較小的場地開始*以達到最佳狀況；因此建議從尺寸小的場地開始訓練，呼吸換氣順暢後，改換大場地比賽。

另一方面，*大場地*可以讓球員快速移動展現其素質。實際上，大場地迫使攔截極多變化，不是單單佔據一個平面就足夠，而是三度空間，而且射網彈回到場地末端的球，經常還飛在高空中時便被攔截；換句話說，一個大場地，尺寸自然和球員人數有關，要求比小場地更具運動員的能力，但同時在這方面更具教育意義。

如此說來，主要生理作用的變化和場地尺寸的變化兩者*呈對照關係*。我們將此關係用於實用目的，不必因此中斷單純好玩的。連結射網的愉快和以科學方式測定份量的心理生理學（psychophysiologique）作用。教練是球賽場地的指導人，正如同他是每位個體的心理指導。在我們看來，一項運動能夠禁得起適合多變生理需求的各種技術變化，卻從未因此放棄眼前的最必要的事：運動的快樂、競爭等等，這是該運動不容小覷的優點。

標示場地的方法

可以像所有運動場地以細繩固定在地面為界或是以鋸木屑畫線，不過我們過去常採用木板條放置在比賽球場的地面，所以可以拆卸移動。

為免爭議，我們同意任何觸線的球都不屬於任何一方，需重新發球。所以經常必須釐清球是否接觸到球場界線，因為關係重要；這也是放置木板條在地面作為球場邊界的好處，因為，木板條一經球碰觸就會稍微移位，因此就會注意到邊界被球觸及，裁判得以宣布取消該分，該球不屬於任何一隊。採用木板條作為界線標示的好處還有木板條能夠輕易運送，當我們想開車到野外玩的時候，可以輕鬆地以車載運一小批的木板條，到達之後再將木板條快速又簡單地放妥地面即可。若進行運動時想要改變球賽場地的大小，移動木板條也比移動細長的帆布條來得容易些。

最終，無論球場界線如何標示，必須注意界線應該能夠被輕鬆移動並且能夠依情況改變調整，此外，我們也體認心理層面的影響，只要球一旦觸及界線則取消之。

III. 團體運動功能分析

1. 一般生物成分

a) 身體活動的生理學

這門生理學包含所有伴隨或調節運動動作（gestes moteurs）的程序；所有參與運動的相關器官和所有值得我們注意的細節。我們必須懂得分辨這些運動動作的不同之處，以便同時修改伴隨該運動動作之程序。

科學和經驗主義

體育教育，以及更進一步的運動，過去都依賴經驗。人類認定體育活動為必不可缺的需求遠早於科學界開始好奇探索體育活動箇中原委。

這種經驗主義並不妨礙具有卓越天賦的人提升體育活動的技術以成為一種方法論，而且因為展現的功效已證明其價值。

所以且讓我們認識這個領域的一群倡導者在教育品質方面發揮的重要作用。

的確，經驗的內容是由生命體建立的，而體育教育更是由《在運動的人》的經驗累積而成。所以實屬一門應用生理學。

科學觀察的有利之處在於能夠保留事實的本質：從我們下令做一項運動那一刻起，我們被認為應該知道人體如何提供這樣的表現。

科學精神的特徵在於，首先想要將其知識推到已知和已確立的事實的同一水平上，接下來則是應用自己發現的所謂科學調查方式，努力超越未知，將未知的界線推向更遠。

在體育教育領域，我們正處在一個過渡和合成時期；經驗主義保留所有權利，因為它負責幾乎所有的身體活動；但它應該逐漸退位，推動現實主義要求科學事實。我們觀察到科學已經影響生理學（這符合邏輯和期待），而現今心理學和社會學亦受科學影響；分析方法甚至已擴展到腦神經過程；檢驗的技術征服實驗室的嚴格要求；統計數據成為數值的標準。簡言之，我們明白若不符合科學方法，教學上可能有缺乏安全之虞。

身體活動伴隨著複雜和多變的功能變化；根據所選擇的技術形式，生物反應可能會差異甚大，連結適合人體真正需要的功能公式，並且永遠注意要使運動執行有可能發生。這裡沒有《一種》反應，而是一些可變化的、對照技術執行發生的種種反應。這些變化要以何種方法預測和下指令、打算？有無方法了解全部、總括全部、隨自由意志控管它們？這就是現代教學提問的問題。

科學和教學

生理學最主要是知識；它涉及身體用力和肌肉用力引發的各種生物現象。這些知識對於培訓體育教育人員非常重要；了解生物程序是絕對必要的；尤其是因為這樣才可以讓領導體育教育的人檢視經過歷程。科學知識的首要功效：能幫助將運動動作詮釋得更好。

事實上，剛開始時，倘若我們不了解所運作的生物過程之延伸範圍和性質，似乎不能稱為真正的***體育教育家***，不論就何種形式或任何領域而言。就這方面，按照邏輯，可以要求螢幕顯示器、老師、教學者從《想像發生過程》開始做起。

在運動用力時，幾乎人的全部組織系統都出現重要變化，每一系統有一套自己有效發揮的運作法則。為了能夠完全了解運動中的人，必須從了解運動全部過程開始，並且時時刻刻理性評估每一個可能發生過程的功能運作部分。不僅必須評估客觀事實、影響、後果，還要能夠根據教學指示主動再創功能運作模式，以便在訓練時能夠務實地實現執行技術已發展身體種種功能。因此，基本上，體育最重要目的在於發展促進肌肉、關節、自律神經系統、呼吸、心血管、神經等的品質，所有生理價值是首要考量的重點。

要面對身體活動所包含的一切義務，就必須深入考慮；所有使用方法並且作出明智的選擇；該選擇必須能夠將一個功能傳遞到另一個功能，完成功能串聯作用，以此方法最終涵蓋精神與身體醫學的（psychosomatiques）所有教育需求。理想情況是，應當認同身為一位負責訓練的人員，若想要指導一項運動且保證其效果，就應該預先了解相關過程的身體性質，並且加以動用發揮效用。凡運動和運動皆是全身都有連帶關係的活動，這是不變的道理。

所以在我出版的書裡有提到相關事宜，那是科學方面所有技術說明的基礎[*]。詮釋一項動作、一種體育運動，必須要全盤了解各項內在機制，評估彼此之間的重要關連，並且要能掌控情況以便根據事先已擬定的合理規畫來調節各項功能。這看來似乎是自命不凡，然而它是在體育領域裡所有職業、教學工作之基礎。

生物過程的相關知識還有其它必須考慮的結果：清楚知道這些過程將如何進行，有助於預測我們即將命令的運動動作的效用。任何一項身體活動皆帶動身體多方面改變，同時動用多種功能，應該持續研究之。特別是認識其效用更是比了解相關過程知識本身還重要，也是最關鍵的，因為操作必須注重發展性，我們要發展身體某些功能就必須要求從事適當的身體活動。

所以這是達成純粹的生物學知識的一項*教育計劃*。實際教學和身體活動的一般生理學概念教育是不可分的。證明身體活動的正當理由，並非生物過程本身，而是應用其功能連結效用；這些效用會留下痕跡，改變個體，而這些人體功能的改善情況就是我們有權利、也是有義務去研究的。假若我們要求技術能力，也就是基礎科學知識，是

---

[*] 引用著作之書名為 "從體育到競賽運動，其生物學觀點"（*De l'Education Physique aux Sports par la Biologie*），出版：醫藥與衛生出版社，日內瓦。

因為這些知識能夠帶領方向、增加活動價值。

這些知識同時伴隨和包含一些責任；對於教學的關切結合研究最大功效；而且該研究僅限於建立在我們已經了解的知識、可能了解的知識、我們必須已經了解的知識，和參與運動的生物過程之基礎上。

如果有這麼多的教育都將科學知識置於一旁未予重視，這也許是科學家自身的錯；因為，為了使科學知識方便實用，就應該切實了解其中機制並想像其功效；必須能夠以生物學觀點思考其自身教學方法。

當我們清楚各種身體活動的功效，就能依照想要達到何種功效而加以選擇，而且從此必須**為自己使用的方法負責**，為自己決定尋求的價值找出方法發揮作用。可以肯定的是，教育的效率非常依賴於教學者所具備的科學技能程度。這就是為何我們無法解決任何一個技術問題 — 比方說一項運動，除非先全盤了解和該運動可能相關的所有問題。

所謂參與體育教育的各種責任，舉例而言，我們一點都不能稍微看輕必備的主要基礎知識之重要性。

證明我們的規劃的理由

因此，提議一項新運動，首先必須適當地以該運動有關連的生物、心理和社會效應研究提出證明。

證明其規劃合理。

所以大家將不會驚訝我個人並不想探究現今大家操心的嚴肅問題，提議一項具多項重要教育效應的運動，卻沒有首先闡述其伴隨體育所有行動同時產生的基礎科學價值。為此，當時我曾經試圖歸納我在體育的技術領域經驗，同時用容易理解、應用的方法推動體育和運動領域隨時會遇到的科學概念[*]。

---

[*] 詳見引用之著作

即便假使我之前沒有做這項工作，現在我也會從這項工作開始做起。

所以我想，有關我示範說明新運動的價值，我就能夠信賴那些想要評斷的人憑藉其本身具備的基礎知識作出適當判斷。不過我仍然將自己個人的分析評估作一番摘要整理，並在前述著作闡述之。這份摘要很快將會以某種方式執行身體活動的*科學總評估*，並按其重要性將影響結果加以分類；同時這將使我們能夠確定各項基礎功能緊急程度。

生物學標準

肌肉與關節的功能

體育應首重發展關節和肌肉的素質。所以第一要件應是技術環境提供機會鍛鍊這些功能。

有關於關節的因素，關節的運動必須有足夠的*擺幅*：這樣說是《為了提醒》。

就肌肉的觀點，不僅要發展力度，更應注意彈性、速度、放鬆度的調節，這些都是肌肉最珍貴的素質。我們有權期待一項身體活動根據發揮最大效率的計畫，提供機會運作這些功能。

但這其中涉及兩大身體部位，我們必須吸收大量教學指示。它們的名稱為：一為*心血管和呼吸*，另一為*神經*，（神經，此處指的是腦脊髓液（cerebrospinal））。

心血管和呼吸功能
（社會預防要素）

可以應用在教學方面的基礎概念為數眾多，應該全面探討。在社會方面，我們越來越肯定身體活動對於預防心血管嚴重問題的重要性；舉例來說，其他情況也顯示出心肌梗塞發生頻率和經常久坐有明確關係。相當多的討論都證實心肌梗塞發生於一般神經壓力和缺乏運動。對於討論細節在此不多贅述，但我們因此得以確定這類重大禍害（心臟病致死，特別是心肌梗塞）的最積極、最好的預防法，以運動價值最確定也最有效。我們也觀察到一般大眾對於運動存有某種難以想像、而且也不願承認的恐懼。我們很願意相信一個很疲憊、空閒時間很少的人，非常有理由害怕任何費力活動，於是疲倦感促使意志力瓦解，決心參與這樣的身體活動的時程也無限期延期。

運動＝心血管疾病預防法

我們應該觀察到在當今人類社會，對於心臟疾病致死的恐懼已經成了真正時刻縈繞腦海的煩惱，包括政府單位公共保健負責人員亦感焦慮；人們努力找尋方法，那怕所費不貲，基本上以人工方式，甚至利用外科手術疏通冠狀動脈；人們卻毫不在乎有一種唾手可得又人性化的預防法，那就是身體活動。

為何無法使政府的公共預防醫學相關單位了解如此簡單的道理？為何沒人敢務實地發揚我們所堅信的理論？

矛盾地，當我們對這方面稍微提高音量呼籲，有關當局就關起耳朵，或是帶著優越感表示關心，也可能是基於可憐，然後就只注意一些片面的；而對於其應該負責做的決策完全沒有使命感。

所以應該以一次說清楚的方式，負責體育和運動的政府有關單位同意提交一份有效力、並且有文獻依據的責任保證書。為此，政府有關當局自己應該充分收集資訊，透過重要途徑，製作報告書說明政府有關當局對於當代文明觀念危及心臟疾病致死預防法願意承擔責任。

我們有可能讓致死率數字進步，在現有知識情況下，我們可以思考將心臟病致死率減少至少百分之五十，如果我們達到普及**合乎理智的**身體活動。因此，我們有權要求該方面的所有運動動作皆呈現**緊急服務大眾**特質。

計畫

確認身體活動對於成人的必要性，並不代表我們就可以免於負責承擔其結果：必須提交可被接受的計畫。換言之，若我們只能提議一些不適當、普通人很難理解、很難做到的的活動，因此不能提供以經驗可以確認其效率的行動計劃，所有在這方面提出的論點看來似乎是唱高調且不適合。我們個私自忖度，若我們的聲音如此被忽略，這是因為我們所說的話沒有對計畫的真實有效性和可行性提供足夠的保證。我們對於存在的問題認識不夠清楚，而且我們回答方式過於理論，論述又極為薄弱、平庸，但並不常具說服力；我們仍應致力於全面負責。

這表示我們的生理學概念不應該還是抽象和空洞；它必須紮根於技術現實裏。從明確的生物學指示說明獲得靈感的應用方法，必須愈來愈能夠動搖通俗的看法，能夠說服大眾，使普及化實務操作變成可能。

所以如果我們現在重提生物學的指示說明問題，我們同樣很清楚現實上社會和政府可能的偶發事件之重要性。我們再回到我們所收集到有關於心血管和呼吸方面的資料。和致力於不斷實驗應用生物學基礎數據資料的"豚鼠"（cobayes）團隊鑽研體育教學將近四十年，使我確定繼續努力發揮心血管和呼吸的最大價值，對於體育和運動領域是極重要的。

很不幸地，我們覺得愈來愈明顯的許多重大錯誤和缺失實際上充斥各處。訓練心血管和呼吸功能是一項非常大的計劃，但卻很具體，它包含非常明確的條件，但常被誤解。

有一些很令人遺憾的錯誤，幾乎隨處可見，這些錯誤模糊正確觀念，導致和完全不同的價值混淆。尤其是談到《暖身》，無論任何一位運動員；《熱》這個字有雙重意義；最簡單的意思、最易於想像的是，《熱》表示加熱、保暖，所以人們通常聯想到使其肌肉發熱。我並不想堅持去釐清這種有點初淺又很模糊的概念。我只是觀察到《暖身》剛開始成為運動界行話時，實際上其意義和現在完全不同。

換氣耐受度：
第一要件

在運動活動的建構要素裡引入這麼特別的概念，可能看起來很自負。

如何將我們的信念用簡單幾個字歸納總結，它是否牽涉極複雜的程序？雖然我知道重要事實真相可以證明我的態度正確，我還是必須簡短地自我解釋一下。但是，鑑於我們評估心肺問題是身體鍛鍊的頭號問題，我們有可能犯一項嚴重教學錯誤但卻無聲無息地略過。

假設沒有首先處理心肺功能，所有試圖解決這類問題的新嘗試方法，即使就技術方面，都會在基礎上出錯，因為心肺功能還調節其它所有功能。這是**應用體育的關鍵點**；若一項身體活動在其整體教學內容裡沒有整合這些程序，就社會方面而言，其有效性令人懷疑；它可能是一種娛樂但不是一種**教育**。以鍛鍊身體促進人體發展，應從心肺功能開始…除非自滿於現代人的特定理想：肌肉健美。我的一位朋友稱之為《肌肉博覽會》。

有些人可能會訝異於我們過去一直探討循環和呼吸，好像這是生理學唯一術語。我們並非要製作科學生理學的學術報告，而且我們認為既容易理解又能有效地歸納這兩種功能綜合表現的最好辦法是以外在表情說明，所以最終決定使用的術語為：呼吸。

首先我們說到，在教學方面，以一句話歸納說明心血管和呼吸功能的訓練：即**鍛鍊呼吸耐受度**；喘氣表示心血管和呼吸方面的困難，是屬外在表達；因此，鍛鍊呼吸耐受度可以控制一個個體以何種方式支撐體力、可以達到那些表現。體能和呼吸耐受度之間的關係很明確，該關係可提供教練精確的指示，了解他可以期待一位運動員的表現如何。

　　我們有權利說鍛鍊的第一目標是努力改善呼吸耐受度和延遲出現呼吸困難（即呼吸不耐）。運動時的呼吸反應表示個人身體能供給的肺活量。

　　《呼吸》實際上是運動時調節循環和呼吸的所有數據資料的複合結果；別忘了循環系統和肺部的協同作用是極重要的，因為調節肺部循環基本上是運動時所有循環反應的基礎條件之一。

　　至於肺部，創造一個合適的《肺床》（lit pulmonaire）、充足的內部肺循環能力、配合肺泡需要、控制有益的血流量；肺床的數值不僅決定肺部的血液與肺泡的氣體交換，同時也決定輸送到心臟左邊（左心房）的肺血流量。現在還不是討論細節的時候：我們只是要確定呼吸耐受度、呼吸調適力，或運動時呼吸容忍度是一種複合體，它包含了持續性的體循環，還有連結肺泡氣體交換和決定肺部輸送至左心房的血液流量的肺循環。

第二次呼吸[*1]

　　以上種種，我們用通用詞彙來說就是**第二次呼吸**是所有身體教育最重要的目標。我們在這方面累積超過三十年的經驗令我們深信獲得第二次呼吸是所有身體訓練首要教學指示。然而，獲得第二次呼吸，程序極端多變，並能幫助推測是否能達到極佳技術能力。

　　所有肌肉運動都包含循環反應，但根據要求的肌肉運動素質，我們可以隨意使循環的偶發情況產生各種變化，這麼說一點都不誇張。因此，這種**要求肌肉系統**的身體運動能夠在極理性的情況下《領導》循環結果。這就是為何它能夠協助呼吸平緩。

　　對於我們而言，訓練的基礎首重：漸進式的運動。體力供給的強度從零開始，一點一點地逐漸使各循環階段配合運動發生作用，以換氣能在最佳條件下順利進行的方法調節體力。我們已經能夠證明這項

[*1] 〝第二次呼吸〞係從原文〝le second souffle〞直譯而來，中文另譯〝再生氣〞〝恢復元氣〞，意指端氣後再恢復正常呼吸。

總耐受度的運動耐受度、徵候性呼吸耐受度，根據我們成功換氣或無法獲得第二次呼吸的情況有非常多的變化，而且鍛鍊身體的所有技術都應首重《確保在理性的生物條件下獲得第二次呼吸》

訓練心血管功能的技術結論

使心血管功能保持最佳狀況的最重要方式是遵守某些特定規則。我們已經多方實驗並證實相關原則之價值和範圍並即將在適當時候發表。可以肯定經過長時間之後自會證明訓練良好的心血管功能能達到非常強又持續的循環系統和心臟的耐受度，以及呼吸耐受度，使人獲得活力。

對於我們第一條規則是緩緩地開始，強度要小；強度會支配左右正在使用的身體功能。強度本身就是身體的空間移動結果：移動愈大，首先往高處然後水平移動，交換的強程度愈高，結果必然是引起循環系統愈激烈反應；我們完成制定一套程度適合的身體計畫，便可以理性地調節心血管作用的強度。當我們有可用的技術元素，便很容易制定一套強度非常規律，在適合範圍內最高速度愈來愈高，愈來愈加速進行的漸進式計劃；但應避免過度激烈至**快速喘氣**。應試圖將每次喘氣的間隔時間往後延遲，使呼吸耐受度變強，換句話說，獲得最佳狀態的第二次呼吸。

如果最大和首要因素是強度，它的漸強程度隨著時間而規律地加強，另外一個重要因素之一則是由**最高速度**所組成。最高強度亦應漸進式增加。至少需要總計二十至三十分鐘的分級式規律的漸進過程，獲得最佳狀態的第二次呼吸。這種漸進式增加強度的方式非常重要，因為我們已經證實，完全相同的運動，操作時具有良好的漸進過程者，其第二次呼吸較佳，所以運動耐受度也較好。也就是說，有關於**第二次呼吸狀態**，當我們很細心處理第二次呼吸的訓練，二次呼吸狀態愈佳，運動表現愈容易達成；再換句話說，可以得到持續性更長的第二次呼吸，運動表現就更增進。運動員的心臟和循環系統的未來繫於第二次呼吸的訓練養成。它控制遠程預後[*]，而且如果我們要主張利用運動建立持續的生物心血管耐受度，每一個療程都要**悉心調理**。依但建立第二次呼吸訓練規定，若屆時需要改善心血管功能，必須繼續在運動時配合最高速度訓練，而非恆定不動的訓練。對於鍛鍊平衡心血管耐受度的身體活動而言，無論每一次訓練或是長達數年的長期訓練，應用這些原則是絕對必要的。依我們來看很明顯的，根據此處制定的原則所建立的心血管訓鍊，是運動的預後基本數據資料之一。這項觀察因此使得訓練的教學和生物價值仰賴教練本身具備的基礎知識。

這意味人們已經吸收如同我在書中所提到的基礎生物學知識，接下來便能夠按照預先制定的合理速度，對於這些功能採取治療措施以確保達到第二次呼吸的最大效率。

我們是否因此能夠主張玩一種如我們今天所提議的運動，有可能取代合理分析的訓練？可能不行；我們不能否認分析性的身體訓練的重大重要性，不過我們仍想，在某種程度上，理性的運動可以介入解決類似的生物偶發事件。

為客觀分析運動和體育教育這兩項重要方法分別的價值，最好也分析這兩種不同方法在實務操作時吸引人的程度。我們也能夠依此為基礎判斷所提議方法的**社會效率**，因為光是要求採用一種就分析上有效率的運動，這樣是不夠的 — 此外，大眾對其感到無趣、缺乏吸引力—並且忽略了有一種運動非常具有吸引力還可以提供合理效率。

呼吸訓練

必須隨時注意呼吸，因其伴隨和調節心血管耐受度。我們**學習呼吸**；必須對呼吸加以控制，要求人體盡可能深呼吸，建立一種呼吸的紀律。所有身體運動都有可能引入這種控制呼吸的概念。趨向於盡可能擴大使用在所有肺泡分佈區。

---

[*] 預後，醫生根據病人病情相關因素而對未來治療結果所做的預估。

　　整體而言，一項運動的教育價值主要取決於其技術能夠配合我們剛剛所陳述的各種基本規則的任何可能性。

所犯錯誤

　　一般體育界到底發生了甚麼事？像足球、籃球這類運動，若在開賽前要求隊員做第二次呼吸訓練是非常好的，但是大家經常是一上場就馬上《全速》開打（除非該隊有合格教練，因此優先尊重理性紀律，在開賽前訓練團隊的第二次呼吸）。然而，必須承認的是，在如此操作的運動情況下，心血管調適、總耐受度，特別是呼吸耐受度會逐漸降低，我們觀察到出現功能錯亂情形。這些隊伍在賽季結束時，已無法再正常表現，運動專業醫生說經常看到有些球員從賽季中途，正值冬季，已出現複雜的運動不適，這都是因為不理性地運動造成的。

　　基本上要從強度為零開始，然後逐漸增加至可以獲得理性的第二次呼吸，所以必須採用漸進增強的體育運動計畫以培訓或妥善準備團隊能力，或使其在玩遊戲或做運動時，能夠在這種**漸進式增加強度的情況下進行**。我們稍後會證明在巧固球運動中，我們確保以漸進方式使用所具備的運動技術，而且我們可以肯定，當我們非常嚴謹地應用這些團隊技術，隊員們很感激，因為賽局結束時，成效非常好，沒有疲倦感；隊員的呼吸耐受力很好，尤其感覺精神飽滿；然而那些貿然開打，沒有使用漸進法以及沒有訓練獲得第二次呼吸的團隊，皆感到疲倦，鍛鍊還沒結束已顯現出神經過敏易受刺激、缺乏專注力、運動適應困難等。

　　能夠應用科學紀律是我們巧固球運動的重要特質之一，在這些科學紀律中，我們提出有關於心臟鍛鍊和獲得第二次呼吸的規則。直至目前為止，我們覺得忠於這些原則並無任何困難，並認為漸漸地加入巧固球比賽的所有團隊皆會接受我們已經制定的行為規則，而且這些規則符合生物學心臟鍛鍊原理。

b) 精神運動（psychomoteur）程序 上脊髓（supramédullaires）* 調控

在此必須返回到我們在我們書中討論上脊髓調控的章節*。在書中，我們已經努力總結一個非常複雜但極有趣又重要的情況，尤其是，它使我們可以了解精神運動功能是何等嚴謹和豐富地連接到許多其它皮質下功能，以保證連結活動能力和所有客觀現實決定的活動能力，總之一切可以由大腦一般功能調控的動作之功能協同作用。瀏覽參與運動整合所列舉出來的身體各處中心，我們必須知道相關的影響、或簡易化或抑制作用為數非常多，所以才始終能夠根據意向和大腦命令調整姿勢。

總體而言，這些中心組合各種調控，有時是自律神經的（交感神經和副交感神經），有時是平衡的 — 小腦和鄰近器官的作用！— 或協同作用的；它確保所有平衡中心和純粹皮質發展功能之間的連結。

精神運動（Psychomotricité）和大腦思考

精神運動的行為是一種要求適當融入其個性生活的行為。它需要下皮質層、中心、大腦、維生系統的介入，以確保其動作經由空間的和大腦的行為，能夠真正發揮表達個性的效用。

開始寫書時，已有許多增長我們有關神經和大腦統合知識的著作出版，神經和大腦統合能夠作用於精神運動行為。我們可以說，知識和思想的演變只有令人更強調這項結論：精神運動行為不能被視為一個純粹的皮質運動行動；實際上它是涉及所有個性的行動，所以必須連結到所有的精神運動表達中心。遠在我們的知識證明神經和大腦統合的重腦值要性之前，我們的體育和運動教學，一直很努力超越純粹的自動行為，而連結身體運動、精神運動行為和其它大腦價值。我們

---

* 引用著作（第 77 頁至第 98 頁）

不想否認個人的身體活動能夠表現的益處，例如純田徑，在這類活動，受訓的運動員必須重複同樣動作、同樣姿勢，排除大腦其它的參與，由於其自動化程度高，不斷重複訓練直到運動員達到特定項目的高度專業化的效率；然而我們認為如果考慮到人的整個人格，必須認識到執行精神運動動作可能牽涉最多的腦下皮質中心參與，如此可使其盡量擴大統合所有大腦中心的精神運動動作。

因此運動性動作、姿勢乃是反映個性的一種表達。每一個姿勢首先是一個個體的空間行為，而行為本身乃受瞬間動機的驅動連結。

在分析所有這些上脊髓中心（centres supramédullaires）的影響以及其行為的素質和意義，我們得到的結論是這些影響的目標和最終目的皆是為了使整體全腦功能更有效*調控動作*。給人的印象是，這是一個真正錯縱複雜的情況，所有中心、反應器官、神經連結都交錯盤結；概括來說，我們可以觀察到心理狀態本身並非總是直接由傳統的腦脊液（cérébro-spinales）運動途徑表現出來，而是經常藉由上脊髓調控中心居間修正並做必要調整再轉換成運動。

警覺性

不過以上這一切，由一種警覺性的功能掌管所有這些功能：這可說是一種包含注意、精神集中、大腦控制所有運動功能，和腦下皮質調控的能力。警覺功能對上脊髓的調控產生影響作用；它解釋有趣的活動是如何（自發性擄獲注意力，並因此使得極度警覺）比索然無味的活動有效。要知道，這項大腦功能的延伸係動態連結到各個不同的中心和其加入的循環，其效用是控制精神運動活動的緊張度。精神運動活動乃連接於內在的心態，所以可以說執行活動感到的樂趣也參與調節精神運動性之活動。

大腦整合和運動本能

有讀過我的著作有關於上脊髓調控主題讀者可以了解應用該主題

可能獲得的益處超過簡單的直接傳送。精神運動的行為連接於某些特定的重要大腦功能：首先是情緒，然後是基本本能、運動本能、競技角鬥本能，使得我們可以用運動和競賽表達性格。此外，運動可以使動機和更複雜的神經反射介入正在發生作用的重要的感覺：視覺觀察、情況判斷；簡單說，精神運動行為以如同運動的活動形式進行，總是比較錯綜複雜，但在大腦整合之後會比像田徑運動一成不變的、重複性的個人運動更感豐富。我們無意討論田徑運動的根本基礎。我們只是簡單地認為深入的、人性的本能，像是休閒娛樂的本能和找尋極端刺激、個人的情緒反應、其社會情感，凡此總總涉及空間的精神運動行為的連結，都應予以訓練並成為個性表現的一部分。

運動對於人來說是一種本能，就如同對於動物也是，它製造快樂，因此使上脊髓調控循環更強烈參與，激發活動時的警覺能力增加。就精神觀點，它回應某些特定性情；相較之下，我們可以說一成不變的練習（像需要經常重複，歷經長時間，以求完美表現的動作或活動）通常不需要我們前面已提過的上脊髓中心。

動作越是多樣化，牽涉越多感官和情緒的多重資訊，特別是，運用越多和這些資訊相關的所有調控機制，甚至要求越多的警覺和思考功能的密集參與，那麼這些動作就越滿足全腦的、人性化的活動的條件，因此，符合我們探討身體活動的教育理想。

應用這些我們已經在我們的書裡研究過的功能，我們一直認為應該找尋一種能夠引發所有這些本能參與之運動或是說一種休閒娛樂形式的身體活動，利用動員這些本能以達可報告的教育理性目的。

有關大腦參與作用的研究勢必引導我們即將進行的心理學、社會心理學和社會學範圍的基礎要素研究之方向：這些研究將充實我們的論證內容。

神經運動結果

如果我們回顧這些基本數據，那是為了從中獲得我們工作的目標。

　　一般來看，非常明顯的，任何活動練習若其指令並非僅僅遵循傳統腦脊髓路徑，而是透過加入前文所提的上脊髓中心的間接修正迴路，那麼，遇到任何複合性較高的練習時，會比透過單純的腦脊髓皮層培養更豐富有益的性格。我們並不打算將上脊髓中心介入的運動加以歸類，只是簡單確認原則上，加入的調控中心數目愈多，該練習對於性格愈是有益。此外，我們知道在這些調控中心之中，有些連接於一些提供周邊訊息的器官、感覺功能；其它則牽涉本體感受功能，例如直接來自組織周邊的功能（特別關節的和肌肉的有感覺能力器官）：運動表現的素質乃由這些本體感受的參考訊息所調節。

　　這就是為甚麼我們並不害怕所謂〝複雜豐富〞的身體活動，反而是更積極去研究以便能涵蓋所有性格。

2. 社會心理學成分

　　如果說心血管生理學主導身體活動包括運動的生物學，那麼包含所有大腦整合的精神運動學概念則引導擴大體育教育的，甚至於一般身體活動的切身利益範圍；精神運動學概念合理化盡可能擴大範圍尋求有關運動動作的各種不同領域功能的解決方法。

　　我們因此總是回到相同的工作計劃：一方面，導因於肌肉、關節、呼吸和心血管作用的身體保養，另一方面，需要可供支配的身體、利用並因此事先需要大量身體準備的精神運動完整動作；然而就是此精神運動完整動作 ce 說明為何我們為了一般人的利益費心尋求身體活動的快樂解決方法之理由。

　　我們實在不能夠像在寫〝身體活動與生物學〞（Activités Physiques et la Biologie）一書時那樣大幅描述參與過程及其形態，如此勢必首先導致意想不到的結論，但是看起來仍然是：體育的**教育力量**（*puissance éducative*）。這種教育力量是這樣的，它會考量骨骼肌肉系統的（myoarticulaire）功能和心血管及神經功能，合理化主張身體活動的重要基本用途是公共健康因素；我們得到的結論是，***身體活動的成果是一種無比珍貴的財富***，它能夠轉換改變一個生命，以至於社會。

我們可以正大光明地自問下列問題：為何無法說服更多各行各業的人、男女老少、現代人加入某一項明確制定的身體活動計畫？對於一般教育性質的體操，特別是有益的運動，為何現代人的冷漠態度如此普遍？在此暫且不論生物學，以便進入另一項完全不同領域的事實討論，即屬於社會學領域的；我們可以先簡述此新篇章的網領：社會和身體活動之關係。

a) 一般性；社會學標準

參與身體活動的人，無論是練習生或教學者都意識到這些關係當今正經歷一個關鍵階段，同時這也是普遍公認的事實。在這方面沒有任何正式觀念，尚無任何國家制定完善的學說，不論是一般社會方面，或是政治方面。一連串的事實將一些特定身體活動連結到全球事件，而且是從***各方面***— 從世界盃到奧林匹克運動會 — 分化了體育的教育計畫，使其變成一種鼓勵參與乃為了所謂的《達到巔峰》的活動附屬品。

該做什麼？

為了給這個問題一個令人滿意的答案，應該分析運動在現代社會發展的社會和心理條件。這又回到建置身體活動的心理學、社會心理學和社會學的總評估。

我們不能滿足於觀察到體育教育和運動新方向相關***問題***的廣大重要性；更應該努力找出解決方法；而這一點正是我們的工作意圖。

若不能讓大眾有權參與享受身體活動的益處，我們的生理學概念有何用處，所有我們因應各式各樣的變化的幾乎有些繁複的方法有何用處，我們的理論、許多不同學校的主張有何用處？進而，人們將從身體活動獲得、能夠獲得、期待什麼益處？為了達成實際有用的成就，

71

該朝哪個方向努力？

　　這些考量可以帶領我們到很遠的方向；它們是專業和專題討論會的焦點專題，動員為數眾多的研究人員和從業人員。然而，我們可以說，儘管這一切，運動社會學和心理學，特別是運動社會心理學，都還在初期發展階段；這些初期發展將來必然前途無限，因為人們越來越了解在所有這些領域發現事實的重要性，但畢竟是初期階段，許多專業尚未成熟到足以讓我們可以得到確定結論。然而我們提議的新學科訓練——心理學、社會心理學、社會學——讓我們已經可以考慮一些多少有效的答案。

身體活動提供的快樂泉源

　　如果分析我們做運動的快樂性質，可以發現有好幾種，但大致分成兩大類；娛樂的本能，就是說為了好玩而去玩的快樂（想玩的願望），另外則是競爭的快感，就是說比較的快樂，檢驗可以達到的表現，和別人比較，甚至和過去的自己比較；競爭的元素也組成快樂的元素，尤其是對於性格偏好個人戰鬥者。

　　我們不希望有驕傲或自豪成分，不論其發揮何種作用；許多運動員喜愛做運動只為了得到榮耀（看看那些炫耀肌肉力度迫使別人欣賞者！）但基於我們並不想認同這種特別態度作為實施運動的有效動機，所以在我們的分析裡將此略過，就讓驕傲者根據其個人的可能性做出自己的選擇。

　　綜合娛樂和競爭的樂趣，依我們來看非常有益，兩者互補；但必須了解實施運動的理由，也就是說服全民認同並選擇一項特定模式的身體活動的動機，這兩項樂趣因素各有不同的影響；因此根據所選擇的目的以研究和組織身體活動時，必須將其納入考慮。

　　我們聽到有人對我們提反對意見，特別是，舉例要將一定程度的驕傲從競爭精神中分離是很困難的，此外還舉證說，很多嘗試在競賽時放棄驕傲的人，是因為他們不會贏！一旦無法滿足驕傲，競爭精神便降低甚至變得索然無味。相反地，順應娛樂的本能是很容易的，自發地或慣性地；**即使輸了還是喜歡玩**，我們認為很明顯的這是一種大家應該發展的競爭素質。

懂得服輸，這是運動教育的要素之一，但也是應該培養的道德精神，它可以幫助大家安然度過遭遇不同的競爭滿意程度所引起的情緒波動和內在的不穩定。

這就是為何我們常得到結論是，就一般教學方面來論，最順應娛樂本能的活動就是最安全的活動。我們必須知道並認同，相較於其它活動，充滿自然娛樂元素的身體活動具有最有效、最頑強、最持久、最深刻的影響。必須再加以說明，娛樂本能在自我發展過程中，會使個人習慣運動，即使沒有特別彰顯成功的皇冠加持；這是努力的感覺所帶來的運動樂趣，運動本身所帶來的運動樂趣，和成績結果毫無關係。

b) 好勝心

但應該注意的是競爭元素強調另一個連結至身體活動的心理性格，即好勝心。個體之間互相比較，尋求凌駕他人的至高無上感覺，因此產生了好勝心，好勝心一直都是一種基本的刺激因子。然而為了有機會發揚光大，也就是說招募精通人士、說服猶豫不決者、吸引漠不關心者，就應該一次雙管齊下，適時運用喜好娛樂的本能和好競爭的本能。

是否還需要確保競爭所產生的好勝心是否超過個人心身醫學（psychosomatique）的最大可能極限，因此造成神經或生理鍛鍊過度。概括來說，娛樂和競爭基本元素之混合應該由鍛鍊的負責人、教學者調節，以確保結果和所追求的目標相符一致。這表示我們必須要有意願**調節控制**這些強大的本能，引導其方向，也可說是使其服從生理、心理和社會的最佳利益。

本能元素對於社會生物正當理由的這種**服從**，應作為所有新提議的身體活動的基礎；在集體方面，為有效實施，任何程序皆必須確保平衡綜合所有這些價值。

c) 兒童心理學（psychologie infantile）和精神病理學（psychopathologie）

在我們草擬這些原則期間，有一些非常重要的觀念，有一個法國廣播節目邀請心理學家和兒童心理治療師等專家討論兒童的*侵略性本能*，發表了一些很矛盾的觀念和想法。一切都還不清楚，專家的意見紛歧，根據其專長，每個人的觀點和出發點都不同。

當中一位心理治療師的看法應特別引人注意。他承認兒童具有侵略性本能是很正常的，而且這項本會支配其發展演變、精神架構、高度參與其個性的發展及兒童的成熟。所以對話者似乎都同意一點：必須避免侵略性本能導致暴力行為；在場一致譴責暴力，但有關侵略性本能在兒童社會行為所發生的作用，大家的觀念卻很不同。

概括來說，看來侵略性本能基本上是被推廣化的。我們說基本上，因為很明顯的在許多情況下，它相當不容易被察覺，不會顯露在明顯的地方；我們可能會承認，侵略性本能是自然的，有時與兒童人格發展障礙混合。心理治療師引用弗洛伊德的觀點以便評價並暗示侵略性的本能是很重要的，但有顯著的病理或半病理（semi-pathologique）的多樣變化。由於提到心理治療就會提到精神病理學，我們可能有困難去分辨正常心理學的特定方面和正常限度內的病理表現。

精神分析在異常現象方面的文獻資料特別豐富，至少在亞病理學（subpathologiques）現象方面是如此，而且借助這些特別文獻資料，心理治療師發展他們的基礎理論。

我們不討論主張權利，專家在詮釋心理學時所引用的事實必須符合其專業基礎的。

就我們自己的部分，我們尋找啟發我們觀念的靈感 — 我們的《真相》（vérité）— 在非病理學的人類素材的分析裏；我們認同觀察*正常*

(*normal*) 青少年體育的價值。

我們相信,同時我們也明白,有關於人類在實施運動的時候本能功能的分析是新近才有的。探討這些問題的作者通常無法擺脫其個別專業活動的包袱(社會學、心理學、兒童心理學、心理治療、心理技術等等…)

他們將自己的態度、個人經驗強加在運動事實,並應用在運動方面,因此,制定的標準也依循其自身的專業領域。

我們認為這些觀點很有趣,但這只限於它們放在原來的環境裡:這些觀點打著《原廠出品》的旗幟,仍保持特定專業的觀點;這種獨特的透視法似乎告訴我們:從某個特定角度來看,運動看起來是這樣的…這是侵略性本能的情況,但是當過去的觀察不斷地使我們的觀念漸漸轉變,以至於引導我們打破常規,推翻從一開始就陷入泥淖的固有觀念,

d) 社會結構

我們生活中越常運動,就越發現團體運動的組成完全如同日常生活裡的真正生活"縮影",也就是說團體運動參與人類整個生活,但還帶有一項好處,那就是提供真正的實驗條件。對於其運動同伴,人會根據自身精神狀況調整行為舉止,就像生活裡的一個動作、一個片段;運動場就像是一處《行為的場地》,裡面有每個人的問題、情況、衝突、正在進行的事情、結論、甚至還加上社會情節的片段、人在《過日子》當中的某一種插曲,臣服於命運,但用盡所有大自然賦予他的本能準備面對命運。

每一個動作、每一個片段、每一次交會,都是活生生的場景,即興演出但忠於站在舞台上主角的體質資料數據。

縮影的想法可用於兩項觀點:首先是**分析**…因為從觀察個人事物,反映參與其中的複雜真實現象,我們得以取得最有價值的資料。然後是教學;活生生的真實場景對其而言並非毫無自由意志,或表達

一種不可避免的宿命機制。事實上，運動員期待、學習去體驗生活中的運動片段。明確來說，體育活動是一種生活縮影的行為學習，在此同時，依其選擇和接受的需要，學習的真正範圍在於人性，含有脆弱、偉大、失敗、勝利、衝突和合作。運動生活的縮影包含了這一切。

運動是一場*搏鬥*，因此呼應人的最深的本能。鑒於運動所呈現的生活縮影，在其進行過程發揮了人類各種本能和帶給人們的娛樂，我們不同意傳統定義《侵略性－暴力》的觀念⋯

參與身體活動和觀察該領域的各項事實得到以下結論：身體活動的***基礎本能是戰鬥***。戰鬥是***朝正面解決問題***。為生命而戰是每個人的存在感的直接後果。戰鬥代表這個戰鬥本能的建設性元素；他傳達給人自我要求的力量、追求盡善盡美以求在其擅場領域出類拔萃。這種戰鬥性格不在於《反對某人》而是《使自成功》。發生情況時，這包括有權阻止他人的"危害"，這很合乎邏輯，但內在心態是勇敢面對狀況，想要創造有利條件（甚至特別是內在）。

相反地*侵略性*本能是對抗某人，用以征服、操控、駕馭、約束他人。侵略性以減損他人、攻擊他人的行為素質求勝，研究攻擊優勢。若侵略性導致發生暴力（某些專家對此譴責，彷彿這代表另一項本能），這只是由侵略性態度正常、合乎邏輯的演變而來，這種演變意味著僅靠口頭勸說往往不足；侵略沒有溫和的特質，不斷嘗試堅持其侵略的權利，它幾乎不可避免地導致暴力。它取決於他人的阻力，因為阻力愈強，他就愈需要增強戰鬥力和自我要求的方法；然後，何時才能停止不由分說地一逕認為暴力就是侵略性本能的外在表現行為？

侵略性肯定至高無上的優越；正是他得到勝利，侵略性的本能首先動員情況、體力表現，但體力也是 — 最常見的 — 大自然的禮物。懲罰戰敗有所不公；如果獲勝總建立在先天的體格基礎，那麼獲得體能補充便朝向侵略性規定目的進行。

侵略是自保本能的反面表達：消滅對手實力，或至少使其失去作用。

戰鬥性在完全不同的精神領域發展。戰鬥本能首先是“不屈服”的事實：不接受其弱點、倖免、不足、劣勢，簡而言之。適用於尋求各種途徑來提高行為價值，增加獲勝的機會，接受戰鬥和付出代價，這就是戰鬥的觀念。

在體育運動中，總有拼鬥，也就是說比賽衡量個性；不論其為侵略性或戰鬥性等，兩者準備接受考驗。運動的生活是這樣的，應該是這樣的：準備互相較勁的比賽。但是所謂侵略，它是特別攻擊對手的弱點，而戰鬥性則是追求個人價值。兩者外在事實看似完全相同，實則內涵迥異。

在比賽進行中，我們不否認〝侵略〞理當是運動的正常一部分，但我們仍能夠期望將運動創造成一個大家認可的高水準和令人期待的戰鬥機會。

就此開啟運動社會學的篇章。

e) 將體育社會學視為一門科學

我們談論越來越多，但它是一個新的篇章，開發尚少。有時是社會學分析運動，有時是運動提問社會學。認真來說，目前還沒有任何人深入研究此問題。

運動是一種社會活動，他在團體生活發揮的作用愈來愈大，但是是甚麼作用？他的自身處境和周遭社會之間又屬於何種關係？

我們的意圖不可能是研究現代社會的運動社會學內容。這個問題值得深入研究，但必須對其付諸全力。其牽涉範圍廣大，從實踐運動者個人態度到國際體育比賽組織，例如奧林匹克運動會；它涉及專業、運動比賽的各個面向，不論透過電視或廣播、報章、甚至付費進場的運動場；這一切都使運動在社會裏以驚人速度快速發展。光是追求充**實有效的運動教學觀念**之正面元素，對於我們來說仍然不足。從一開始，我們所持觀點就非常與眾不同。我們只需從社會學家和運動員交流討論內容中汲取重要論述。運動社會學的重要論述在喬治・馬格納尼（George Magnane）的著作曾論及，該著作名為：***運動社會學（La Sociologie du Sport）***（法國新期刊思想系列（collection Idée Nouvelle Revue Française），巴黎加利瑪出版社（Gallimard））。這是我們認為將運動的和社會學的態度綜合表達得最好的一本著作。

運動活動和潛意識，成人和社會學方面

確實地，我們花了一整個章節以心理分析觀點分析運動；在此引用運動社會學，我們便得以明確說明有關本能問題的一個觀點，馬格納尼稱此為《瀕死前的本能（l'instinct agonal）》或競技鬥毆（agonistique）：他認為在瀕死前基於正常本能反應，有可能使用暴力，甚至過度使用；這點和兒童精神病理學專家的論點相同。

也許我們可以花很長時間討論運動方面的競技鬥毆本能和暴力問題，並承認以美式足球為例，《見證迫切需要明確定義、界定範圍、提交有關運動暴力象徵公約…》等等之類的。

但其實相反地，我們認為使用暴力只是特別強悍的人的例外情況，其暴力過程可能是解決內心問題的外在表現。我們可以順便注意到暴力型的運動因其誇張戲劇性效果很受歡迎，因此，該極端運動的觀賽群眾反應鼓舞了發展該運動的理由…人們需要這些理由經營運動財務。

在某些條件下，運動也具有治療價值；我們在許多不同情況已有此體驗且深信不疑。但這並非運動的重要元素之一；運動要具有療效，必須能夠幫助個人得以根據當下社會現實狀況選擇目的和動機，以調節新的內部組織和心理結構。

運動創造能夠實現的活動機會、普通人便可做到的、即便重複失敗也不致於產生和其他活動失敗時同樣嚴重的失落感。在運動中被擊敗的感受和打擊心理平衡的內心挫敗感並不等同。輸了一場運動比賽只是表示自己不比對手強，但所有的努力仍然被肯定。是故，體育活動經常具有實際的治療價值。

但隨後馬格納尼聲稱，運動的社會學分析，此項運動員的行為分析使人想到可以因此做一項當今年輕人的心理分析，當今年輕人似乎已超出體育活動的限制框架。

體育行為並不一定深入至潛意識底層，因此無法發現個人精神結構裡被忽略的事實。體育活動不可能是**精神分析**，儘管如此，包含個人戰鬥的所有可能性，馬格納尼稱作為瀕死前的本能，其具有非常重要的社會意義卻一點不假。同隊隊友的互惠行為常會形成一種社會經驗，個人據此得以學習許多事物。於是我們藉由運動這樣的社會活動實現真正的治療。

至於我們，我們將更進一步，主張也可以考量其社會行為方面和在必要情況時能成為具有療效的社會經驗，**根據其可能性選擇**一項運動。

社會中的體育活動

運動社會學應該**根據社會背景**解決體育活動呈現的所有問題。如果我們關心一下這個普遍的問題：有關於運動和現代社會，我們觀察到共有三大主軸彼此競爭有權行使和分析事實，分別是：個人心理學、社會學和社會心理學。這三門學科每一門都有老師，在《現代》知識的背景下，求教於老師，大膽追求經過文獻考據的意見，這是好事。

讓我們來看看我們生活周圍做運動的人的真實情況，有些人是受到已經在做運動人影響，還有更多的、也更令人玩味的一群人，他們對於運動已有很明確的看法…但一項運動都沒有做。而最後也是更重要的是，我們再看看另外一群人充滿活力興味的真實情況，像是每天從事運動的體育負責人員、體育的領導管理階層和技術人員等等。

運動的社會真實情況在我們看來總是更簡單而同時又更複雜。

首先來談**更簡單**：我們只能以人為方式分開這些組成成分；它們緊密相連構成一個整體，表達我們特別捍衛的人性面；沒有所謂的三門學科，而是人，人的生活中已同時涵蓋所有學科。

但仍然更複雜：因為如果人類活動同時在此三門學科的邊界運行，的確，其錯綜複雜無法簡化該有的理解。

社會學、個人心理學、社會心理學：這些學科內涵互相連動，我們必須善用其值得重視的當代的和合併的效用，而不是以人工方式將這些學科分別隔離而僅單獨利用特定方面。無論如何，對於在現代社會中的身體活動的任何措施都屬於*社會群體裡的個人行為*。人只有在社會背景襯托下感到其價值，且只有透過在他人面前的表現才感到其體力充沛的意義。

體育的社會心理環境：體育賽事

社會團體…是指人，或者說一群人！因為在我們不畏艱難地去了解生活在周圍環繞體育活動的社會背景的那些對體育感興趣，或者應該會感興趣，但卻不去實踐的人，因為有人個性懶散缺乏主動執行力，但卻樂於做一位旁觀者，對於運動團隊的體育活動並非漠不關心。若說體育是一場"表演秀"可能顯得過分：但現代廣大媒體資韻讓我們可以在巴黎觀看墨西哥比賽直播，身體活動和運動的意義已經轉變，現代的體育比賽已經變成國際性表演秀。我們不能再否認運動的未來前途可以說繫於表演品質；當說到運動賽事，又再一次開啟了既痛苦又歡樂的篇章。

比賽可看性的主要因素：《勝負未決》

一場體育比賽的*可看性*並無實際有效的標準。我們必須承認似乎其中有一項要素愈來愈具影響力，同時又是最難衡量的，就是運動的《勝負未決》，期待的懸念：心想《誰會贏》。我們敢說這種勝負未決的懸念佔運動賽事可看性的非常大的一部分，每個人經常用一種近乎病態的情感等待結局。在此我們很樂於覆誦**德·顧拜旦**（de Coubertin）的名言：《必須採取行動碰碰運氣，否則我們永遠不知道結果》；有關運動本身，很明顯的，投身其中並奮力爭取某種身分的權利一直到最後一刻，總是令人感受強烈。但這種情緒，從大眾角度來看，是極具渲染力的⋯群眾面對體育比賽最終結果的熱情和暴動，和賽跑或比賽末段的那種不確定性、懸而未決的感受完全不同。

因為基本上總是有一些增加的元素：例如無法預計、最後一刻突然出現的情況導致決定性結果，── 這是最令群眾激動的 ── 不可預測的特質使等待結果的焦慮感加倍。發生不可預知、意料之外結局會比一場從開始就預見結果的比賽更富情緒張力。就是為了感受這股情緒，觀眾才會到場⋯大家帶著緊張的心情等待結果、命運、運氣的《決定》── 緊張氣氛經常會集體感染，正因如此，當專門負責《鼓掌歡呼》的人員舉起國旗歡呼 ── 就是為了體驗這個心理時刻，大家一心想要參與。運動比賽結局越令人**感動**，大家就越慶幸自己有參與！

冠軍的社會價值

大家經常談到冠軍所代表的宣傳力量：這不歸我討論；至於我們，我們的看法很確定，我們並不認同運動慣用的樂觀宣傳手法。我們不認為這足以證明極力爭取冠軍的社會正當性，因為如果真有一種來自群體的情緒反應會感染大眾心理狀態，並且因此可能發揮一定的吸引作用，依我們看，對於觀眾群而言，主要是最終的"勝負未決"形成情緒高漲的源頭，而《冠軍》資格僅是附帶而來的。

必須說，要明白身體活動的所謂可看性，並不總是取決於實際展示體能表現，那是馬戲團施展魅力的作法。

的確，某種程度上，運動比賽的運氣基本上會影響該場比賽的戲劇效果，因此，依此制度，提出有效標準將是很聰明的作法⋯

許多體育因為《節目效果》下降而失去了號召新成員的力量，只有重要賽事（例如國際性比賽）才能重新找回觀眾。

真正的標準：表現的素質

我們來說，值得關注的精彩可看度在於**表現的素質**。這很合乎邏輯，大眾可以欣賞、鼓勵需要特別花費努力的運動。我們應該接受一個想法，就是所有運動基本上都需要某些具有表演性質的精彩畫面，但就事情目前狀況，一項尚未和大眾見面的新運動很難說它有多少勝算將來早晚哪天成為精彩表演。

在巧固球方面（這將是我們的目的和理由）：

然而巧固球是很快就可以被看出它能夠提供靈敏度和速度，以及跳躍和伸展的空間操作等體能表現機會，因此我們有理由認為，由有能力的球隊進行巧固球運動將能夠給予大眾有效的情緒影響。事實上，我們所提供解說巧固球運動的體能表現價值的照片，使我們相信當中某些姿勢、動作可以釋放熱情；不論如何，只要有效戰略組合或移位客觀地獲得肯定圓滿成功，大家看得到其行為元素需依賴某些特別的生理心理的素質，在此情況下，該運動可以成為非常具有可看性。但不管如何，必須等到該運動已達到特定的成熟度，體育動作的藝術家亦已實際操作體驗，才能使大眾能夠評價其高度價值。此外，我們並非為了表演可看性才提議巧固球，而是我們認為有效執行精神運動（Psychomotrice）能夠滿足觀眾融入感。在某種程度內，我們可以讓步接受任何運動帶有一些表演性質…巧固球也不例外！

但運動社會學家書寫評論本主題的有關內容，我們保留某些評估即可，特別是因為對於我們而言，這是一項新運動、新運動，我們還無法就表演運動社會學（la sociologie sportive spectaculaire）領域評估其素質。

f) 身體活動和休閒娛樂

身體活動、休閒娛樂：這兩項主題的相關概念在理論家和體育教育專家的思想裡都屬於同一族群。

談論休閒是當今很受歡迎的話題；邏輯上，大家想要發展現代技術以改變工作和休閒的比例，並增加休閒時間。社會學家致力於解決這個休閒問題，這是件好事，而且迫切需要…但已經發生許多困難，前提是必須先**給予《休閒》這個詞彙明確的定義**。由於現代社會要求，我們基於社會意義將同意工人可以擁有更多的空閒時數（非工作時數）。社會學家對此議題爭論和討論，許多私人企業已設法動用廣告力量推薦各種形式的休閒活動，希望有幸選出《理想的》模式供相關客戶參考。大家猜想社會發展和職業演變將會開啟一條可以無限延長空閒時間的途徑。理論上，和計算工業自動化和機械化的效果，實際上看來人類朝向將時間分配成《工作》時間和《非工作》時間兩種截然不同的型態。這就是基本問題，而且每一個人根據自己的性情和喜好預先設想不同的解決方案；但社會似乎沒有任何措施可以正確地利用現代技術發展以便我們在工作時間一點一點減少之際，確保合理化運用所增加的閒暇時間。

所謂《非工作》，最終很清楚指的是工作以外的自由時間，還稱不上《休閒娛樂》。我們完全同意馬格納尼（Magnane）書中*引述的迪馬澤迪（Dumazedier）定義，根據馬格納尼所言，該定義有成為一項《工作的工具》的優勢—但是我們必須承認他的態度有一系列後果。

休閒是一整體活動，每個人在卸下工作、家務或其它義務後，可以自願參與，無論是為了放鬆、娛樂或發展其參與感、資訊和文化。依我們看，將身體活動侷限在休閒活動的範圍並不恰當。對於大部分運動的人來說，運動最主要是符合深植在任何能稍微平衡的人格基礎裡喜愛刺激又好玩的本性的一種身體活動。做運動不是為了打發休閒時間，而是**自我實現**。每天都有成千上萬的人放下更有利的工作投入要求嚴苛又必須持續付出努力的運動，就是最好的證明。身體活動經常要求的犧牲永遠說不盡，當馬格納尼承認此事，當他反對 — 仍然一樣！— 迪馬澤迪的身體活動的操控支配性格。在第五十一頁他提到：《成功的話，運動會很快變得要求嚴苛和需要全神貫注，直到成為一種強迫症。

---

* 前述著作第 50 頁

但運動種類繁多，其中有好有壞：從討論一些規劃開始，證明其理由正當性和對於受益者的好處。

誰來選擇和組織？政府或私人企業（我們才剛提到他們已經開始尋找客戶了！），還是讓有興趣的人自行決定？…但是我們預料此決定將是一個來自各方面的社會壓力加諸於閒散懶惰者的決定。我們不相信一個人在有選擇機會時，會給自己大量的有效統計的學術資料以決定自己的方向。然而，他會張開眼睛打開耳朵注意宣傳效率最大的廣告。甚至於很明顯的，當提交的解決方案能夠提供某些財務上的好處（而且這永遠都有可能），特定企業就會在精心策畫的廣告背後利用其影響力達到期望的決定。

自由選擇休閒活動的*理論上權利*，將不可避免地和所提議的計劃裏令人信服的效果互有牴觸，我們相信該選擇權利將能夠以最吸引人…和最大規模的方法介紹其商品。

我們仍然在猶豫和顧慮時期。沒有人真正相信這是切身問題，還認為基於尊重，為了民主社會最珍貴的自由，應該授予找尋解決方式的人《充分自由》。

但是，這樣一來，我們就會將說服的任務留給純粹的偶然機會，甚至令人擔心的是，到時候，身體活動在休閒娛樂市場的份量不過只是一份薄薄的文件。

誰該負責？體操協會？官方機構？那麼，是哪一個？體育教育專家？後面幾位因本身專業工作都非常忙碌、無法抽身，有充分藉口忽略其專精領域的問題面…但不是在此形式下！當我們知道問題的要素，有沒有任何實質有效的措施我們可以開始著手？在此社會方面，由一個或多個程序計畫組成，但因為沒有清楚區分顧客的身分，變得很棘手，無法了解擁有這些可貴休閒時間的人其真正需要和其可能性…我們說可貴，僅針對那些真正能夠做出明智抉擇的人。

專業資料必須現在就要建立起來，包含各個方面可能涉及目前論點的有效可行性，即使只是稍微相關，亦應納入其中。然而身體活動觸及這麼多的人類問題，不論提議任何措施，我們自應先完整檢視所有問題。

當我們憂心於替尚未有幸被清楚定義和劃定界線的問題尋求新的解決方法時，上述觀點讓我們得以享受講究真實可靠的好處。我們的調查和初步研究僅能以這種獨特觀點被理解。但依我們看，在所有合理情況下建立《心身醫學》和社會的資料，可以使我們的企圖展現《尋求解決未來問題》的氣度。

但我們必須秉持一個想法，就是以堅定的信念強力捍衛身體活動的重要地位，除了口說，行動亦須具備能力。因為光說是不夠的，即便滿腔熱情，必須以實際能力證明，利用我們所掌握的一切行動能力以增進身體活動的實施。

提出一個方案

休閒權也是一種選擇權，選擇可以辨識出其真正的興趣，並能夠找到定位的休閒活動。

所以檢核所有選擇的各種原因、可能性和方式屬於專業人士負責範疇。

讓我們製作一份提供休閒活動的清單，然後判斷身體休閒活動所呈現的重要性和益處的比例，我們訝於其所占地位如此低微，此外，我們更加感到震驚的是，其效用遠超過其他形式活動宣稱能做到的。誰應對此選擇負責？為何就整體而言，體能練習仍如此缺乏吸引力且僅占當今人性化的一小部分？

我們曾特意提到**人性**，因為打破過去提到有關身體活動、動、體育賽事、錦標賽、破紀錄等只談年輕人和年輕人權利的傳統，我們主張所有人類，甚至是中年或熟齡，都有權享受身體活動的益處，而且我們認為隨著年齡的增長，運動方法愈來愈受限，若不讓所有年齡的人都可以運動、以方便行使甚至是喜歡的方式進行，那我們真是罪過。

如果，當今，有用的體育休閒佔如此卑微的地位，應歸咎於制定總計畫方案者；簡化操作，只需簡單的練習、簡單的運動、沒有效率，這就是接受只發揮簡單且非常微小比例作用的情形。真正領導者的任務，是增加休閒活動名單，創造新的富於效用的活動以因應現代社會需要。

我已常使用能力的修飾語。實際上求助於自認有權能、因此能夠發揮作用者是必要的；但是這些有權能者也應該認清其必須解決的問題。如果是關於創造身體活動機會的問題，必須考量所有基礎因素，從硬體設備到個人心理學和社會效應都包含在內。必須全盤了解所有問題，斟酌特別跡象，在理性基礎上做出選擇。

這就是說，為提議有效可行的休閒活動，必須證明有理，說明其理由、基礎、可能性，並凝聚整體身體休閒活動及加以分門別類，確定其定位並說明定位理由。

所以我們承認所有新的提議應該能夠證明自己成立的理由，且我們目前應該投注專注力於此。

身體活動能影響任何人格特質，因此，可以從多種補充性質但仍各不相同的觀點去思考。

生物規劃

自然，我們首先留意管理我們所研究的活動的生物因素。再者，這是過去我們認識的第一個領域，同時吸引我們的科學注意力，我們利用問題的技術資料認清問題。因為可以引用我們之前公佈的另一個有系統的研究，並在事情的當前狀態下力求完備，我們可以依合理規劃裡所能要求的地位適當定位這些生理因素；這就是為何生物部分很重要，並且這方面的證明理由是用做基礎的。

我們從這些基礎證明理由開始著手，但對於從事身體活動是為了消遣自娛、玩樂、休閒放鬆的人而言，必非為了改善體能才運動，或說鮮少。相反地，這種人參與這些運動、活動乃由其腦部和心理決定；他是有思想的、善於社交的人，由於其社會心理方面的特質，身體活動變得非常重要。

假設對於我們而言，社會心理學是必要的，那麼社會心理學特質對於大眾身體活動的選擇應具有決定性。然而一般造成該選擇的動機常偏離生理學；我們對生理的影響仍然負責。生理學不僅幫助了解，還使我們有能力提議適當選擇。

休閒活動的比較分析

我們之前提過身體活動要求嚴格（迪馬澤迪）。

一個完整的體育活動所要求的各種犧牲尚有許多我們可以提的，例如必須投注許多時間，但其實常被其它愉快的活動占用，還有財政的努力、需要大量的身體紀律、菸酒戒菸等等，各種要求措施和其它休閒大不相同。這就是為什麼我們肯定，尤其不能以純粹休閒娛樂方面的觀點，將運動和體育活動和其它活動做比較。毫無疑問的是，體育的問題遠遠超出工作社會學範疇。這裡與其它地方一樣，，我們意識到無法透過一個特定的角度來判斷現代體育現象，因為這只能呈現部分真相。

因為，以替可憐勞工找到方法消磨閒暇時間的需求以證明運動具有正當理由，看來似乎很吸引人…，就像有些個人為了選擇私人的休閒娛樂活動，首先以科學方法搜尋知識以選擇最能滿足其需求的活動。對於勞工而言，真正的自由，首先是逃脫約束，隨心所欲做自己想做的事，即便是一時間心血來潮…馬格納尼也曾經很正確地說過，休閒的問題導因於動機的問題。我們因此將問題區分兩個方面：意向

1. 勞工作的選擇：聽從複合性的決定論，也就是綜合外在的影響和建議，加上自身的喜好、意向和個人本能共同判斷。

2. 然而，還有理論上的證明理由說明一項事實，即在各種可能性中，身體活動具有無可爭辯的優勢。

然後出現了兩種觀點：

a) 同意將身體活動視為人類首要活動的論點為何？

b) 為使身體活動吸引人所必須做的事，我們現在和過去做了嗎？為幫助所有擁有選擇權利的個體正確選擇《樂於》從事的休閒活動。

我們再回到論點：

ⓐ 身體活動的用處

1. 運動和身體活動共同維護個人和公共健康。在此並非要證明這一點，只是提醒一下。

2. 它符合雙重基本本能，追求刺激和好玩，這是平衡個性的生物元素。

3. 身體活動＝社會練習，在一個群聚環境裡（群組的）集體經驗以單純狀態出現，《運動生活縮影》是保存和發展個人社會能力的理想環境。由此看來，很明顯的，所有的運動是不相等的，我們可以有效比較應用不同的運動所產生的社會效果；這裡有一個有趣的調查來源要進行；我們已經有看法，但還不是公佈的時候。的確，若我們接受把運動縮影生活的概念當作社會磨練工具，巧固球可能會處於一個非常有利的位置。

ⓑ 介紹認識身體活動的益處

有利於這項運動的宣傳是合理地進行嗎？據稱，冠軍是最好的宣傳員，人們因此以此做為藉口合理化所有為爭奪冠軍和躋身國際之列所做的特別犧牲。因此，可以說，以社會觀點來看，打破紀錄最多的冠軍，展現最大利益。體育信息肯定無法逃脫一般人民宣傳思想概念的常規。我們愈來愈清楚某種《心理傳染病》的真實現象，聳動的新聞會引發內心痛苦迴響：自殺、躁狂症（縱火狂或毒癮）、犯罪等等…伴隨著冠軍頭銜，以《謠傳》的常規傳播，透過各種〝從廣播、電視到有彩色圖示的周刊〞大肆宣傳引起騷動，偶而會激發某些人投身運動的想法，《也》去從事特定體育活動。但是每位有責任感並稍具經驗的指導老師都非常清楚，單憑一股《勇氣》的盲從者，遇到困難就會崩潰。

不，這不是好的宣傳，也絕對不是最好的，既不有效，也不吸引人；它完全不合格。

說服冷漠

1. 說服：舉實例（也要特別舉一些沒拿到冠軍，還有一直持續運動只因為感覺很適合自己！）讓每個人都清楚知道實際情況，向大眾傳播健康的運動經驗，可以利用報章富有含義和引人注意的文章插圖等等…我們應該讓每個人都能清楚知道身體活動代表一種完整且平易近人的休閒活動形式。

創造適合的硬體設備條件亦可促進運動普及：運動場、健身房等等。

事實上，別忘了加入身體活動依賴於許多管理招聘的要件。這些要件是決定關鍵，也就是說運動對漠不關心運動的人所能施展的魅力來源應認真考量；必須從中得到啟發以確保體育界交班，甚至，穩定增加加入的成員數量將是我們應盡的責任。

這些招募會員的要件在傳統體育新聞被描述成《動機》，有關運動方面的官方文獻業已多次從該角度探討此問題。

招募的社會心理因素

我們認為只需分析可能引領那些準備好投入體操活動或運動的人產生信念的社會心理學因素：

1. 友情關係會使一個人陪伴一位朋友而且感受一種愉快又有益的經驗，繼續投入。這是直接招募的情況。
2. 為了一些複雜且通常無意識的原因，提議的活動呼應個人喜好，執行的活動伴隨著一種滿足感並促使繼續投入。有了初次經驗之後，後面的活動情況則謹遵個人的邏輯發展。
3. 由於某些意外偶然和各種不同的情況，一個人在社會背景下被帶領去嘗試一項身體活動：技術指導很有幫助、負責人的教學觀

念、心理和精神的交流很愉快，符合個人意向、深層需求，正是
這種社會的社會整體品質引導下做出決定。

4. 在實際運動過程當中，運動的成功、價值、經常出現的冠軍實例，
報章媒體所做的廣告宣傳，簡單說，所有新聞管道所蒐集的全部
資訊，廣播、電視等等⋯令人想要嘗試；這些事實暗示性質產生
各種非常不同的感受，有的是想要跟隨某位冠軍或所有冠軍腳步
的願望，有的是提議的身體活動所伴隨的種種情況呈現前途一片
光明！⋯

5. 不應低估運動實施的硬體設備重要性：這些硬體設備基本上平易
近人、很容易操作或相反地很困難，例如，它必須融入一個人數
眾多的團隊，或是實際運動時受限於（特別是比賽場地，場地設
備等等）硬體設備的確常見。甚至可能發生某些物質條件 —— 看
看高爾夫球 —— 助長冒充高尚，我們遇到不少球員被場地些許透
著貴族風格所吸引，以及一些實施條件（參考網球的例子）。
但是確實某些運動必須依賴大型隊伍的存在（足球不能單憑一個
人想法去玩！）或是規模大小適合的場地。這些硬體要求是絕對
必要的，並且在招募成員時造成實質上的重要障礙。
還必須考慮限制上場人數，根據球員人數和場地面積之的比例。
按照某種數學比例，人數只能在限定範圍內 i 並規定一個已知球
場的球員人數，以足球場舉例來說，球員人數二十二人，時間是
兩小時內，至於網球場，則兩位或四位球員，只要是開放時間可
連續打！場地的大小限制了可能的球員數量。一旦達到最佳數
量，招募的可能性就結束了。

為何放棄運動

　　調查離開運動行列的原因，讓我們明白為什麼，隨著年齡的增長，
參與運動的人數減少。

　　我們習慣於只考慮招募"低年齡層"，即年輕人。我們沒有輕視

年輕人在體育活動方面的世界價值，然而，仍可以再次重申身體活動也是維護高齡人口公共健康一項非常重要因素。如果我們能夠將久坐不動而造成的健康損失加以統計，結果會非常駭人。

但，假設我們用百分之十劃分，這意味著，百分之十的發病率和死亡率是因久坐不動的生活方式造成的後果，至少我們可以藉由經常鍛鍊身體加以預防。我們認為這個數字比實際情形低估很多，但我們只要參照還算合理的數字：然後很容易地計算出這種現象的社會影響，當我們知道發病率和死亡率是現代關鍵問題時更是令人憂慮不安。現在是運用社會技術的時候了，社會技術要我們不犧牲所有經濟資源去治療病患，但要致力於開拓廣泛而強大的途徑以預防疾病、保護健康；我們不厭其煩一再重複：勞工有健康的權利，但我們是否做了該做的事使這項權利落實？

以運動施行社會預防法

我不會讓自己走入這樣的死胡同：其他人努力並一再努力評估久坐不動造成的健康損失。但必要時，為了挽救一些人的生命不計花費成本，我們不能不同意這樣做。

算算有幾十位心臟移植手術的人…而且有人可能會問實際上有記錄的花費總金額。問這個問題會引起相關各界一致譴責：我們永遠也不會嫌《花費太多拯救一條生命》；我們顯然同意這點，但如果說這筆用在拯救一條生命的花費原可以預防性地用在另一個《領域》，並因此使一百個人免受疾病之苦（這還是我保守估計而已），沒有人會為這些沒有避免的疾病感到有責任！

這些預防性的概念並不具有醫療行為相同的廣告迴響，醫療行為以幾乎可以創造奇蹟的方式強調現代技術的高水準。實際上，一般觀察者只是震懾於手術外科奇蹟似的景象，但對於身體活動有效性的抽象且遙遠的觀念仍然很陌生。難題就出在那裡，但個人免於手術因而保存下來的財務資源，可以在某種程度上幫助身體活動的預防保護概念導正社會影響範圍，推廣大家認識身體活動可以預防一百個人罹患疾病！

應該如何做才能喚醒大眾意識，以及政府當局從而意識到預防勝於治療，相等的財政支出用於預防比治療更具社會效益。據統計，在任何情況下，預防和治療技術有相等權利，然而，預防不會引發任何情緒性震撼感，也因此未有任何相關政府決策。

年輕人放棄運動的真正損失

假定運動的這項社會功能原則被大家接受，身體活動的執行機構（如學校、團體、專業機構等）出現的缺失明顯透露預防不力，現實的日常生活也因此出現戲劇性變化。

就社會醫學方面，對於愈來愈多人不僅僅是不運動甚至於完全放棄運動，因此不再漠不關心。這個問題在青少年間已經事態嚴重。若查看某些屬於低年齡層（幼童、未成年人等等）的運動團體成員名單，我們很驚訝 — 而其高階管理階層也不諱言，他們深感憂心！—自青春期開始，大量放棄運動。

我們是青少年時期為人生第二個新生期：至少成為社會人的新生期。然而，令人遺憾的是這個年齡層所得到的生物和精神知識不足，導致大部份年輕人離棄運動場和健身房。

這意味著，如果向年輕人提議一些執行困難度較低的身體活動，或較具吸引力的，保證對運動團體招募成員正面助力甚大；可以說身體活動對青少年施展越大誘惑力，醫學預防的和社會的價值愈可觀。

還有，了解大部分青少年轉往他處休閒的原因也非常重要。當然，實施運動的專業條件（大型球隊、預定比賽時間表，政府提供的特定場地數量非常有限）經常是提供青少年運動的阻礙。甚至連政府採取行動增加運動機會，回應人數仍顯不足。所以我們可以關注這一重要問題：如何使身體活動更接近青少年？

同樣問題關係到成年人

但是到了三十多歲，問題完全從另一個層面來看：放棄運動的理由總是更加冠冕堂皇：工作、家庭、社會（各種不同團體組織的活動）責任；此外，因時間安排無法配合運動：團體運動和必需組成隊伍的團隊運動，像足球必須找到另外十位有空的球員，也就是十一人同時方便會合；這一切都縮小了行動範圍和它發生的可能性，還要考慮已經不敷使用的專業合格場地。這些團隊運動的行政管理是不容易的；必須時間和場地都能配合團體才可能實施運動。我們讓各委員會爭取找到運動場地，但，一旦敲定場地，還必須出席參加沒有太多困難才行；個人生活工作比重愈重，就變得更困難加入運動團體。

我經常在很多場合裏指出超過三十歲的《年輕人》缺乏運動的事實。每當我驚訝於之前的運動員如此容易放棄他們的體育活動，當被問及，他們的回答總是千篇一律：我不在有時間了，我必須專心在工作或是家庭等其它義務上，所以無法按約定時間到達運動場，再者，我現在不那麼喜歡這些佔用我這麼多時間的運動了。

從一開始推行巧固球起，我們可以肯定巧固球的一項重要吸引力，那就是玩巧固球運動不會擾亂習慣的社會背景；而且，實際上既快速又容易和所有想要《加入朋友一起玩》的人打成一片，方便所有同隊隊友一視同仁，沒有應用太嚴屬的淘汰規定，沒有阻擋行為的可能性，某種程度上是希望集體參與行動，簡言之，創造多重有利於參與的機會，讓這項運動成為一種《工作的工具》，對於招募會員這是非常珍貴的重點。

透過推廣，證明它還是有可能合理地實行，不論遭遇任何社會困難，除去久坐不動的藉口。至於每個人都有的個人喜好，必須強調的是，到了三十幾歲，已不復記得最後一次運動所帶來的滿足感：意思是，越少運動，就越不會想要運動；但是仍是鼓舞人心的是，我們觀察到內心認同身體活動的人，在社會環境有利時，很快被喚醒運動意識。

因為不想離開運動夥伴所以繼續運動的人，自己也帶動其他夥伴和他一起運動；有家庭的人，例如說，甚至有企圖心發展家庭、小孩的人，可以發展家庭式活動以繼續運動；不想到官方大型運動場的人，可以到私人場地運動；假日喜歡到鄉下走走的人，可以帶著他的球框，在鄉下找一個他覺得舒服的地方組織一個運動；有朋友或親人正承受體能障礙之苦者，可邀其一起加入運動，其複雜情結得見消失。簡言之，隨著我們全盤檢視實施巧固球運動的可能性，反對身體運動的聲音會逐漸消失。

運動和疲勞

談的不是因為長期怠惰用所謂疲勞做推辭以致無法做任何事情的那種慢性疲勞。我們曾接觸一些人，通常在白天剛起床就已經感到疲倦，然後就拖著糟透的狀態度過一整天。這種一大早就有的疲憊證明放棄身體活動的人容易感到疲倦。這類人比我們相信的還多，但我們並不感興趣…直到這群懶散的人因為偶然或機緣巧合完全意外地投入運動，經常會發生本能和樂趣凌駕怠惰之上，將怠惰降至次要地位；因此通常會感覺慢性疲勞消失，即便白天持續運動亦不疲憊。所以說，運動成為一種真正的社會療癒法。

雖然並沒有打算討論細節，但我們仍應該知道根據職業類別，疲倦的種類極其多樣，我們既無法給予職業疲倦一個清楚的定義，不論是就生理學或病理學；我們將疲倦視為職業活動的一種立即的結果，不論何種疲倦，可說都需要休息恢復已準備迎向明天，讓個人能在有利條件下，明早重新開始，不留先前疲倦的痕跡。

一般來說，我們可以區分兩種疲倦。

第一種，是真正的生理的疲倦；從事苦力、耗費身體精力，特別是肌肉能量的職業；通常多屬靜態的（statique）疲倦，換句話說，因耗費強大肌力、肌肉壓力所引起的疲倦，加上久坐或長時間站立，卻沒有大量運動和訓練心血管功能，於是首先造成回流循環阻塞；若我們大膽直言的話，這是靜脈的疲倦；一整天下來，人確實很累，感覺再也不能動了。身體的感覺錯亂到以為自己再也沒有任何體力了。然而，事實並非如此。

合理的體力，這是根據我們的理論認為在激烈的努力與心血管和呼吸系統深度作用，伴隨整體器官的調節機制，靜態疲倦在某種程度上可藉適度運動予以消除。當有利的生理效應出現以便補充和治療職業的和生理的疲勞時，包括小動脈的擴張數量增加、活化一般氧合作用和新陳代謝、啟動大量內分泌－交感神經調控系統、加快呼吸活動等等。所有這些生物價值說明工作引起的生理疲勞需要更多密集的身體活動以導正不良後果。靜態疲倦會助長其它循環瘀滯，還有因此發生靜脈疾病及心肌梗塞，而理性的身體活動能夠創造不利於心血管疾病發生的條件。

工作引起的疲勞也是一種過度專注引起的神經性疲勞。無論如何，即使是純靜態疲勞基本上都和過度專注牽涉的神經因素有關。

受過大量的體力鍛鍊方法的人，包含強力的肌肉運動、呼吸耐受力訓練和心臟暖身運動，在運動或體育教育方面，很明顯地，其疲倦不應該因為其它靜態力（efforts statiques）加劇。因為工作疲倦和運動疲倦之間並無衝突、或對抗作用。若該運動疲倦係合理的身體活動之後才表現出，那麼它會吸收工作疲倦，即使工作疲倦有很高比例是神經方面的疲倦。

在此情況下，我們必須承認有必要清楚對照運動力和靜態力。我們觀察到中等強度或高等強度的運動力總是非常有益。它們可以使靜態疲倦的肌肉恢復正常循環，並且對於神經性的疲倦尤其是注意力疲乏進行真正的《洗淨大腦》。我們承認一個需要高度專注力的運動，比方說像是巧固球，可能伴隨產生體育活動的某種持續性神經疲勞；或，更準確地，負荷超載的神經對抗需要專注力運動的能力較低。

總之，大量的身體活動可以恢復神經疲勞，而且當達到一定程度的專注力疲乏，即使這不是有害的，也不會減損因大量鍛鍊身體引起一般生理疲倦所產生的良好效果，活化腦部和一般循環。

也就是說，工作疲勞很少是真正的運動《禁忌證》（contre-indication），而且不同於大家自動自發、直覺相信的、及普通人一般認為的，事實上生理疲勞能夠清除工作疲勞。

但是，有一項特殊困難：工作疲勞會消弭意志力而且特別是運動意志力。必須承認，通常工作勞累一整天，結束後便不想再做任何身體活動，尤其是激烈的；只要想到還要再消耗和工作相同的精力去運動，就讓他們心煩直想打退堂鼓。但是，一旦讓這些人跨出第一步去參與身體活動，到體育場盡情揮灑，我們知道不消多久體力段練（身體進展的快樂、生理作用的滿足）會消除各方面的神經性困難，意志力就會自我要求做該做的事，伴發的（concomitant）神經因素也會同樣反應。

這涉及《疲倦的人》出席體力鍛鍊及決定加入的意志力。但我們也必須指出，一連串生理效應的附帶結果，特別是對於致力合理運動的人，會使得一般的生理強度和神經強度逐漸增加，因此，體育活動可延緩發生嚴重的工作疲勞。

我們已經知道工作疲勞自然會奪去做決定的勇氣，因此，礙於難以下定決心出席參加運動，所以遠離體育場和健身房。這就是為什麼有這麼多人，這麼多現代人，不擅社交，無法跨出這一步。相反地，假若一位長期疲倦的人感覺被一股舒服的氣氛包圍，有運動的、鍛鍊的和樂觀的朋友相伴，便會很容易說服疲倦的人接受嘗試身體活動；那麼，屆時一切只看提議的身體活動的性質即可。

在這方面，考慮當事人的所有本能和可能的喜好固然是好的；喜愛運動的人找到重回體育的休閒滿足感。至於原來就沒有喜愛追求極度刺激的天性的人，還是可以感受某種程度的競賽滿足感，以喚醒和重新獲得社會參與感。這種從身體活動得到的心理和生理的新感受，使得該經驗極富個人和社會意義；這就是為何我們認為應該去從事一項吸引人、愉快的運動，此外，在生物、社會和心理方面也具效益，應促使連最猶豫不決的人都能決心參與，運動是極其有益的。

在接觸工作疲勞的問題時，我們事實上有研究、分析其中一項反對正值事業巔峰年齡層運動的基本意見。但仍必須在一次重申，我們同意對於工作疲倦的人來說，如果要去運動必須先解決複雜狀況則可能產生不良印象：比方說需要走路或車程一小時才能到運動場所，而且到了還不確定可以運動（場地被佔用或沒有參與者），若所有這一切使運動問題重重，或以至於不能隨時運動，必須承認這樣會很困難教大家加入運動行列。

這個問題還有另一個觀察面。在我們有關於體育教育的著作裏，我們強調訓練《第二次呼吸》，恢復元氣，獲得生物性的最佳體能狀態（état de grâce）。顯然所有無法主張謹遵暖身規則的身體活動沒有任何權力可以真正地、正式地、按規定地登記在能夠減緩工作疲勞的身體活動名冊裡。

事實上，許多時候要運動時，有人是比賽開始剛到場，或快要開賽才抵達更衣室，於是不得不馬上上場，沒有任何事前準備，尤其是沒有做第二次呼吸的訓練，一到場就開打，其狀態完全不利於發揮運動效益。

特別是，我們經常看到一開始就強烈的心跳過速（tachycardies），沒有第二次呼吸暖身，導致產生對身體有害的極度心肌興奮。顯然這些運動沒有遵循第二次呼吸或暖身的原則，導致並未產生像嚴格遵照生物性控制和調節的運動方法相同的效益，不論是立即性或長遠性的效益。我們在醫療診所實際上也經常看到過度訓練的慢性疲勞和工作疲勞重疊加在一起，產生自主神經失調（les déséquilibres neurovégétatif），導致心悸、心跳過速、失眠等…，這說明一件事實，即該運動並未在足夠符合生物性條件規範下執行。

我再一次重提我書裡的一段敘述。對於所有主張能夠防止工作疲勞的身體活動，很明顯的，獲得第二次呼吸是基本條件之一。甚至於還發生，有些人並非疲倦的人，由於使自己淪於實行不理性的身體活動，結果造成生理和神經負荷過重。

在我調查放棄運動理由當中，我們很常到—而且，醫療診所也可以證實—有些人健康狀況滿分，可以相當正常地承受專業活動，投入要求嚴苛但卻非理性的運動，一點一點地忍受身心損害，一直到完全奪去了其對運動的喜愛。舉例來說，足球運動就常遇到此情況，球員發生神經性、擔憂、緊繃的疲倦感，一上場馬上以超快速度運動，造成有害身體的心跳過速。一旦身體活動沒有平衡發展，身體內部反應也會不正常，經常冒著危險 — 我們經常看到—導致病理狀態，或至少發生初期徵兆，像是使當事人喪失運動樂趣的不正常現象。當事人不再覺得體育活動吸引人，比較不想全心投入；不幸的是，一有重要比賽，由於球員不足，又召喚這些人，在比賽場合，他們變得不可或缺，大家又再一次要求他們付出更不理性的努力，於是該運動更加速嚴重化其生理和神經透支。

我們做了一項觀察（很多年前我們就已經開始觀察），發現規律運動的人，在年過三十歲後，逐漸被導向放棄運動，我們的觀察讓我們肯定這些不正常的感受係由沒有適當調節、不合邏輯、不理性的身體活動所引起，且無法幫助恢復工作疲勞，於是實際上演變成逐漸厭惡運動，或至少覺得缺乏吸引力，所以漸漸地，放棄規律運動，也放棄鍛鍊你、規範你在社交框架裡應該繼續追隨身體活動的社會。

一旦與慣常的運動團體接觸中斷，人們便會很快忘記運動的義務，也沒有換來任何東西。

以上種種讓我們再次確定，許多不同的個人情況，根據每個人條件，結合方式亦不相同。但基本上有一個問題極重要：問題就在於將選擇身體活動的必要性，詮釋成在生物學、心理學和社會學方面作為職業活動的一種補充性質的活動。首要問題就在此，而且經常很棘手。當提到《補充性質》，我們想要說身體活動可以帶給個人職業活動所欠缺的部分，或能糾正和改善工作疲倦後的身體健康。不單單牽涉運動技巧，更涉及被運動活化的、或應該被運動活化的生理和神經功能之間平衡，而且這種平衡運作方式應根據適合相關職業活動的特別條件和情況。

從職業活動到身體活動的關聯，值得更深入的研究，不論就生物學、心理學和社會學方面，甚至於經濟方面。但，此事攸關未來；必須將來有一天要有能力的人負責釐清這些問題。

第二種型態的疲倦是辦公室員工、自由業、各種性質的管理階層、工商業的領導人等的疲倦，簡言之，整天承受高度精神壓力的族群的疲倦型態。

這屬於常識範圍，這種疲倦需規律的體能補充。此性質的疲倦經常造成真正的用腦過度，身體活動就是最有效良方並且足以療癒。對於這個族群而言，正確的體力活動所帶來的《洗滌大腦》循環效用是最適用的。

用腦過度者對於運動特別會產生自發性排斥感。疲倦使其完全不想從事任何運動，不論哪一種運動都興味索然。對於這類疲倦者，也許比較傾向運動性質的運動會比正式練習較具自然、有力的吸引力。直至目前我們所說有關於工作疲倦的部分，更有理由適用於這裡。但我們可不是說身體活動是保留給過度疲勞者專用的：身體活動真正的使命是預防。甚至可以說，體育鍛鍊可以保養心靈豐富狀態，使工作更有精神。所以我們鼓吹體力活動並非為了對抗疲倦，更重要的是為了鼓勵個性積極。

身體活動是精神生活的天然興奮劑。

從疲倦到休閒娛樂

工作疲倦的概念正巧提醒我們在高廷（Gauting）[*1] 舉行的專家會議建立休閒娛樂分類制度，馬格納尼（Magnane）在其書中第五十三頁敘

[*1] 高廷（Gauting），德國巴伐利亞州的一個市鎮。

及此事。

三類休閒娛樂通過認可：

— 消除疲勞（Délassement）D 1

— 娛樂（Divertissement）D 2

— 發展（Développement）D 3

說真的，第一類和第二類界限並不明顯。我們可以使其連結職業標準。實際上，消除疲勞（Délassement）比較是清除消極因子的情況，所謂消極因子更明確地說，就是工作疲勞或工作引起的持續性緊張狀態。消除疲勞（Délassement）可能較適合和工作性質一起討論，然而D 2 類，娛樂（Divertissement），只是一種消遣的活動，特別是享受愉悅。它是一種沒有特定目的或理由的休閒娛樂；只要伴隨令人舒服的特性就成立。相反地，D 3 類主張增加個體的能力，針對不同人格，致力於發展其特質。

仔細檢視這項分類制度，我們了解到，根據不同情況，身體活動的定位可能處於單方面，也有可能處於許多不同方面之間的關係。這種模糊不清的情形並不適用於身體活動，這會造成某些作者，特別是馬格納尼，用來指出許多休閒活動進行是屬於某種類別但又偏向這種或那種形式，換句話說，可能就會說屬於 D1D2 類別但偏向 D2，或一種 D2D3 類別的活動但又比較偏向 D3。

有關於身體活動方面，這是當事人接受一項運動紀律的情況，不僅是基於娛樂，同時也因為觀察到該運動有助於其人格平衡。一旦人格平衡和個人發展的觀點介入作為主要因素時，我們大可以說：第 2-3 類偏第 3 類。

但這一切也可能意味著我們不能以非自然地方式把身體活動放進這種分類法的狹隘框架裡。

然而，我們還有三個方面必須強調：

1. 首先，我們可以只是為了娛樂才投入休閒活動，沒有任何其它方面的考量。

2. 我們也可以為了在工作之後恢復身心狀態而去從事身體活動。

3. 因為體驗到該活動有助於發展人格並強化正面性格，最後終於投入。

　　說這一切是看出實際上身體活動可以達到三類中的單一類、其中一類或兩類、或同時三類；而且即便是同一個人，可以依據活動主要性質連續通過第一、第二和第三類，然後根據不同時間，某類主要性質活動會比其他類容易進行。實際上，娛樂因素經常優先於《發展人格》，尤其是當運動要求某種個人犧牲的情形：人們對於娛樂因素比實用發展的觀念更敏感，由於疲倦，實用發展的觀念並不容易進入一般大腦。

競爭和休閒

　　說到反對，就像我們經常做的，反對休閒活動使用競爭觀念，我們認為必須很注意從中引出的結論。事實上，運動的競爭價值或品質是獨立於上述三類休閒活動。競爭的快感基本上連結極大量的生理心理學（psychophysiques）因素形成，很難單就某特定部分評估。

　　競爭樂趣，其實是心性好玩的必然結果，但它同時連結某些極重要的性格學價值，稍後我們會有機會再討論。創造互相比較的必要性，這也是競爭的基礎，而驕傲來自於積極比較之後得到快樂並感到自己優於他人，激發競爭的吸引力。為此，就運動方面而言，不能實踐競爭本能者，不能算是完整的運動。它伴隨休閒活動第二和第三類，但尤其是第三類。但是由競爭精神啟動的行動力可能超出生理可能性並形成疲勞；此時，身體活動之於工作疲勞不再是補充性質。

　　從教學觀點來看，沒有比精準並掌握時機運用競爭樂趣更困難的事了。這是一個非常正面的工作工具，但必須受到其它生理心理值規範。若沒有競爭成分就沒有完整的運動，若沒有人格的紀律就沒有競爭的能力。

自願健身

基於上述意見，我們可以補充，許多體育教育技術實際上只出自於第三類休閒活動。所述自願健身，首重研究體力訓練的心身醫學益處，朝個人發展研究的方向進行。能夠自我堅持有條理的、有分析的、而且並不總是非常令人愉悅和消遣的體能訓練，原因無它，只是因為得到心理生理平衡的結果，令人有想要繼續運動的慾望。

必須要讚揚那些使這些活動變得愉悅的人，以確保招攬大量參加者，並讚揚那些意志堅強的體操教練知道我的想法。當然更不能忽略那些秉持一股值得關注的熱情鍛鍊體能的那群人的重要性，別忘了，身體活動由喜好玩樂的天性帶動，因競爭的精神更加精進，雖然其效益非常重要，但是能吸引人更重要。

身體活動：運動或工作

若沒有考慮問題的另一方面，我們無法結束《工作活動和休閒活動》的主題。

運動有其特別的一面：它是真正的團體行動，談到球隊就如同一個《運動生活縮影》，在這裡所發生的就是一個社會生活片段，一連串的動作、反應、集體防禦行動建立了真正的社會經驗，如果我們想，這也算是一種社會行為事件，其持續的動機來自於接連不斷動作的結果導致之必然後果。

球隊比賽是一個整體，當中一個個體連結另一個個體以形成一個社會整體，球隊由一項專案計畫主導，叫做：《贏》。

體育行為甚至比職業行為複雜，因為必須和團隊配合無間。

但是，即使從這個角度看，運動行動到底算是工作還是運動？肯定有運動成分…但也有工作。因為如果沒有做這一連串跟隨部分、瞬間結果的動作，我們無法得到最後的結果，獲勝或戰敗。

馬格納尼（其著作第 121 頁）提到 1948 年奧林匹克運動會，一位參賽者在溫布利球場的活動場地被問及運動的社會影響，他回答道：這是一種身體活動，以運動精神工作，同時也以工作精神運動。

這證實了運動的特殊地位，並證明我們推演希望達到的教學野心是合理的。而且在運動中，我們常會有即興式的行為表現。

以另外一個活動，即運動運動，代替職業活動會有害嗎？我們的答案是《不會》，因為將工作當作是運動進行往往是合適的，而為了使運動有益處，甚至必須在進行運動時應用工作所要求的精神。喜愛玩樂的個性使其實現得更容易和更愉快。

g) 《動機》概念的研究

有關運動和體育教育，我們經常談到動機。似乎主要問的問題如下：為什要進行體育或運動教育？

拉魯斯（Larousse）字典對於《動機》的定義是：《激勵其〝結果〞的行動。使我們行動的原因》。後者適用於心理學，我們採用的也是後者。

在體育方面，大家首先問道：為甚麼投入這些訓練，選擇原因為何？實際上我們將這種純粹內在心態和引導行動的生理心理學程序混淆在一起。

動機的成分

根據歷史上有關於這問題的研究，似乎有關於動機的第一次研究乃針對我們尋找動機的行為。為了找出其內在深層的理由去檢視一個人的外在行為。

如果一個人在問題面前被要求去做一種外在行為，他會思忖、考慮、衡量行動原因，找到採取行動的理由；該理由、明確想法證明行動有理，形成動機並內接於行動；它組成一個提升能量的過程，因為該理由會引導行動以外在形式表現出來，並朝向明確的目標。

　　根據<u>皮埃爾・卡里</u>（Pierre Karli）*（其著作第 16 頁）的理論，我們實際上可以在行為的基本成分裡辨識出兩種不同行為：一種刺激的成分解釋執行，一種定向成分令其明白身體行動的方向；進而，動機一詞同時包含運動（moteur）的概念，指的是主動的身體行動，還包含理由的概念，也就是執行身體行動的原因，而所謂動機就是身體行動的深層刺激靈感來源，由發動外在作用顯現，換句話說，透過行動、姿勢表現出來。

　　這可以使我們了解到，一個動作的意圖、一個動作執行的概念可以停留在純粹想要去做的狀態，也就是停留在意圖階段而已。這個意圖變成行為，以外在的行為表現詮釋動機的理由和原因。

　　有關於行為的研究還讓我們學習辨識：有些性格願意停留在《意圖態度》階段，一種動作的精神準備狀態，還在尋找理由；相反地，有些性格非常快速、自發地詮釋理由並付諸行動；其動機很快地成為行動具體實現。

有關動機的陳述自然通向《行為》，因為動機不僅僅是一個意圖而已，它必然成為行為。

　　<u>皮埃爾・納維爾</u>（Pierre Naville）專門針對行為的研究：《行為心理學》（La psychologie du Comportement）（<u>法國新期刊</u>思想系列，<u>加利瑪出版社</u>）帶領我們面對這個領域的思想演變過程。當然，<u>威廉・詹姆斯</u>（William James）的內省心理學（psychologie introspective）時期已經結束了。這是事實，以經驗為基礎的科學趨勢，現在有完全不同的方法。這種變化是由控管的反射數據資料所發動（<u>巴甫洛夫</u>（Pavlov）），正是透過觀察具體化的結果（行為），我們才能夠著手研究可測量的各項事實的技術。

　　很可能是在<u>西・勞埃德・摩根</u>（C.Lloyd Morgan）題為《動物行為》

---

* 邊緣系統和動機過程（Système limbique et processus de motivation），生理學雜誌，增刊 1，第 60 卷，1968 年，第 6 頁

（Animal Behaviour）著作出版之後誕生了被稱為《行為主義》（behaviorisme）的現代理論。對於這些心理學家，其實所有的現象都被歸結到調控的事實：一切都可以用《刺激和反應》的術語描述，生活就是添加調控經驗的學習。人類被簡化為實驗動物的範圍，並且再也無權逃脫調控結合的限制條件。

因此我們明白生理學家感覺到必須一次就定義清楚，讓大家明白動機這個詞彙在科學的當今狀況下所代表的意思。基於這種思維，皮埃爾・卡里（Pierre Karli）曾經負責在法語生理學家協會發表一份相關報告（前述著作）。沒有什麼比這個最新的釐清更珍貴了，它具有最新科學表達的價值。為了結束爭論用字字眼，花精神了解該科學調查的結果是值得的。只需訂定可能的重點宣布我們的計畫。

我們特別談論有關於動機被視為一種《能量的來源》或者是《令人興奮的》；這是因為在動物的經驗哩，牠們對於刺激的反應能夠找到一種自我運行的力量，由於這些刺激不斷地重複出現，於是動物透過過去獲得的經驗順應學習，並且以一種新的行為方式表現出來。只要《刺激—反應的鍛鍊》是簡單的，其反應僅會根據結果自我修正。

事實上在我們看來，區分本能行為（或者動機）和經驗行為是很不自然的：因為本能的基礎永遠都存在—它不只是為了保存生命或是捍衛生命權利而已—而是在全部的本能基礎上再累積經驗反應（學習）。這就是為什麼我們可以說動物遵從尋找一個目標，然後就一心致力於獲得確定的結果，乃歸功於其行為作用。（斯特拉（Stellar），1960年；泰特爾包姆（Teitelbaum），1966 年；卡里（Karli）（其著作於第19 頁敘及）。

動物的本能會建議動物一個行為目的。同樣地，卡里也反對以《激發活力》作為唯一能夠解釋動機的說法。在此，我們認為有一個觀念非常重要，且攸關切身利益：受限於激發活力成份的動機無法解釋所有根據經驗的結果，即使有人堅持要遵循《刺激－徵兆》（stimulus-signe）的嚴密關聯。

事實上，行為本身 — 就是動機顯露在外的形式和其外在的運動表現 — 輪到它自己成為動機的來源，以便《動機狀態》（états de motivation）繼續發展（卡里在其著作第 21 頁提及）最後在行為繼續形式下終於達到此顯露在外的動機的繼續發展。

於是創造了動機－行為－動機－新的行為…等，這樣的循環模式。

因此卡里提供了非常具有啟發性的簡單圖表其著作（第 21 頁）。

在此有兩個系統，以下列圖示表示：

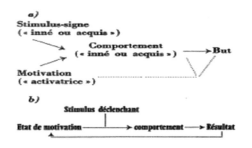

a) 圖

stimulus-signe（« inné ou acquis »）：刺激－徵兆（《天生或後天》）/Comportement（« inné ou acquis »）：行為（《天生或後天》）/But ：目的/ Motivation（« activatrice »）：動機（促進劑）

b) 圖

État de motivation：動機狀態/Stimulus déclenchant：發動刺激/Comportement：行為/Résultat：結果

說明

介紹行為結構和其決定論的簡化圖示。a) 圖：代表《傳統的》觀念；b) 圖：代表《現代的》觀念；說明最後得到的結果會返回到起點產生作用，成為動機的原由。

最後我們應該正確地分辨保留器官原本狀態的內在循環（以同態調節（homéostatique）為目地的）和對外循環（對其它方面的反應、

對環境的反應），因為在此對該環境的認知包含後天獲得的知識並且融合在這個循環裡。除了個別《作用》還有《相互作用》。

卡里最後終於給了一個比我們到目前為止所能想的更令人滿意的圖表，雖然以一個綜合性的報告來看過於複雜，但是他考量到（終於！）所有可能涉及的相關程序的元素（記憶、警覺等），甚至包括情緒的反應（見 b) 圖）。

我們正處於複雜人性反應的環境當中，且《動機－行為》的連結不再單純，改變我們人類觀察現實主義的方向。

這並不妨礙作者仍能夠非常適切地概要介紹在動機的形成過程中，大腦邊緣系統（Système Limbique）發揮的作用。我們可以放心：無論在任何情況下，這種定位絕不會支持那些認為人類只不過是一個反應的機器的決定論者的理論：因為作者帶來大量的資料支持所有器質性（organique）、功能性系統和大腦邊緣系統連結的理論，並且認為動機有充分權利融入整體的大腦人格…和精神人格。

因此對於我們而言所謂行為是假設預先存在一個準備、轉化的場所，在那裡各種理由出現，某種程度上彼此爭論行動權，再將動機顯露在外轉化成行為，在轉化之前所有作用基本上是有意識的或是潛意識的，並從中選出最後決定性的、令其興奮的理由。

運動的動機

這項行為詮釋法，在運動方面有重大應用。事實上所有的動作、所有的行為都先假設有這樣的轉化過程，而這個轉化過程只有在收到訊息才能夠進行，還必須分析其內容，然後意識據此內容做出選擇並即時接受某一理由。所謂運動，特別是像運動遊戲這樣的團體運動，就是一連串不間斷的行為、理由在心理的轉化過程、不斷選擇動機。

社會行為

正如一些學者所指出的，我們決不能忽視人稱為《反彈》的作用。

（見卡里圖示）；事實上所有的行為，還有所有的動機都受到反彈的支配，而此反彈來自於對結果的觀察。這個觀察成為動機的理由，或者不如說是隨後的理由轉化的原因。所得到的結果不論正面或負面，都可以使人重新思考問題，非常清楚釐清日後類似的情況，接受另外一個原因當作理由，用另外一種不同的動機表達，不同的動作於焉成形。這種持續的反彈會產生社會心理的問題，這會是日後我們論述的重點之一；但目前，我們強調動機和這個程序的理性設計之重要性。

轉化階段

所以初步準備階段無比重要，在這個階段必須選擇理由即刻準備轉化成動機，接著形成外在的行為。這個行為選擇的轉化是一個重要的現象，它提高了團體運動的價值；不斷選擇行為是必要的，也是團隊發展所要求的；因此在每一個時刻，球員都應該自己釐清問題，同時球員本身也是即時動機的理由。

轉化階段極為重要，因為選擇行為的理由非常多，此外大部分經常是無意識的，但是有許多是有意識的，我們現在已經能夠確定是一種複合式。在選擇理由過程當中首先出現的是要達成目標的觀念（也就是說投球）和評估這顆球一旦被擲出會變成如何。所以預先判斷擲球出去的那一刻即將發生的情形，這項預先判斷首先假定地理評估，接著判斷球員前後移動的功能。

訊息

基於其追尋目的是被確認的情況；但目的轉化包含一連串訊息要素，也就是說事情經過的感知：

首先以眼、耳觀察所有感官帶來的資訊。它也經常假設，甚至於更常假設《他人的感覺》，也就是說他人的行為、人與人之間的判斷，他人的感覺是社會心理學問題的重要的方面之一；對於其他人會變成如何、會做什麼、或是想要什麼、其行為、意圖等必須要有感覺，這種感覺是團體心理學的一面。所有這一切整體主導理由的轉化，但經常很快速地，或是選擇能夠實現動作的理由，其中動機將會根據外在的結果和其空間行為被確定。

兩種型態的行為

我們曾經提到有關於行為，並描述了兩種重要型態的行為，即天生的、本能的行為，和後天學習的行為；換句話說，天生本能的動機和後天學習的動機（卡里，其著作第 16 頁及以下）。

以最新的科學觀點提出辯論（其著作第 101 頁），我們可以說在此主要是引用後天學習動機；因為其反應主要是和我們已經有經歷過的事情有關，包括在精神運動性（psychomoteur）的外部反射的素質以及在運動環境的評估方面。所以這類動機。尤屬後天學習的動機。

h) 侵略和戰鬥
（詳情參閱第 178 頁第五章第二篇）

有關於球場上球隊的行為，我們應該已經說明巧固球理論基礎的關鍵重點：分辨大家慣稱的侵略性和我們提出反對侵略性這個字眼而建議使用的：戰鬥性。我們將來在敘述這個運動進行時所應用的心理學內容時，會再一次討論這個問題，尤其是以運動的規則，以及特別是技術的發展，協調個人和社會的價值。這個運動的龜則調控個人的行為並且轉化其社會態度。而社會態度最終事實上就是本運動的架構。因此，運動本身的性質必須與我們提議使大家玩運動的目的協調一致。

如果說球隊是一個社會的縮影是真的話，那麼他的活力動能應該根據我們在小組心理學所觀察到的同樣法則運行。所有能夠讓我們更了解這些主題的信息都令我們感興趣。

比較社會心理學裡的侵略性

說真的，我們原本以為已經結束了侵略性和行為的論述，直到我們注意到康拉德‧洛倫茨（Konrad Lorenz）執筆的一些比較社會心理學（psychologie sociale comparée）著作。最近特別引起我們興趣的是：《侵略性》（l'agression），副標題：《惡之自然史》（Une histoire naturelle du mal）[*]。該作者身為優秀的自然學家和科學觀察家，尤其還是行為生理學家，他從未忘記自己是人類，這賦予他有權在其論述裡充滿有關人類的言論。然而這些言論並非出於偶然，而是依據以人類為萬物之首的動物品種階級觀念的無情邏輯：《瞧，這個人！》（ecco homo！），洛倫茨說道。而這個人，進化過程裡無可爭議的產品，達爾文已標記其所有行為特徵，如今獨自站在峰頂，身處構成其特殊問題的環境裡。一種更自然主義的理解方式，我們用更適合作者的字彙來說：種系發生（phylogénétique），是唯一能夠讓人類逃脫危險威脅的途徑。透過分析彼此之間無任何關係的不同族群的動物行為，我們證明了侵略性的社會作用。

洛倫茨根本不是行為主義者，他反對絕對條件反射（一切都在《徵兆－反應》）的嚴格理論，是一種認為先天本能可以直接、自發性地干預動物行為的概念。

但是如果本能在比較心理學裏如此受重視，那麼觀察結果就必須承認平衡只需要互相連結和調節就可以達成，洛倫茨在某個章節顯著體現相關內容，該章節非常暗示性地命名為：《本能的偉大議會》。這種社會現象授予本能真正的貴族頭銜。

這種評估欣賞並不誇張，因為作者提出所有動物族群的本能行為服從團體利益的必要性，證明本能的有益身心支配性：本能的完全社

---

[*] 侵略性（l'agression），作者康拉德‧洛倫茨（Konrad Lorenz），弗拉馬利翁（Flammarion）出版

會化必然導向儀式化，因此而生。從這個觀點來看，儀式化是 p 演化過程中種系發生的經驗整合本能（les instincts）的表現方法…保護物種免受自身之害。

侵略的本能自然發生在這整體過程裡。但是侵略力的比較分析讓我們學到了許多事物：擁有強大侵略資源的族群要逃離自我毀滅的命運，只能靠抑制反射的運動，在正常的情況下反對使用本能的《種內》（intra-spécifique）（在同一物種內！）攻擊。肉食動物之間不會互相吞食！很不幸地，人類沒有《自然的》侵略資源，因此不能擁有種內防禦。所有的壞處就在此。

在接手洛倫茨關於人類的言論（然而就是為了這個，我們才覺得他的著作如此出眾不凡！）之前，在作者向我們提議的社會結構中，仔細定義幾個要點是非常好的。

我引用作者原文：種系發生使人類諸多社會行為演化，實際上，沒有任何一項人類的社會行為不需要一個負責的道德倫理加以控管和約束（其著作第 268 頁）。

只是，人類社會學的條件越來越偏離，使得這種道義責任上的補償性任務更加困難。種系發生留下來的資產和人類當前狀況處於對立。道德責任必須從應受控制的本能之確實源頭，找出其動機。因此，必須以合理的方法做出選擇。

對於動物部分，基於兩樣特質，人類自認擁有至高無上優勢：有概念的思想和口說語言能力。這是人類的優點也是弱點！

總之，洛倫茨說：《文化儀式化所發展的社會行為規範，在人類社會發揮的作用和本能動機同等重要，而其行使的約束力和道德責任的約束力相等》。

一些偶發事件在《道德責任》概念影響下，導向在社會組織結構裡尋求方法，以便防止偏離正軌致使種系發生的遺產和社會方面人類不能體認這些問題的客關現實而形成的後天情況之間的衝突。在這種結構下所準備的體育活動會有自己的定位，但若要定義得更精確，必須更進一步研究洛倫茨的思想和理論。

道德責任的概念還必須輔以作者所稱的《戰鬥熱忱》才得以完備。社會的龐雜架構（同時應該透過文化和社會基礎去了解儀式化的社會常規）常遭質疑或攻訐，有時一些理由基本上可以很清楚解釋且具正當性的。

戰鬥熱忱是一種本能的昇華，或者說是"確定"在一個更明確的和正當的目標。《在現實中，聯合侵略是戰鬥熱忱的一種特殊形式》，而它的用途或影響力和有效性，從這個觀點來看，取決於目標對象的價值。後者是會隨著文化的形式和特定的社會環境改變和變化，而這些文化形式和特定社會環境本身都和人類文化各方面有關聯。

如果選項很好，可以利用道德責任。

洛倫茨（在此提及是因為他的思想是支持體育活動的基礎），說道：《我們只希望看到成功建立於謙虛承認一件事實，即戰鬥熱忱是一種與決定性的種系發生啟動機制一起作用的本能反應，而唯一可以對其行使控制力的方法在於將這種反應的條件調整到分類評估確定為真實價值的對象。》

對於洛倫茨而言，在種系發生推理的基礎上，解決的辦法是找到有效的《替代對象》。

據此結論，人們可能料想，體育找到一個特殊的位置：洛倫茨並非沒有提示此事，他甚至從許多啟發路線投入運動；我們從中歸納整理，證明我們的關注具有正當性，應該關注調解種系發生的過往和人類社會未來之間的關係[*]：《運動起源於搏鬥，然而它是更嚴肅的高度儀式化。它可以被定義為非敵對的一種典型人類戰鬥，由文化所能發展的最嚴格的規則統領。今天，體育的主要功能是急速排放攻擊性衝動…這就是說，為了保持人類身體健康，當然，它是非常重要的。》《然而比起以粗野、個人、自私方式開放攻擊，體育還有更大的價值，

---

[*] 其著作第 295 頁及以下

就是當成出氣筒、宣洩的地方。失去自我控制*會被嚴懲……公平運動的要求和俠義行為應遵守的限制更是具有高度教育價值…》

《然而最重要的功能是提供必要的健康的宣洩方式，還有最危險的侵略方式：戰鬥熱忱…團隊精神賦予許多類型的社會行為真實的價值…》

在結論（其著作第 299 頁），《我們需要的是動員的熱忱，為了全人類公認的原因，作為最高價值、不論是忠於國家、文化或政治》。

我無法結束這本書的分析，在我看來，這本書對於整合現代社會裡的體力活動極為重要，更別說最後幾頁的《最正宗的價值》，提到科學和特別是醫學…

為什麼說科學？因為它代表不容懷疑的確定價值。洛倫茨以這句話總結他的思想，我們可以把它放在我們體育教學計畫的最上方，我會毫不猶豫地視其為值得列為巧固球理想的合作對象：（其著作第 312 頁）《忽略生物學事實的哲學人類學已造成很多傷害，不斷灌輸人類這種驕傲就是失敗的開端，也是肇因。》

非常高興地看到一位認真的動物行為觀察家認同社會心理學專家的看法，正如同史多柔（Stoetzel）：史多柔在其著作的結尾引用民族人種學地圖深具啟發性，他自己亦以此作為重要參考，藉以了解到民族現代行為和洛倫茨《引述》的動物族群有諸多相似之處。這種相同性有時甚至非常驚人：史多柔（其著作第 70 頁）研究其稱作《異常》（les déviances）之處，說道：《隨著生態和社會條件與種系發生學裡人類本能行為適應的條件，兩者之間偏差越來越大，道義上的責任應做的補償性艱鉅任務變得更加繁多。這項偏差不斷加劇，甚至其速度之快著實令人震驚。》

我們不能說這些專家的意見只是一逕贊成體育活動，缺乏公正客觀，然而體育發揮社會平衡的作用日益明顯。現在的問題是要知道，

---

* 其著作第 295 頁及以下

或是應該定義更清楚，在什麼條件下體育可以履行其社會責任！

　　洛倫茨在體育活動目標方面的研究引起一些意見。當然，筆者的結論（其著作的最後幾個章節的主要內容）值得全體社會的領導者傾聽。我們還認為事態嚴重。但是，不管我們有多麼希望重複這些論點和從整體社會導向去發展它們，我們只需審查我們研究內容的特別關聯部分；特別是就專家的責任以專業知識去詮釋事實，從而證明巧固球總體理論正當合理。

喜好玩樂的本能？

　　侵略本能的研究仍局限於特定標的：攻擊。日後我們會再討論，但同時要強調喜好玩樂本能的重要性，關於這點，我們已經在論述裡多次討論。我們很樂於拜讀專家洛倫茨所執筆應用於這項本能的行為比較心理學研究。同時，我們也很遺憾沒有出現平衡本能的這項重要因子；在著名的《本能的偉大議會》裡，呼籲要求這項重要因子的地位，尤其是必須列於所有本能的社會化要求的紀律之中，這是我們昇華和轉化的有力辦法。

戰鬥熱忱的社會意義

　　我們已經在其它地方對侵略和戰鬥的對等概念作了更適當的定義。在我們有相反的證明之前，我們認為這種差異化對於我們自己的活動甚為重要。鑑於在人類社會中，沒有《種內攻擊的需求》，但是，侵略的本能應被轉化成集體力量，洛倫茨稱之為《戰鬥熱忱》，這涉及了解當今體育形式在這個方向上是否足夠理想地獲得戰鬥熱忱。

　　這個問題有兩個方面必須加以區分：

從團隊的角度

　　a)首先應用在團隊本身內部的心理學，侵略的衝動基本上會經過有利的調整。事關群體心理學（psychologie de groupe）。運動技巧 — 由組成運動本身結構的運動規則制度化 — 是引導和管束在運動裡出現的各項本能的關鍵。相互對抗會促進或抑制某些本能傾向，而且有時候需要裁判全權執行（如果夠的話！）以避免侵略本能採取反社會形式。運動當中允許直接侵略（直接攔截），在某些潛在形式下，個人主導引起的立即性攻擊行動，就定義上仍然繼續存在。在這裡沒有昇華、沒有轉化，必須以道德的約束來減緩攻擊的外在形式表現。運動規則制定方法和限制以利道德約束合法化，雖然僅僅是相對的，但是仍然存在。運動的演化依然潛藏一定的攻擊自由。

我們認為去除巧固球當中所有攻擊性的行為是對的。攻擊的衝動甚至必須被排除在球員的想法之外，本能的力量可以自我轉化（這是一個理想的昇華嗎？我們會傾向於如此認為，乃基於結果），朝向個人全部的努力在於主導《運動的內容》。球員完全地順從其精神運動反應，個人能力的整合興奮作用駕馭個體，直至深入其無意識反射。套句洛倫茨最愛說的，《道德責任》是在純粹的狀況下所體驗的，而其調控是隨著卡理所描述的行為鍊，也就是結果立即變成動機原因的一種有利公式。因此，團體行動事實上是所有個人行為的總和，所有人與人之間的連結，在運動不斷變換的情況當中是非常明顯的。而涉入其中的各項本能所應該遵守的紀律，應服從團隊象徵的團體規定，給予最有效且最安全的社會教育功能。

如我們所見，社會行為的經驗範圍其豐富性超乎想像，難道是我們錯誤地預言巧固球有廣大的教育可能性，可以從簡單的人格發展到解決複雜問題，《以社會行為實現一種治療》？這是真的，如果像史多柔在其書中研究指出，巧固球隊是《小眾團體》。

談到洛倫茨有關於運動的個人觀點，若讓大家以為我們認同該作者的所有看法，那我們真的很抱歉！他可能沒有像我們真正地生活《在運動之中》：他承認運動是一種方法的活用例子，利用《重新導向》到有用的目標以釋放排解侵略本能，或至少變得無害。但是他將此影響範圍推及國際社會！一個是遠離大眾的少數幾位運動員（因為即便是在奧林匹克運動會的球隊，相對於廣大的其他群眾，這些球隊代表的是少數特殊個案！）去《學習更認識彼此》的經驗，另一個是將運動當作一個民族的團體經驗的內在社會價值，這兩者有何關聯？因為，群眾的極端的民族主義總是遠遠超過個人某些可能的經驗。證據何在？我們經歷過捷克冰上曲棍球隊在一九六九年世界錦標賽獲勝！我們看到在東京奧運會後，當日本海域出現美國艦隊，日本年輕人群起激憤，等等。我們幾乎可以說，仍然存在著一種集體侵略本能，不接受個人本能昇華的命運！

在這裡，史多柔對於《大眾心理學》的研究讓我們更安心，而且讓我們可以提供一些不可或缺的指正給洛倫茨的意見。必要時，我們會把發言權交給史多柔。

在領導階層

b)如果必要的話，這幾項言論介紹了從侵略性觀點來看的運動益處的第二方面，《戰鬥熱忱》，洛倫茨如是稱呼朝向《社會化》目的的本能集體偏向，這或許不適當，但他強調賦予其價值的《社會功能形態》。我們同時認為在某些情況下，這種出於防禦原因或達到某種共同努力的目的的集體經驗，以一種共同的信念連結一個個體和其他個體，這種經驗能夠將個人的本能確定在一個以社會經驗為基礎的共同的目標。從這方面來看，戰鬥熱忱是適當的，尤其是，若我們承認在某些年輕人的眼中非常的貶低人類本能地價值，這些年輕人真的是《昏了頭》。

但是在這裡已不再是個人攻擊行為的問題了。個體在群體中的行為與此無關。而是，若要說的話，更高的層次，在一個更理想甚至於概念性的層次，協調所有目的，從戰鬥熱忱標的物觀點，凝聚成一個共同點，以戰鬥形式投入經過評估認為值得集體努力的計畫。要考慮的是，造成體育的原因，也許是某個團體從事的特別運動，或是超越團隊框架，為了社會本身而參與抗爭所激發的行動。這是有助於解決人類其它問題的另外一種經驗：而該經驗變得強力有效係因為將其動機專注於團隊活動本身，並據此證明其社會意義；甚至於說，團隊活動確保社會經驗的安全性。但，在此形式下，戰鬥熱忱所從事的是有助於選擇和實踐運動的，真正以社會改革為宗旨的運動：個人不再僅是實踐者，而是進階至領導階層、相關團體族群的負責人。在此階層，慎防動機陷於民族主義形式，奧林匹克運動會便是一個太過明顯的極端民族主義縮圖。

在此基礎上，有可能產生一種新經驗助長侵略本能轉變成《小組》鬥爭：這可能造成侵略本能不是為了捍衛團體利益而發揮，而是讓比賽流於集體決鬥的態勢。小組的民族主義很容易超出正常競賽的限度，釀成我們過去所譴責的侵略性個人新事件。

位處高處，領導人意識到自己的社會責任，必須使戰鬥熱忱朝建設性方向發揮，激勵團隊可用能量，個人的本能衝動服從捍衛體育的大方向。理想的運動員成為社會平衡和穩定的要素。

綜合上述理由，還有我們將來發展的其它論述，我們認為建議所有巧固球球員，不論是在任何《戰鬥單位》，接受巧固球章程之條款是有用的。

該章程的設計必須以個人行為的指導原則確保體育活動在健康的戰鬥態度中發展。

總結以前所有考量的結論，我們以此大原則開始起草：運動是為了自我肯定而非打敗別人；希望自己比別人強，但不是消滅對手…在群體方面（領導者們！），發揮所有團隊和球員最大價值，就是發揮其本身的條件的價值。真正的競賽資格是隨著對手的價值而變化。

我們可以永遠指責現代社會的體育地位；現實將取決於社會改革運動家接受去捍衛之道德和社會職責。我們可以對運動抱以期待，運動會將組成個人和團體《本能的偉大議會》基礎的各項理性紀律要素引入其自身結構。

IV. 團隊行動的構成要素

1. 社會心理學

a) 前言

自運動心理學誕生，有很多事情需要思考。專家們認為心理學可望替身體活動開拓一片光明前景。公開發布的生物學研究更呼應專家們的期待，認為未來充滿希望。

於是各式各樣的思潮應運而生。精神病學吸取了精神和心理治療的一般方法吸取了精神分析和心理治療的一般方法編纂醫學臨床檢驗技術。以心理學應用於分析人類主觀狀態的內容進行測試。所謂治療的方法—如同德溫特（de Winter）《刺激心理活動的訓練》和合作者—誘導肌肉放鬆，然後再經由肌肉張力達到影響性格。如此實現的個人經驗應該傳達給運動員本身，獲得一種新的身心控制。

所有這些概念需要重新檢視並利用適當的科學文獻加以篩選。巧固球，它*需要一個循序漸進的訓練過程*以利新興運動的發展，不須忍受傳統束縛、或外部傳輸方法的限制，就能提供我們非常豐富的體驗機會。這些學說研究，和所有次要問題也有關係，包含來自於一般生物學和特殊生物學所有領域的科學文獻，涉及社會學並重新仔細探究行為的投射，涵蓋範圍擴及社會態度的科學，建立成非常優良的標準，舉凡運動規則以及接受學習巧固球的運動員個人和團體的反應都應遵守該標準。對於一為運動理論家而言，這是重新檢視體育運動基礎資料的機會。

三年的球員培訓期間所做的研究和觀察，使我們確認團體運動的重大益處，這項體育活動的調查結果已改變*運動應用心理學*的觀點。

國會和各種不同的《圓桌會議》原有的一些概念被球員們不斷呈現的精采事實超越突破。這種親身經歷是以一種非常特別的觀察角度得到：從團隊的角度—我們已經談過這是一種生活的《縮影》— 它是一個所有參與角色都非常清楚的*社會經驗環境*。個體本身可以感覺其自身行為的錯誤，並且有可能討論⋯於是發生了真正的自我批評的科學經驗。相關人士（隨時都可以善意的提出不同意見）的親身參與有助於幫助客觀分析個人親身體驗的團體經驗以及與他人的團體經驗的性質。《圓桌傾聽》（table d'écoute），這是以前他們溝通的一種習慣，大家暢所欲言分享每個人為團體努力的意義！這就是為何我們的經驗逐漸衍生分流，但不可避免地朝向適應*團體活動*的特殊條件的研究。也就是說，社會心理學已經成為大家經常必須使用的資料主要來源。更令人極為振奮的是，經驗愈寶貴有效，以社會心理學的科學方式溝通的概念愈發達。所有《在實驗室》（或在醫療診所，若有人比較喜歡的話）進行的嘗試、透過小型臨床演練的人工改造行為研究、所有傾向於將個人態度提交討論的所謂科學的行動，相較之下，都不如在比賽現場的真實行動，同伴們在一連串《群組的》情況下互相對壘。那裏才是實驗的真正實驗室。

為何這麼說？我們已經說過：威廉・詹姆斯（William James）的內省心理學（psychologie introspective）已過時了。所有的心理學，尤其是運動心理學，唯有*透過與他人接觸的自我表達*才能估量其真正價值。無論是個人項目或團體項目的運動，個人主體的內在態度只有在解決競爭對手存在的問題時才有意義。問題在其即將與別人互相較量的那一刻便開始。只有在出現夥伴被要求協助或對抗這個主體的自身利益時，其心裡才會接受建議或提醒。

運動—但尤其是團體運動，其無可爭議的資格 — 成為一種*行為*心理學，但加註：*社會*行為的。據此，所有團體活動僅能在現在非常傑出的*社會心理學*研究中找到最佳參考資料。

我們還應該承認，正是在這些專業知識當中，我們遇到最大的鼓

119

勵，而且這更使得理論（如果在體育實踐中持續發生的情況可以稱之為“理論”的話？）清楚說明《實際生活》的有效性正是其價值所在。運動心理學主要是一種社會行為心理學：並非是我個人主張如此，且讓我們談論現在已由一門*專門的科學*建立的概念。

b) 社會心理學基礎

賦予社會心理學在個人心理學方面一種可以說是優先權的特權是否正確？運動心理學家（或者至少那些給自己這樣稱號的人）默認這項從屬關係並視為準則，而且甚至是目標，表現和競爭的結果：遵從特定心理準備辦法的運動以比賽時展現《最佳體能狀態》和進一步增加《贏》的機會，證明這些技術的價。而當這些學生贏得頭銜同時肯定了體育競賽者和相關的心理學家的價值程度時，會是何等的勝利喜悅？

至於社會心理學標準又是另一回事，其範圍更廣同時也更重要！我們所學習到的社會心理學要素乃出自於一部歸納這門科學所有重要面向的偉大著作：尚・史多柔（Jean Stoetzel）的社會心理學（佛朗瑪里翁出版）。

我們直接從這本書中汲取可能會影響我們對於團隊運動方面的判斷和指示的一些概念。運動要發揮價值唯有在符合現實運作的條件下。由團體組成的《社會內容》不能逃脫一般常規，而且的的確確，社會心理學的科學的教學具兩項特色：若其焦點投注在一個或多個團體的執行條件，那是在和負責領導活動者溝通所有行動資源，不論基於任何理由。甚至他可能對於活動有一個價值判斷，教我們去考量人類，並非僅是單一個體，而是一個運作中的社會單位。觀察運動員在被迫生活的世界裡的社群融合情形，我們稍後將明白這項社會經驗是否具有成果。也就是說，除了休閒娛樂，我們還能希冀從體育活動中得到甚麼嗎？運動應該是社會平衡（沒有失去任何其心身醫學方面的，特別是生物的效應）的要素，但這項主張的基礎為何？鑒於體育活動是社會心理學的基礎，難道我們不能指望政府當局有務實的干預行動，使得這群有責任意識者的貢獻能夠發揮價值？

c) 社會心理學要素
（摘錄自<u>史多柔</u>著作，適用於運動）

　　所有實用心理學只有表現於外在才變得明顯可見。人們以*社會行為*這個詞彙表達個人心理學。個體的社會化過程要求其根據所處環境不斷修正其自身心理狀態。我們已經在<u>洛倫茨</u>論述裡知道並非只有人類會和同伴較量，<u>洛倫茨</u>稱之為《種內》，亦即與其同種生物之間。偉大的本能鼓動同種族的社會群眾。<u>史多柔</u>論證說明社會心理學必然佔有一席之地。我們不再認為人類只需要思考其內在過程：這種哲學觀點已被與其外在環境相關聯的性格行為方面所取代。是謂*社會環境反應心理學（la Psychologie réactionnelle d'environnement social）*。它比個人心理學解釋更周全，並且可以掌控正在進行的事件。我們因此明白人的真正衡量標準係取決於其社會行為的素質。甚至現代最駭人的危機起源於集體的氛圍，人們忍受外在的約束力，但同時又希望能掙脫它。這對嗎？

　　社會經驗首先承認一項基礎條件：個體感覺其失敗導因於社會適應不良，而相反地，其成功則歸功於社會適應力良好。這是*社會經驗的源頭*。個人應該去經歷這些經驗，並且有所感知，從而在社會方面追隨更長遠的活動目標。

　　所有個人心理學的外在表達都必須忍受*社會考驗*：我們可以談談多種不同心理功能的社會心理學。情緒甚至不只是內在的感受，它變成社會關係裡的一種真正的語言。<u>洛倫茨</u>甚至說，空間和時間的感知是社會結構。不欲對這些評斷採取任何立場，我們必須承認感覺是訊息資源的一部分，協助調控行為，並因此包含在社會關係裡。

　　在這些看起來基本上屬於個人的特質中《因此屬於個人心理學》，輪到記憶在社會心理學方面扮演重要角色：它可以綜合整理已發生的經驗。

因此產生了《社會記憶》，其影響力不容忽視。它可以節省時間，加速社會學習（我們將可看到團隊的小組，還有運動的學習，都應用這些言論）。

每一個社會經驗或多或少經過智能因素同化。實際上，人類的行為接受其智慧預留的命運和其主體應用它們的方式。智力行為在其意圖和效用方面都是社會性的，它引導個人反應的方向，使回應基本上適應識別有效之目的。而這些只有在個人有接收到周圍環境情況之信息時才可能發生。信息控管結果。人－環境的關係屬於*社會條件反射*。在特定情況範圍內，若社會刺激足夠清晰地重複，回應基本上可變成自動化。若社會刺激在規模和質量上改變愈多，智能的介入就變得重要，甚至具有決定性。

在運動扮演刺激角色的元素，相對於慣常的社會情況，較為簡化。運動鍛鍊使用許多刺激-反應的系統化研究，以便使得人的調適變得自動化又快速。小的社會團體規模較可能做到，因其較能準確定位問題。也就是說小組的運作能夠呈現*簡化的社會經驗之益處*並且更可以控制。

在平時的社會背景下，智能被看作是賦予性格其*有力*的個性。智能必然是*社會行為的價值*因素。智能的定位介於信息器官（所有的感覺和向心的信息來源）和針對結果的行為之間。然後，記憶來賦予已經體驗過的經驗一種可以說是永久的可靠性。

因此個人的結果是個人各項心理特質達成社會性格的總和。社會心理學是*個人心理學的社會經驗*。個人心理學受到社會和社會環境的考驗。

從有關動機的研究報告裡，顯示出實際結果的重要性，結果可以接著重新成為動機的原因。團體經驗也需要認可結果，以使它們在團體的經驗中發揮新作用。

這種確定資格的參與介入，其意義在於使個人可以擁有*自身的價*

值。透過社會經驗，個人獲得進入小組架構裡的一種*自我意識*。過去經驗的綜合結果會引導有關於社會層面的自我意識，社會層面是唯一允許個人在其運動環境中自我《再循環》（recycler）。每個人都需要透過自己參與的全體關係裡認識自己的價值，沒人可以擺脫這項需要。連毫不關心體育問題的心理學家都承認《身體意識》在自我評價中的角色，我們既然了解這項事實就不能漠不關心。身體意識不只是神經學家所定義的意識，它也是佔有空間的概念（正如我們已經說過，社會心理學家建立社會意識的基礎）。這賦予運動經驗更多的價值，特別是在群體之中。

　　從社會觀點來看，自我意識和判斷自我價值是互相關聯的。這些個人情感使我們得以在周圍的人當中找到自己的定位，而且和這些人相處時，我們必須調控我們的行為。通常他們會不斷地問我們追求的*目的的有關問題*。這要看個人自我評判最強的意圖為何。此價值判斷合理地達成一種對比評估，結果啟動內在的或補償的程序，史多柔如此說道。大家當然可以在加上另一種情感，具有建設性而且我們很高興經常在團體運動中遇見：滿足感，它可以具有個人色彩但又有團體色彩，沒有當成極端民族主義或狹隘的地域主義的態度。當球員經過團體活動的一些試煉，其滿足感在內心找到深刻共鳴，而此共鳴和相關的團體建立一種靜默卻有效的認同。這種心理結果很可能在大族群的社會心理學較不明顯，但在小型運動團體卻非常清晰。關於個人程序的社會影響有必要順便注意。

　　列舉*個別心理素質*，從社會角度來看，給人的感覺是，這些特質互相連接就像一片片拼圖，形成社會性格。

　　於是面臨*性格（personnalité）*的問題：一個定義應包括行為的概念，以及陪伴個人在其環境當中並指示其行為指導原則的社會行動概念。相對於社會環境，人會有《我》的意識。其行為並不感覺像是觀察對象，而是《我》是該行為的作者。因此，通常情況下，這種《我》的社會感覺涉及一種責任元素，連結表現在外的角色，尤其是連結自己與他人的外在表現。於是產生了<u>洛倫茨</u>，用比較心理學的說法，稱為《道德責任》。兩個領域（人類和動物）看似相距如此遙遠的兩條平行線，在我們的觀念裡給予了一種安全感：不希望處在狹窄的達爾文主義啟示下，不得不承認動物界存在的社會關係比我們通常認為的自然法則更密切連結。

而小族群團體，將《不管三七二十一》屈服於一般法則。若我們順應大自然，行動時聽從人類深層本性的同一個方向以作出個人和社會反應，這就是我們的力量。

自我意識的積極面（仍然是史多柔以堅實的論據證明此點）超越人格，並且會以個人在團體中的表現結果來認定自我身分。這種追求共同認同的目標的團體經驗，會在內心產生群體感覺。從屬於團體（整體性格因此被稱為《共同合作的角色》）的《身分認同》會根據線性發展，最後導致兩種不同類別的內在態度：個人對於團體付出不同的感情，影響其在團體中的資格：

歸屬團體
或
參考團體

後者的概念主要是用於個體並不屬於團體的情況。

團體經驗連結於有意識的人格經驗。

和團體相關的個人經驗建立於其團體價值觀，自我意識透過整體的關係，也會產生一種自我價值感，而且轉過來，自我價值感只能由整體設定的目標參考才能達成。

「人格」因此終於被定義為個人和團體之間的關係，但強調個人在*追求被大眾認同和接受的目的之角色能力*。

這就是為什麼社會地位和人格角色的概念是如此重要。

d) 社會地位和人格角色

到目前為止，社會心理學從其社會表現的角度來看，給人的印象的是並列於或附加於個人心理學的研究。

社會地位和角色的概念定義人格，就其社會環境而言，引領我們進入現實裡，**人係由社會情況本身所定義**。社會由群體組成，其平衡和結構必須藉由連結人與人之間各種關係的性質，才能發揮其價值。這些關係屬於心理方面。

就社會心理學意義而言，社會地位連結於角色；史多柔的定義如下（其著作第 178 頁）：(《個人》)《一個人的社會地位，代表他可以合理期待別人為他所做的全部行為，而一個人的角色，則代表別人可以合理期待他能為他們做的全部行為》。

根據這個定義，社會地位是社會的基準點：社會地位規定一個人應該從社會中所得到的，並限定其角色應該付出給社會的。
在現實中，個人的地位無限變化，但所有都和社會群體的社會實體緊密關聯。

個人的地位在人與社會之間建立一種行為契約，使團體的存在變得可能且美好。所以，能夠使人了解與一個活生生的社會裡的各種連結關係的價值和性質，是既基本又最重大的社會經驗。

地位和角色：這是人類的社會教育，一個接受得越多，付出的越多。再次應證洛倫茨所言：道義責任，是人類社會的基礎。我們再次強調我們明顯觀察到儘管社會心理學和比較心理學作者（史多柔和洛倫茨）開始的出發點完全不同，最終都回歸到社會根本基礎。我已在別的地方說過：從動物系列的種系發生的（phylogénétique）觀察所得到的心理學結論，特別加強了人類社會研究的影響範圍。

由此雙重性邏輯推出的論點，當應用在運動生活縮影時更是明顯襯托：至少，我們對這個縮影小世界的心理社會動態評估，是符合這些主要數據為基礎的全球性評估。

e) 溝通和互動

在團體中，人與人之間的溝通組成不可或缺的基礎： 這是社會結構的基石。缺乏有意識的溝通，就沒有人與人之間的關係。為使社會內部溝通積極並具有建設性，必須遵循某些全面觀察到的規則。

這概念很重要；它證明了團體心理學。史多柔的幾句話被充分引用（其著作第 185 頁）：《在個體 A 和個體 B 之間的關係，B 並非僅為 A 的刺激物，而 A 首先被視為反應者；到了第二階段輪到 A 成為 B 的刺激物，B 則對可能引發的反應起作用。因此，引出互動社會心理學概念。這個概念超越適應、互惠的概念（A 為 B 做 B 為 A 所做的），或是互補（若 A 是 B 的兒子，則 B 是 A 的父親）》，以便加入《反饋》（《倒轉回去供應》）的觀念，我們可以用《溯及既往的連結》或《回授》等字詞來表達。兩個摔跤手的在互動時，每個人都要考慮對方的攻擊、閃躲、假動作，實際上就是《回饋》、《溯及既往的連結》的概念，使得經過更加容易理解。若這個概念可以從兩位摔角手得證，那麼團隊運動時更是如此。

在團體進行的情況下，透過溝通程序，人與人之間的意思得以傳達。《溝通是由創造一種發出訊息和接收訊息的共同精神狀態所建立》。

所有人類互動意味著以想法作為媒介交流，而想法往往接著變成了動力。在團體運動中互動交流，想法經常固著於運動的程序，溝通的方式受控於運動規則。

遊戲的程序和規則：這兩項關鍵基本要素創造人際氣氛、團隊組成心理交流的性質和價值。不可否認的是，體育縮影的《社會重要性》不僅存在於運動設計，也存在於本人稱為《程序和規則》的這些重要資料裡。

何不再次回到我們這項運動的關鍵規定之一：沒有侵略、沒有直接的對立作用、在行動中沒有《社會抑制》，而是強調正面和有建設性的人際互動效率的單純價值。這是最佳狀態的《回饋》的社會經驗。

f) 小組

有關團體運動,要在社會心理學方面做一個完整概述,那將會流於輕率…即使是巧固球!

但是沒有強調提出也有失公允,我們必須說<u>史多柔</u>的整本著作充滿了能夠凸顯運動現象的資料。如果我的目的是要全部、完整展示如何將社會心理學應用到運動方面,那麼沒有任何篇章值得分析,必須要做的是,在專家所言和一般親眼所見有關體育方面的事實之間建立連結。

但重點不在於介紹應用於體育方面的所有面向。最具說服力的觀點建立研究在何種關係下、以那些程序、在甚麼影響下,社會心理學的論述能夠彰顯運動真正的價值,引導方向並影響身體運動以發揮其價值。

社會心理學應該提供論證以證明我們所期待的體育活動作用;也應該試圖使得體育在現代社會的地位有所改善…我們認為這是很可能也很令人想望的。

基於這些理由,我們應該對於小組行為的獨特問題多加鑽研。

自 1935 年,一些專家便開始關心此問題,並在團體裡發現和某種獨特心理學相關的一些社會現象。我們自己也做了一些對照比較並提出認為球隊堪稱是社會生活《縮影》的結論。而<u>史多柔</u>本身也以非常適當的言論介紹這個主題:《小組的研究不單是社會心理學一個流行主題而已》。他甚至說(類似我們的運動是生活縮影的說法):(其著作第197 頁)《另一個實例是球員的行為:每位參與的球員考慮其他對手的動作,同時也要求自己或要求他們調整以因應其動作》。

小組是完整社會架構裡不可或缺的社會單位。

第一個要強調的價值是,小組有別於龐大群眾,其角色可以發揮共同動機和共同影響力,促使追求團體歸屬感所認同的目標。團體緊密連結的凝聚力賦予團體原動力一種客觀的價值。每個小組如同一個社會單位，像是具有自我存在感的細胞並賦予人類歸屬於全體大眾的社會意義。

如此一來，團體並非和個人處於並列位置，也不是用數學方式加總個人總數而已；正式的，甚至法律上的組織《不耗盡團體單位之間的關係網》。特定研究所建立的社交行為紀錄圖（sociogramme）提供證明，確實存在無法分析的連結，可能是情緒的，使得社會原動力得以真實表達其真正偉大之處。這裡存在一種情感，它支配個體並且了解其每位夥伴體驗的經驗之影響範圍。

我們已多次指出，團隊的組成會顯示球員之間所建立的關係之潛意識的、親密的性格。增加或貶低《人與人之間》的價值是一項經常觀察的事實。我們在這方面提供分析的一些元素看來發揮作用，有助於給予一個有效的解釋。

的確，族群喜歡一種不會變幻莫測也不會任意專橫的人際溝通系統。

然而，如同史多柔所強調（其著作第 203 頁）《溝通系統因此和結構的另一個面向連結關係，溝通系統既是成因也是效果，而結構的另一個面向則是角色和地位。》。在此我想到自己曾在他處提過《程序》和《規則》的重要性。團體運動是一種服從約定的結構：當我們選擇這項運動，代表我們預先接受這項運動的特定規約的裁判。在此約定情況下，形成該運動的特定結構，連結所有個體單位到總體，而總體也連結到所有個體單位。但這項結構的運作細節的性質調控並預先決定了所有個體單位之間和總體產生的關係。

這些種內關係（在此使用能夠證明這些關係的種系發生現實情況的洛倫茨所用的術語）是群組本身特有的。

我們經常在不同情況下指出運動的縮影包含小組裡所有描述元素。必須強調，要能達到所有組成個體單位基本上協調良好，或有時完全無法達到：此時，不協調的個體單位應努力同化，或者要求其退出。

一個社會人格會自問問題：有必要努力嗎，或團體給的肯定足夠嗎？

就是這裡，它是運動之間一項新的重要元素：一個團體必須要有一個共同捍衛的目標（**共同的動機**），而個人則努力協調其行動以利於達成該目標。有些作家（不無幽默地）稱此為《**團體行動**》。目標就是成為群體一分子的理由，創造特有的團體行動…或者團體消失！

團體的凝聚力密切連結於《運作的金字塔》，其目標立於頂端，特有的行為方式和全體參與人員則組成親密的內部結構。

g) 團體的階級劃分

有關於小組原動力，強調認可一位或數位**領導人**的某種階級劃分的重要性。說真的，這是一個棘手的問題。事實上，我們觀察到在這方面，個人在團體中的行為和其在平常生活所扮演的角色之間，產生一種有趣的互相干擾。我的一位學生曾向我提及：有些人希望在運動團體得到一種補充性的滿足感。這一類的個人，其工作職級較低，所以非常想要在運動團體指揮發號施令…基於個人純粹主觀的目的，所以很投入！

強調這些我稱之為《反社會》的態度引起的衝突是無用的，因為在團體裡，階級制度必須根據追隨的目標才能存在。授權給能夠體現努力意義和能力的人，是帶動團體最重要的原動力的必要條件。在這些條件下，個人感覺在團體的社群活動當中能夠培養其自信心，並進而轉化成《團體的雄心壯志》。

現在可以提出有關個人素質在團體中的問題。是否有任何文化面影響行為並給予團體一個外在的樣貌？它需要一些意氣相投的基礎，某些潛意識的贊同連接各種的個人心理素質：有關目標的品味、才幹、能力，還有團體要求的認可，等等。但團體能動力愈強，《行動》愈確定方向，團體愈向個人溝通願望和掌握目標的方法，共同激勵的程度就越提高。在小組裡永遠試圖讓團體更具活力的階級劃分，只在有關於個人向全體提供服務時才可以被考慮。這是一種運作的階級劃分，而且在一個順利進行的團體裡，引進這些無關實際權力的概念是很危險的。

社會心理學必須由比較心理學作補充才得以完整，交付運動小組的心身醫學和社會心理學訓練一項任務，建立科學標準。我們必須根據這些標準判斷運動的未來，當從現代科學角度比較和重新檢視，馬格納尼（Magnane）所陳述的社會學方面的考量採取了另一種意義。

我們覺得要將巧固球納入以高度科學性的研究產生的價值衡量標準並沒有甚麼困難，在探討這項新運動的技術之前我們已經設法發展科學研究。我們從這樣的信念出發，堅信符合我們社會深切需要的程序，在以運動和休閒名義提議之活動發展裡，能夠發揮其作用。

h) 體育和巧固球性格學（caractérologie）

體育方面的性格學和團隊運動有關。一個人參與行動：在不同階段，遇到不同的對立情況，他會如何反應？他與其他人（同隊隊友敵對球員）之間會發生衝突嗎？在運動進行的過程中，哪些是個人主觀反應？

主觀狀態是否會外部化？又如何做到？分析一位球員在遇到衝突對峙、意外衝擊的內在反應，還有個人內在態度和比賽進行有所衝突時，所顯現的各種特徵，這些分析都很值得玩味。事件的衝突不僅僅是導因於事情的進展和當事人的內部反應的同時間性（contemporanéité），也經常是由於當事人《預期》事件情況和真正發生情況的對比（contraste）；正當外部的客觀結果不符合預期、希望、想要的情況時，主觀意識常常會被激發。

所以，有兩個不同的方面：

事件進展的簡單觀察。發生的事件有些可能激發許多不同的情緒感受。換句話說，事件發生所引發的內在感受，從滿足到生氣各種不同心理模式都可能被激發。

　　但這些感覺源起於當事人是事件的行動者，並以此身分經歷該事件，或不如說他親身感受這類主觀的《反向衝擊》（choc en retour），而影響所及則依自己投注於該事件之範圍。內在的感受基本上可分類為愉快的或不愉快的，然後第二階段就是接受這些感知的模式。當事人在感知效應之後會有後續行為。感知效應創造特徵情緒（état d'âme caractériel），特徵情緒會隨著特質和接收狀態被改變。

接受

　　自然地，尤其當事件是在不愉快模式發生的情況下，要接受是很困難的。當事人不是漠不關心（漠不關心代表其活動參與度不足）是好現象，愈是如此，就越能期待其反應會有利於融入正在進行的行動程序，並且對於團體利益不會表現對立態度。

　　根據觀察到的有利或不利的結果或現象，主觀反應具有兩種非常不同的面貌：首先是高興，其表達可以高漲到狂喜（有刺激對手的風險，這往往缺乏對他們的尊重）或是，如果事件發展不利，就會變成只是簡單的不高興，或嚴重至真正的反抗或憤怒。

　　這些內部反應的特質，其本身就是一個性格特徵現象，但在某些情況下，其外部的表達和一位隊員與其他球員的正常社會關係可能無法相容。換句話說，特徵表現尤其受到當事人對其內在反應之掌控力以及其連結到外部（不論是同隊隊友或敵對隊友）的行動方式之影響。

　　更普遍地，當事人不願意只做一位觀察者；他期待事件裡的某個事物，他專心致力於結果，且每一次事件進展不符合其期待時，他就感受一次內部反應。所以，所謂特徵就是當事人表達此內外對比的模式。這種反應可以從《忍受》的方法顯現其性格特徵：一種是消極的順從，甚至嚴重到對於接下來的活動感到壓抑性的沮喪或焦慮；或者，另一種是憤怒，即不高興連結反抗。但當這些反應由動作或言語表達出來時，情況變得更複雜，打破了集體性的社會平衡。此積極表達成為事件過程的一個干擾元素。而且可能變得更複雜，如果當事人基於自尊心的反社會心態，拒絕承認自己犯錯擾亂秩序。最後，當其受到一些莫名的主觀態度推使時，內部反應更為加劇.，並追究責任，自然地，事情應該由他人承擔；因為，最常見地，一個非常有趣的事實，當事人開始追究責任時，其實是希望從自身以外找到承擔責任者，將責任推卸給他人。

此時，《人際》心理學機制完全被扭曲，因為該機制應該帶給進行中的運動修正，使運動得以改善（這是所有團體休閒活動真正目的所在），卻無法發揮功能以利運動正面因素發展。

性格學的社會心理學定義

簡而言之，性格學分析面對行動客觀進行的主觀反應，強調對他人的反應型態（社會的、反社會的）和此舉需要的內部紀律。性格學，它是當事人參與事件進行過程中的內在態度和外在表達。因此需要：

1. 參與
2. 內在反應
3. 內在反應的外在表現

一些社會學家還談到《社會態度》（attitude sociale）。馬格納尼（其著作第 131 頁）接受這項工作假設，制定七類社會態度。我們並不是要說該分類法於一般社會方面不具價值，而是責備其未將體育活動的特有影響納入整合，特別是，遺漏了團體運動。否則，我們在處理與這些態度或多或少相關的長遠結果時，會更容易認同他的論點，但確切來說，這將會超過簡單的運動現象分析。例如，我們可以談不法行為（délinquance）和次不法行為（subdélinquance），但是，這樣做就會讓我們觸及另一個更遙遠的階段，而體育行動本身在其中只是一個可能的組成成分而已。

確實，在體育方面與其它地方一樣，反社會的特徵行為最終將導至反社會行動，甚至犯法的態度，而且馬格納尼正確指出，體育要求的服從態度有助於修正參與者的缺點，最後甚至達到消除犯法的傾向。

　　遠程後果或治療效果的問題（最重要的是關於社會治療法）則另屬完全不同方面，可在他處找到定位。我們繼續只考量面對眼前在當事人活動現場，正在發生的客觀現象所引發之主觀反應。在此範圍同樣地，體育活動可供治療之用，因為學習適當的態度（適合於團隊，且在當事人非常願意繼續接受體育活動考驗的情況下），使當事人習慣約束管理其外在表達，進而因此修改其主觀反應，以便逐漸正常化其《人際關係準則》（sociabilité）並改善其內在態度，甚至更能妥善控制其自身反應。運動經驗就是追尋主觀人格和社會行為之間的協調。只要運動行為適合判斷和體現性格學的價值，這一切都有可能實現。

　　根據觀察證明，在侵略性的運動中要達成上述情況並不容易，因為內在反應基本上是個人正常行為的一部分甚至是必要的。論處犯規並不能使各項要素去除反社會性格，論處犯規充其量只是限制犯規！相反地，不具侵略性的運動，其技術執行是如此的乾淨俐落，以至於必須以無可爭議的個別方法，強調所有性格特徵的差異，這種運動首先可以嚴格管控社會態度，接著，允許期待必要的內在變化發生。

　　結果是，本體育活動具有非常高的*社會可教育性係數（coefficient d'éducabilité sociale）*。這就是為何巧固球是一種高度教育性的社會活動。在另一個章節，我們必須舉例說明有關巧固球本身的活動。

　　但是馬格納尼的分類法提出另一種完全不同的看法；其擁有無可爭辯的優勢。在其介紹陳述中，作者在近乎不由自主的情況下，被引領至評估當事人的社會能力，而其社會態度模式按邏輯將導向成為領導者、主管、教練、管理人員：在此產生一種全然不同的觀點，我們將其歸類在《對他人的責任感所引導的行為》的範圍。有些人對於服務他人具有敏銳洞察力，這是一個事實，而在各種運動當中都有此情況，非巧固球特有。從純粹同隊隊友態度，這種態度在所有團體活動當中都是正常的，進而發展改善他人、幫助彌補所出現的缺陷，而這並非單單只為團隊效率的最佳收益，更是基於對美好的運動和《高尚的技術表達手法》的喜愛。在不斷演進中，這種社會態度成為教練任務的基礎，然後再成為管理階層的⋯ 但這不是巧固球特有情況，所以不是我們現在感興趣的。

讓我們再繼續我們的**性格學**研究。

運動性格學顯現於每一次遇到一種情況或一個階段，球員在面對外部特別的刺激時，在其心理過程裡產生一種性格障礙（caractériel）[*]的衝突。這需要兩種相對元素：性格的支配權—遺傳的、構造的—以及這種性格支配權和外在事件對立的場合。

i) 在巧固球方面

這就是為何，除了先前已描述的情況，我們觀察其他個人反應，我們應該檢查其是否為巧固球特有反應。截至目前為止所描述的反應都是所有體育運動當中普遍可見的，而在巧固球裡又更加明顯呈現。

希望這樣能再次清楚說明，巧固球本身的社會學首重堅持一件事實，即從人到人的行動從來沒有排除侵略性以利最客觀的、定義最佳的戰鬥。此外，還必須堅信一件事實，情況很快得到解決，個人行為鍛鍊是持續不斷的，而且幾乎可以說是必須的：決定要下得明快並且立即表現當事人調適運動或運動情況之過程。

如此一來，決定的精神，理解的快速，反應的勇氣，都非常快速顯現，並以近乎實驗的節奏接連顯現。

《工作中》的球隊在一個相當狹窄、混合著對手的場地對峙；《從傳球到射網》的階段很短促，隨著時間先後和空間，在一連串的操作裡，使持球的球員和團隊的行動合為一體，所有回應環環相扣，而球員便是環節。我說球員被**合為一體**，這在最初是一種獨特的《社會的》感覺；初學者感覺有點迷失方向。有人傳球給他，他不得不接球！⋯然後，他必須做些什麼來處理這顆球！ 初學者感覺有點失落，他缺乏內部基準點來引導其決定，而且經常發生初學者想要擺脫一切以卸

---

[*] 性格障礙（caractériel），在行為和情緒方面表現不穩定狀態

責。他以《碰碰運氣》的方式將球投出去，不但沒有慎選目標，一個可以確保其球隊較佳效益的目標，而是反應出技術不足—傳球失誤、射網技巧拙劣。

希望借助行為心理學，我們將了解這可憐的結果對於未來行為影響多深，因為，一個人人都可確認的既定結果，肯定對於後續發展產生作用。但是這個運動程序是在一連串尋求勝利的行動中，要球員處於《**短期地中途插入一個團體**》，對於任何球員的職業生涯仍然是有效用的，而非僅對於初學者。

這種《中途插入》的處境形成巧固球的頭號社會問題，此處境引發**可具體呈現的（objectivable）《性格障礙》的立即反應**。因為巧固球性格學係從一般性格障礙社會學（la sociologie caractérielle générale）觀點出發，是一門我們應該建立以供教練所用的科學，如果可能的話，應馬上建立。

性格障礙反應之性質

依上述過程，性格障礙反應會被觸發一方面由於個人大腦結構的衝突，另一方面由於事件的外部進展。在所有運動中有許多相同情況，但是這些情況在整體複雜的種種行動中被沖淡模糊，使得我們難以從中分析心理現象的內在性質。我們特別重申，《近身搏鬥》的、侵略性的永遠糾葛關係，使得這項分析變得不可能。在巧固球，行為（和一連串相繼發生的行為）是清晰的，脫離個人行為所有異常情況（在行為的當下，無任何其它元素介入，在其他人之間，無其他球員的任何攻擊！），而且我們清楚面對問題的元素：外部的情況、精神的結構。

這就是有關分析的部分！但是，為了同樣的理由，行動者，即球員，感覺有**義務**從這種對抗中帶出一種空間的客觀行動，且其結果是立即可確定的：在普通的運動裡，這種行為可能被另一位球員，即敵對球員打斷、抵制、更改；這項行為的結果是雙方球員同時發生的兩種行為，此兩項介入因素之後續影響；所以結果不專屬於任一特定行動者；倘動作有失誤，球員可以把至少一部份的責任給另一位球員承擔。如果願意由此了解其結果的品質不牽連任何人，也不評判任何人，這裡沒有社會的評斷。

　　而在巧固球，相反地，其行動完全落在行動者個人的和單一的責任；他的動作評判他、譴責他或讚揚他！《社會的》評斷是清楚無疑且即刻產生的，它可以說維繫於球的命運。

　　該行動因此具有很大的社會價值係數。我們覺得愈來越確定體育教育的效果最主要取決於可能性，包括可以社會性地評斷個別的個人體育動作、可以加以分類，可以用賦予其所有意義 、全部價值和全部效用的方式將其與社會背景分離。在巧固球運動裡，每一刻，每一次擲球，都伴隨著內心的評語：《是我，自己一個人，獨立且自主，做了這件事！》

　　運動行為因此成了個人行為，**屬於**創造該行為的人。從發球給他的那一刻直到他將球拋出，我們可以用電影鏡頭放慢速度觀看這個片段。這個片段是其運動人格的空間畫面。我們擷取該片段中任何一個畫面，審視連續發生的情節：這個動作已經由一位擔負團隊未來的人執行。他忍受（我們不說《接受》，因為他是被同隊隊友選擇才因此切換到這個場景）這份責任。

　　這個片段代表當事人的主動和個人的部分，但說真的，這個片段有重要的按時間順序排列的後果。

　　之前已經：在當事人被要求上場發揮自己之前已經發生了一些事。球隊和球員的相互情況，將個人置於全體連帶關係裡；輪到他時，傳給他的球是由某人經過考慮才傳給他，我們稱擁有此意向者為(a)，而為了使這個意向發揮效率，必須由行動者(b)空中接球。後者接球的同時也接受了一項程序，且這個被發送的程序在做出行動控管前已先行規劃，因為前面的(a)當事人，在同樣獨立且自主的情況下，沒有任何外在干擾因素，已經設計好空間計畫，計畫中已經達成結論認為(b)是所面臨問題之最佳解決方法。這個結論，是一種程序，可以說發展成**一項計畫**，而且，當(b)接了球擔負起責任，一個新的片段便開始，而其基礎便是前述已發送的計畫之條件和理解。因此，在展開動作以前，(b)被認為是接球的人，然後以球為媒介，(b)理解了(a)的想法。這就是先前動作的階段。

就是說：(b)的個人行為是由(a)準備和調控的。然而，反過來，這個主動部分在明確、誠實的情況下被執行後，可傳達出其意向內容，得以評判(a)的空間介入，這是可能的，因為(a)本身並未承受外在的人的壓力和《阻撓》作用。

在一個球隊中，每位球員都會輪到扮演從(a)到(b)的角色，然後再根據其意思，為了一個新的環節(b)再次扮演角色(a)。所發生的接連不斷的情況變化與其社會意義，每一次執行後都應交由行動者自己一人評判其行為。在此情況下，以及唯有在此情況下，**每項行為皆是完全個人的行為**。在這個基礎上，才有可能評估在性格障礙社會學（la sociologie caratérielle）方面的影響。

因此，我們再回到我們的性格研究。對於所有在球場上的當事人，性格上的情緒不穩的態度面對所有個人片段場景時，當事人永遠是審判官，有時又是行動者。作為審判官，他會使現實狀況服從其個人目標，而其個人目標應該是團隊目標：得分！我說得很清楚《應該》，因為這裡已經開始有性格上擾亂情緒行為。他可能誤判對他來說是陌生的一連串序列場景，這些序列已經先行發生，可能不利於當事人自己的序列，當事人對此感到不快；但他也可能尋求保護自尊，評估先前發生的場景已經無法給他機會證明他原先認為可以做到展現的優勢。當事人可能因此已經感覺有某件重要的事情在他介入之前就發生了。這種心理上的《事前的》（préalable）感受是典型性格障礙心理現象。當事人根據對於先前發生的事情之評估，內在態度在尚未有機會展現自己以前，可能早已經混亂不安。當他必須承接責任時，內在已處於象徵其人格特有的性格障礙預期心態。接下來將會發展的情況已然受到該《事前的》感受影響。

因此，個體的性格障礙因素（coefficient）可以在展開個人行動之前便已產生作用：當介入實際行動時，因為性格因素，其實早已經先行吸收自行估算的包袱，這使得事件和性格障礙的同位化已經開始進行。

讓我們分析一下該《事前的》感受。性格障礙因素不會因為後續發展而改變，而是受到已經發生的心理學問題的資料數據影響。《事前評估》可能觸發反彈態度（《判斷表現不好》）或贊同態度（《判斷表現良好》）。這是第一個行為，第二個是對抗性格障礙本身。

正如同我們先前提過，有一種《精神感受性》的狀態，它會影響後面的行為：在此可以發現這種狀態。

面對第一次評估，已拿定一種態度，該態度在經過最後分析之後，以兩種性質型態表達出來：《拒絕》或《接受》。拒絕的情況發生在有野心、驕傲、易怒的人身上，簡單說就是所有因為性格障礙因素造成其在做事前評估時，認為無法獲得足夠個人利益的那些人—接受的情況則發生在純粹玩運動，並且遵從團隊共同任務，努力發揮人格扮演好自己角色的那些人。即使沒有被善待，他們評估局勢，沒有想過責備，別人在哪裡結束動作，他們便在哪裡開始動作。眼前出現問題，他們便處理，奮力為團體尋求最佳利益。在此情況下，個人介入的段落可以合乎邏輯地追隨已經開始的動作，如果有必要，甚至能夠予以糾正（因為經常發生，這是當然的，《事前的》評估有誤，損及個人介入的段落，並且變成一個新的性格障礙衝突之成因）。

在接受的情況裡，也有人只要中途插入勉強玩一下就好，這都是一些害羞、膽小怕事、缺乏意志的人，簡單說就是那些判斷《接球再傳球》就足夠的那些人。在這一類當中也有些人躊躇不前，不願冒險射網：對於他們來說，這個責任太重大，只有在所有助攻名單已用盡，在最後一次傳球機會被迫下決定；那麼，除了執行別無選擇，但是，經常是心不甘情不願地。

j) 社會學的影響後果

我們現在描述的階段（承擔個人責任）是社會學方面首要重點。

事實上，這個階段組成一個密集壓縮的社會行為，在人際交往關係（relations interpersonnes）方面具有非常強大的社會動力和極崇高的意義。

我們不應心存任何幻想：在實務中，要分開體育活動領域裡的性格障礙事實和社會行為錯亂是很困難的，即使這些錯亂徵兆坦蕩蕩地列在病理學情況的明細表裡：社會表達的壓抑、抑制、功能障礙（直到各方面皆無法適應！），在最近的分析顯示，歸因於面對可歸咎他人的事件時，產生性格障礙的人格衝突。不論這些深刻的和潛意識的成因有多麼遙遠；我們都有可能解釋它們或甚至替它們辯護。

這些性格障礙的錯誤常常以社會功能障礙方式表現，所呈現的錯誤歸因於先天的和後天的內在態度。這種功能障礙會在我們特別在意的階段清楚顯現。那怕是絲毫的抑制、微乎其微的壓抑，都會轉化成當事人的行為並引發特徵性的不適反應。

k) 主觀結構

但此社會功能障礙是由當事人自己本身感覺到的，而且這就是它變得重要的地方；因為當事人，反過來會受到影響，當事人自己外在的不良反應、不適應的動作、空間反應所犯的錯誤都使其感到困擾。這種動作失誤的感受，因此變成心緒混亂不安的根源，或加重影響當事人的混亂不安。這就是為何所有受到外在事件進程的影響而發生的失誤動作，可以對於當事人的發展發生重大影響。這就是團隊精神。這個社會迷你族群將會減緩各種衝擊、淡化它們並減少它們的作用，甚至於，相反地，還可以指導當事人的發展方向朝向自身癒合。

在全面行動階段，個人的行為呈現一體兩面同時進行：外在表象（及其影響後果、結果）和當事人歷經的內在感覺。

外在表象可以根據行動者所作的同化程序，成為內部改變因素。一個受到壓抑的人會感到各種情結（抑制、猶豫、害怕判斷，等等）加重，尤其如果他顯現在外的結果朝向複合情結本身的相同方向行動的話。這就是為何一個射網失誤會在內心產生戲劇變化，而且其影響後果是可以具體呈現的：當事人不敢再射網，而且如果到了一系列程序結尾，也就是在第二次或第三次傳球，他必須這麼做時，他會非常緊張並且深信自己不會成功。所以，乍看之下，似乎這些半病態式性格障礙的問題製造根源，應該會導致加重混亂不安和功能障礙。

此時正是團體影響力介入的時候，而巧固球所創造的技術和心理的氛圍使得團體影響力可以發揮作用。

團體回饋給個人的逆反應（réaction en retour）是可以被控制的：這是關鍵點所在。幸虧事實上所有動作僅限個人，所以只牽涉該動作的製作者，我們可以導引一個團體，在此是一個非常小型的運動團體，接受一種 全體同享的態度，而每個個體在其中發展進化。

團體態度的中心思想是：《運動是為了盡最大可能玩得精采，每一個人負起責任，就他自己的那份責任而已。》

沒有人應該負責評斷身邊的人（如果出發點不是為了幫助他做得更好的話），每個人扮演其角色並學習以真誠去做，真誠是個人行為的精神基礎。因此，團體運動成為一種連續的個人動作的加總，合乎邏輯的環環相扣，按照團體程序互相連結，但每個人的運動從不會和他人的行動互相牴觸。如此便能創造真正的團體態度，在其中每個人只是社群行動裡的一個或多或少顯露的環節而已。

事實上，社群逐漸優先於個人；團隊的效率屬於社會全體，每一個人在其中皆感自在，正巧這種群組的團體態度可以鍛鍊個人並使其忘卻自身的複雜情結。

這種透過團體行動、利用團體對於個人的影響之社會治療效用，不是幻想。我們曾經以近乎實驗性質的方法並且在能夠控制結果、個人私生活的影響後果的條件下，多次觀察社會治療效用。我們可以舉出許多例子。我們見過一些當事人在個人方面（特別是情結和抑制）和社會方面（人際交往關係正常化）皆獲得轉變，證明關於運動的社會心理學價值的論述，並非僅是腦中空想而來；事實證明其價值並且得以結論出，運動的社會行為成為治療個人的方法。

甚至於在正常的性格學方面—或非病理學方面，如果我們比較喜歡的話—矯正社會適應不良反應實施效果非常卓越且快速。很明顯地，必須要有一位運動的指導員不斷努力去維持有關於運動方面的團體態度，以最接近運動規則的方式。但運動行為的有效性並非由於運動指導員的人格，而是團體行動本身展開的社會心理學的過程。

過去我們只能以開放研究管道的方式處理問題，現在也還在進行中，有關於巧固球，研究重點特別是在體育性格學領域和一般性格障礙社會學方面。

然而若沒有提醒注意相同的運動技術應用在治療精神障礙的重大影響，便無法結束本章節。在這方面的特定體育教育和一些運動，過去已強調其重要性。過去的經驗，特別是在友善好客的環境所留下的經驗，到處鼓舞人心。請容我在此資料中加入巧固球的社會心理學的和精神的元素。

I) 性格學的分類

透過我們的社會性格學的研究，直到目前我們才做到將整體個人態度分成以下類別：

反社會的

親社會的

這並不是品性論的（éthologique）分類法（用於體育方面，它顯得既不理性也不實用）；這項分類法導源於實際應用，根據此實際應用我們已制定人際交往的社會心理學標準（詳見本主題特別章節）。人際交往社會心理學的觀察可證明我們的分類法合理，因為重要的是個人與社群之間關係的性質。本分類法不僅彰顯最現代的社會心理學，還找到其它治療證明理由。其分類基礎在於群體逆反應對於個人的影響，並解釋《社會心理學的組成代謝》（anabolisme psychosocial）之作用，因為運動中的行為是個人對於該情況的整體態度的效應。簡言之，在巧固球的運動行為，使團體－個人關係正常化，並且因此所產生的影響有利於人際交往心理的能力發展。我們可以此一般觀點分類個別情況：《團體－個人的關係》，及反社會或親社會的特質有效表達體育態度的資格。

實務上，經驗證明倘若以此分類法當作標準評斷每一個個別情況，我們不僅恰好即時分析當事人，也有了行動辦法。一旦定義《團體－個人》關係的性質，我們可以向相關人士解釋其有關於：協助其適應力，從而以有利方式改變《團體－個人》影響的性質。這是有可能的，不僅因為進行坦白且清楚的情況分析，還有因為執行個人治療程序有可能有利於心理技術學的（psychotechnique）條件。

我們要舉一個極為典型的例子：當事人 X 非常想要和對方一決勝負；他要獲勝，並且把他的自尊心也放進比賽中；他是非常個人主義者，一心為了達成希望的結果而努力，他覺得每一次失分等同對他個人的冒犯。於是開始抗議裁判，當事實轉向對其不利，便否認證據，最後大發雷霆，甚至威脅裁判。每一個運動情形都可以被清楚觀察，我們看到內在事實表達於外。換句話說，透過隔離他必須介入的段落，或引起爭議的段落，事實和心理反應之間的關係很容易被偵測。有時會暴怒到猛然用腳把球踢開（這是正式禁止的）。當事人無法逃脫別人可能對他的評斷。他別無選擇；他不能控訴任何人並很快地意識到自己揭開了自我一個不怎麼親切也不怎麼可愛的一面。他因此感到必須去適應運動並使自己的行為符合團體活動的客觀進展。他感覺不是團體而是自己單獨一人處在這個真真切切的情況裡；所以，要不他放棄運動，這很非常罕見的，要不他大力拚搏並且最後順從地加入團體。他甚至得到誠信的社會評價，使其受人敬重，而且他了解這一點。

如此一來，團體漸漸地被個人接受。團隊士氣主導個人士氣，團體榮譽取代個人榮譽。受到團體激化，個人學習選擇親社會（prosocial）的動作和行動，以及親社會的團體態度最後變得如此牢固、一致和團結，以至於團體和個人團結一致並持續合作以增進個人績效。這種在親社會演化過程中團結一致的感覺是球員們的其中一項偉大發現，且這種感覺保存了個人和團體非常令人振奮的滿足感。

因此我們觀察例如以下的情況：當一個初學者進行運動，表現得笨手笨腳，不會發生團隊不繼續發球給他的情形，絕對如同當事人是一位優秀球員一樣，繼續發球給他。沒有人會為此做任何努力；它是真正地關於一種團體的態度、團體的努力，而且甚至於很難不這樣做，因為團體凌駕個人之上。當事人因此有節奏地融入團體活動，以至於忘記人們可能怎麼想他，拋下害羞、抑制，只要盡量玩得精采。從當事人忘記《看著自己玩》那刻起，可以說，任由自己跟隨團體氛圍，獲得一種社會安全感。

因此，當事人的社會經驗在親社會意義上總是很積極，並形成真正的社會學習，即團體中的個人訓練，這就是為何個人如此擅於扮演團體，以至於忘了自身的情結；他將自己同化於群組，扮演群組，他思考團體，為團體利益行動，因此逐漸地社群的意義取代了個人感受。在此必須加註一點，這點很顯著，就是在社會演進過程中，個人甚至得到一種完美的感情，有利的轉化，對他而言，運動應該成為服務他人的個人進修學校。這就是人格的感受連結群體的感受。

我們還有不同型的性格障礙行為：膽小怕事、猶豫不決，寧願傳球不要射網，因為傳球比射網容易卸責，而且他害怕自己的笨拙引起球員們的注意。此外，這也是大部分初學者發生的情況。害怕擔負責任的恐懼是很令人印象深刻的；有些當事人覺得對自己沒把握，首先想到要將球傳給誰，即便自己處在很好的射網位置。這種遲疑可究因於非常多不同的精神因素。有些當事人有勇氣敢在大家面前射網和表達之前，比較喜歡單獨練習射網。

還有害羞也是因素之一。害羞的人最怕失去寶貴分數惹惱夥伴。

這就是人稱的《充滿了複雜情結》。他們害怕做決定，因為擔心射網失誤，擲球也無法好好執行，而由於射網失誤又更加重其不安情緒。

也有屬於個人主義者，有時硬要《充當好漢》，不懂得利用傳球，因為他急於證明自己射網精準能力。我們觀察到許多人當他必須把球讓出去傳給同隊隊友時，感到千難萬難。

性格障礙的行為也彰顯我們之前在別的章節常說的：射網強迫症。

大部分球員將射網視為《運動中最典型的動作》。對於個人主義者，要他們看看周圍有沒有更適合且更恰當的傳球對象是非常困難的事。迷戀框架是初學者的毛病：一旦球到手，他們就自以為一定要朝反彈網擲去。但還有一件事實，那就是傳球和射網，這兩個動作並不具有相同社會價值。傳球是一種無私的動作，而射網得以彰顯突出。這就是為何射網在社會性格學方面扮演優勢角色。

2. 團隊的行為條件

場地、器材、社會心理的調節

球隊在球場上的演變

要判斷一項運動的價值，必須懂得仔細檢視它、分析它，深入研究其功能運作、執行條件，然後因此分類其各式各樣的特性，比較不同運動各自的價值。

目前，我們主要是探討體育或團體運動，認為運動的社會成分 是最重要的，團隊運動假定的社會行為必要性也決定運動在社會方面的實用價值，這是無可爭論的。

所以讓我們審視球場上球隊的演變，還有調控該演變的條件。

硬體設備

　　所有的體育活動都需要符合定義該運動的硬體設備要求才能開始。一般來說，這些設備以兩大方面代表，一方面是場地，另一方面，則是一項或多項器材。

場地

　　每項運動都有不同場地，場地特性與技術獨特性相稱。場地，是運動程序的《土地平面》；它決定運動的地理條件，以符合運動規則的方式規定球隊活動範圍，限制球隊發展可能性。所謂場地就是運動的《合法居住所》。

　　因此，場地同時是一個定向團隊間相互運動的發展地。球隊在一個場地的分配，或在各個場地上，一方面根據這些地面界線，另一方面則根據運動規則，場地是地理執行樂觀條件的表達。

單一或全套設備

　　這關係到場地的設備或各種適合搭配運動的硬體配件。原則上，它們組成運動的工作器材。設備包含運動硬體指令。設備以定位所有行為在一個明確定點的方式以疏導動作方向。代表設備的可能是門柱（足球和手球的球門）、籃框（籃球運動方面）、網子（排球運動），它可能固定於地面或在場地旁邊，但總是根據和運動的嚴格關係。設備調節、讓執行能力高超的運動員的所有動作服從明確的空間限制。它使所有行為從屬於接受相關設備所制定的條件，具體實現所有行為。

　　體育設備表現兩種可能的素質：

　　1. 設備啟發行動的靈感。例如，足球的球門：門柱引導行動方向，吸引所有動作集中朝向成為目標的門柱。傳統稱足球的門柱為目標（but）[*]非常正確，因為目標和空間設施交疊一起。該設施成為要達到

---

[*] but：法文意思為〝目標；目的〞，用於足球方面，則指〝球門〞。

的目標。

2. 但是還有一些其它可用的設備，目的則是為了增加動作效率。網球拍、回力球的曲槽形球拍都是提高效率的設備，使得手勢對於球的作用加乘。這些設備，幾乎可以說，是效率和效能的放大器。這些都是動作效果的加強係數。

所有這全套的設備都已有一些標準化，一方面是受經驗影響，據此調整比例、尺寸及質量以達最佳效益，另一方面，為了統一運動操作時使用設備的條件。

3. 運動演變的心理性質，其調節機制

團隊的演變＝集體的行為

組成元素

一個球隊在球場上的表現就是一種行為表現，它不僅是每位球員，也就是團隊成員的個人行為，同時也是該球隊作為一個小組團體及一個社會運作單位所發生之社會行為。此行為會屈服於純粹的偶發情況，這些偶發情況會限制此行為之執行條件，或者，這些偶發情況決定該執行條件。

這些偶發情況來自於不同方面：偶發情況指的是約制發展到某一限度的外在條件或心理條件。每一項運動都具有或呈現其特有的偶發情況，視其運動規則、運動宗旨、運動的場地、設備而定義。研究一個團隊的發展，就是研究其行為（個人行為和團體社會行為），但同時這也使我們不可避免地遵從這些事件包含的所有條件之分析。

若能將書面上探討這些問題常出現的字詞的涵義全部定義清楚，將會既有用又極有趣。表面上這些都是基本概念，特別像是《環境》和《動機》之類的。這些術語都是近現代使用的，彰顯世界各國能力備受肯定的學者們尊崇的特定性質研究的特色。

因此，給予這些術語適用於體育問題的明確涵義，將是非常好的。

但是，除了每個術語的涵義以外，了解這些術語試圖去展現的概念、這些存在於行為、或體育行為當中的字彙、概念也是同等重要的，但是必須整體仔細檢驗。實際上，球場、體育場總會使環境、動機、行為變得複雜化，而球隊的發展便是在這諸多不同因素 之間不斷的合成複合結果。

環境心理學

條件—即場地和設備—將在稍後仔細討論。現在先讓我們來關心當事人演變的心理方面。

這方面也可稱作《心理學的環境》。他是該體育行為的所有合併部分，也就是主動參與運動行為的所有部分（不包含觀眾！）。

這種環境概念包含所有心理現象（因此，也是精神運動性的（psychomoteur）現象）重建當事人和其周圍的互動，所有其周圍的一切。社會心理學現在已使我們習慣仔細考慮所謂的人際交往心理學。個人的心理學基本上一直都取決於一些周圍的心理學，而且同時，他也會反過來影響這些心理學。

動機和理由

環境的概念引導我們朝向另一個同樣很重要，甚至於可能更重要的概念，即動機。動機這個詞彙已在體育教育和運動文學裡出現過相當一段時間，定義卻很模糊。這個詞彙一定被過度濫用，但這也可能是因為它能使我們發現一個或所有主要的真相。為了從這裏面得到實用的結論並開放有效的討論和分析，我們必須明確說明其意指為何。

上面已提過以動機說明現代心理學（詳見皮埃爾・卡里前面引述）。我們的用意是現在努力將這些科學資料數據應用到我們研究的團體運動。

動機的概念包含動作的理由或運動中的一個決定；可以說是承認動作的合理性；的確，在此或許應該說是理由，比方說，做一項決定的理由；這個理由係受到外在情況激發而產生，例如，整體球隊所遇到的情況或被判斷的情況；精神運動的（psychomotrice）反應、行動、動作都是對於外在情況的一種回應。

基本上理由是偶然性的，因為刺激理由產生的情況隨時改變，透過智能判斷情況，所做出的判斷變成了行為的理由，因此產生運動動機。我們必須承認該理由既是偶發性，變化也很多，甚至於變化相當快速。在一個運動團隊的發展中，精神運動決定的理由隨情況改變，而情況乃根據即時環境判斷。一場運動比賽的情況，就是球員在特定球場上，根據要達到的目的所進行之行動。球員的環境包含態度、或當代球員的態度（我們說當代球員，不特指對隊或同隊球員：這是在球場上同一個時刻裡參與行動的所有球員的整體行為）。

當然，正如我們先前已讓大家了解的，球員的行為受限於硬體設備條件，硬體設備因此參與行動並將所有個體行動集中化。

要判斷球員的移位發展動向，必須參考外在事物（球場的面積、射門、球、球的情況、球的運動等）。

我們不能忽視外部固定硬體設施對於這些運動行為的影響；我們可以說，球員根據即時條件確定其自身決定時，心理上都必須整合這些場地和設施的所有組件並服從其限制。硬體設備條件和其他球員的行為，會形成球員在尋求解決達到運動目標不斷遇到問題時之個人行為心理因素。

實際上，好的球員必須不斷整合所有地理和心理環境條件，然後做出相關行動；因此動機是一個極容易消退也極不穩定的元素，必須不斷地隨著多變的外在環境調適。

我們因此已經證明環境和動機彼此不斷重疊和互動。但是我們認為在思想中堅定主要的、根本的看法是非常重要的，即空間的、物質的環境當然也包含運動的球場面積、球場設計、球門、門柱和籃框（足球、籃球），空間環境必須輔以心理和社會環境的調節才算完整。幾乎可以說，如果有人際交往心理學，也會有相互激勵心理學，因為每一次運動情況的評估應該是對於在場合作球員的情況和動機的及時判斷。

運動規則確定彼此調適的條件，同時定義包含在獲勝（以得分獲勝）概念裡的團隊發展主要動機，（使其行為遵從運動、所屬攻守一方的目的以便得分）；攻守各方本身也必須遵從該特定運動項目之基本要素條件限制，場地、設備、目的、特別是比賽規則不可避免地再度成為限制條件。

所有運動的行動、球員的動作和姿勢都必須建立於在上述基礎上。

球場上所有行動都由觀察主導，一方面是視野觀察，另一方面是當事人的領會（或整合）。任何視覺感覺馬上傳送到大腦中心，在轉化這些畫面成為同時存在的情境動機；而且此程序會隨著繼續進行的動作重複。根據這些法則，我們將可以檢視一位或全數球員在球場上的行為！

4. 比賽行動現場—球場上的人 視野範圍和比賽場地

體育行為的心理學從視野範圍開始。

拉魯斯（Larousse）字典對於《視野》的定義是：《眼睛維持不動的情況下，觀看物體時所能看到的空間範圍》。也就是同一瞬間眼睛可以看到的所有空間。中心視野，由視網膜（rétine）將眼睛所見影像存起來，而視網膜的中心點稱作黃斑（macula），黃斑使眼睛能夠對焦。

視野包含目光所及所有範圍。我們或許也可稱此為《主觀的螢幕》，透過它，我們看到周圍環境的事物。

以運動來說，就是球員在其眼前，包含周圍場景（主要以比賽場地和該場地設備之設施和限制），還有球員們和球則是會移動的元素。

視野首先由瞄準的焦點定義，瞄準的焦點就是眼睛和注意力集中和監督的空間，也就是黃斑掌管的中心視野；視野涵蓋直視目光周圍可以觀察到的所有範圍（參閱第 152 頁平面圖 9）。

我們首先描述視野是因為可以利用視覺判斷，直接調節目光所及之處的動作，而且在我們個人研究哩，我們已看見運動神經透過直接視覺修正後，其協調性極為良好。在眼球直視範圍內，最容易掌控動作和靈敏度。

在傳統體育項目中，射門區位於有利協調的區域：足球的球門，籃球的籃框，都是直接瞄準，這樣一來，儘管側面觀察注意其他球員動向，仍可以充分利用直接瞄準的優勢尋求進球得分（平面圖 10）。

這就是視野範圍和射門區之間的關係。

球員的演變發展

在我們的描述裡，我們考慮六種體育形式：

第一類　1. 足球　　第二類　4. 排球　　第三類　6. 巧固球
　　　　2. 手球　　　　　　5. 網球
　　　　3. 籃球

運動中的所有部分都是球員隨著球的情況具體呈現的一連串事件：球員的發展取決於場地和允許其移動的可能性。

第一類：

視野和運動場地

運動場地是爭鬥的地理位置：1. 至 3. 形式的運動有兩個陣營，每隊防守各自的陣營（當對隊持球時）或進攻（當本隊持球時）。

平面圖 11：B 隊進攻，將球推向目標 A，打入敵營直到威脅其目標。這種進攻是從一開始《直接瞄準》而且所有進攻移動位置都是根據射門區的目標作為直接瞄準的中心。球員佔領有利場地，係為了接近目標及進攻得分獲得最終勝利。

有關場地佔領，有兩個時段：

1. 前置階段：攻隊球員開通場地並向另一陣營採取行動。

2. 完成階段，在球場上及對隊目標附近，力求具體實現球隊的意圖（即進球得分）。

操作使用的場地範圍於是變成整個對方陣營的場地範圍，而非僅僅是一個點或這個球場上的某一小塊面積；準備行動是分散並配置在整個球場上（參閱第 153 頁平面圖 12a）；而最終行動則集中在球門(b)。

在所有情況下，球門必須始終保持在視野範圍內；前置階段具備的視野視範圍，所有現象重疊一起，同一時間包含在視野圖象裡。球的方向就在眼睛行進，掠過眼前並且在視野畫下其行進路徑的輪廓；所有伴隨而生的現象，包含—思考、干預行動、決定和瞄準—這些現象持續出現在視野內，換句話說，行動就在眼前發生，包含整個情況：操作的範圍在視覺範圍內（平面圖 13）。

這極其重要，因為我們可以說視野能夠定位待解決問題的確切地點；在此視野內進行目前的動作並且也將會發生新的動作。在球場上各種動機的觀察角度，都是視野所及區域內。

第二類（運動 4 和 5）

第二類運動當中，球場分隔成兩邊（每隊各佔一邊）發揮非常重要作用；前置階段實際上沒有任何攔截或阻擋；為了完成前置階段，各隊應佔的球場位置壁壘分明。輪替發球的主動性就是一種場地的主動性；兩隊所佔場地面對面，因此，所有運作情況都在球員視野範圍內（參閱第 160 頁，平面圖 14，運動 4；平面圖 15，運動 5；）。

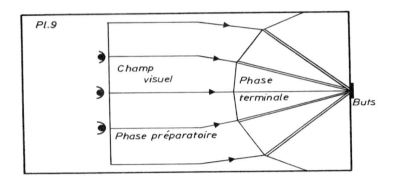

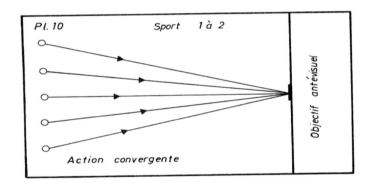

Pl.9：平面圖 9 Champ visuel：視野/ Phase préparatoire：前置階段/ Phase terminale：完成階段/buts：球門

Pl.10：平面圖 10/ Sport 1 à 2：運動 1 至運動 2/Action convergente：集中行動/Objectif antévisuel：眼前的目標

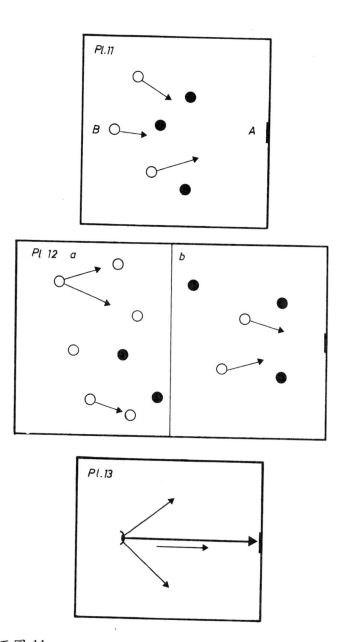

Pl.11：平面圖 11

Pl.12：平面圖 12

Pl.13：平面圖 13

　　這裡有相同的視覺現象重疊情形—視野—和大腦的運作—遊戲的主動性，瞄準，等等—所有程序都包含視野內，動作也因此都在視覺前面，也就是說在眼前發生。這種視野和操作範圍的重疊、同一時間發生的概念—第二個包含在第一個裡面—我們認為是基本的。此概念定位在一個非常確切的且又容易達成的感官－感覺－運動方面的心理生理準備過程。同時，場地設備會引導運動的方向，調控動作的精神程序會受到視線內整體場地的影響。大家在自己看得到的場地進行比賽，並朝著視野本身延伸的一個方向或數個方向。

硬體設備的作用

　　我們再回到已經談過的有關於視野的區別：我們區別場地本身和該硬體設備(或多項硬體設備)。後者是生產、安置在運動場地的實物，上面應該架設：球門的門柱，籃子的籃框，等等。但是像排球和網球的球網也算是安置在球場的硬體設備。因此我們應該好好檢驗 *設備的功能*。

硬體設備和運動比賽射門區

　　在第一類運動，事情很簡單。硬體設備完成了場地，並且明顯標示運作的面積，因為它變成 *行動的標的*。硬體設備也可以說完成了 *球員的操作視野範圍*：我們認為操作的視野限制運動場地的有利害關係的平面。最後終點的硬體設備成為球門的功能。

　　球隊的第一個行動就是朝向硬體設備的 *前置階段* 行動。它必須帶領球隊往可能執行最後射門區前進。在足球、籃球方面，裝置在場地的底部設備應該完成行動；換句話說，球隊有一個終點動作，稱作集中，因為它帶領球隊朝向目標、硬體設備的方向，以便最後射門或投籃得分。這是球隊在球場上以集中方法發展以便能夠投球獲得勝利，而且運動員必須將要到達的目標保持在其視野 內或其功能視野的最末端之內。最終動作將是某一位評量自己能夠執行該動作，此即射門得分或投籃得分。有效動作在空間方面集中朝向得分標的，在功能方面也集中在射門得分的最終行動的概念；行動必須努力使最終動作可能實現。在這方面，空間和功能雙方面的集中可以說是互相涵蓋又彼此交疊，而最終行動總是受到標的、射門、最後階段的需要概念激發靈感，而決定性的行動僅能為射門。

第二類：這類運動，第一空間設備並*非射門區*。在排球、網球方面，球網將場地分成兩邊，而且視野首先包含依此球網決定的前置動作；前置動作從屬於中間媒介的硬體設備的存在，並且引導接下來的動作，而且*動作尚未結束，還會引導*接下來的動作。不過整體球隊對於擔任中間媒介的硬體設施的動作，不再是集中聚焦於一個點的，而是正面前方的。動作都經過中間的球網。前置動作因此可能很寬廣，並不集中在前方某一個點。

球員輪到發球，*最終得分*並不受限於上述設備；在此，得分與否決定在對手的場地，位置*超越*中間的球網，球網並非該比賽空間的限定目標，而是整個對手的場地都是可以利用的。從中間的設備開始，即球網，動作可以分散式的，因為對手的整個場地皆為其目標；但動作也可能是*正面迎擊*，也就是說，利用球隊在球場上所有靠近球網的前排球員。在此不再有集中式的動作，而是正面前方的動作，尋求超越首要空間目標，即橫跨場地中間的球網，*自過網開始*，該動作繼續進行，而且是在整個球場上：這是一種朝往正面前方的動作。

同樣也有最後的動作，但不再侷限於兩根門柱之間或籃框內，而是涵蓋整個場地面積；這又說到最終完成得分的動作，是在球員視野內的對手場地進行，對手整個場地都是分散式動作的目標。在做出最終動作的時刻，事實上，選擇發球的方向依據對手整體場地而定。從發出動作的球員來看，動作確實是分散方向的。

因此在排球方面的前置動作是朝向正面前方的，但*始終保持在球員視野內*。我們之前總是說目標是在眼前的，無論是第一類或第二類運動皆然。

瞄準

最後，有一項問題元素值得提出探討：瞄準，也就是說針對目標的特定動作方向。對我們而言，瞄準就是《實體－球》的方向；在運動 1 至運動 5 的所有運動裏，**瞄準是直接的**，也就是說我們知道、看到在哪個方向、以何種方式將球投出，以及球將在何處得分。關鍵在於技巧純熟的問題：《球是否會投在預期的地方？》但，目標、空間安排的動機仍然在視野內，這項事實永遠不變，並且使我們得以確定瞄準永遠是**直接的**；我們知道也看到球該往何處去，我們可以瞄準明確的地方。直接瞄準是聚焦、視野交疊和空間安排的動機的結果。如果瞄準是《實體－球》的方向朝向標的（得分），在第二類運動中，只能透過中間的球網或在球網之上瞄準。

隨著瞄準點愈來愈靠近中間球網，瞄準變得愈來愈有用且有效，排球的《高壓扣殺》、網球的《截擊》，都是在有效瞄準範圍內的最佳優勢組成成分。

在這兩項運動中，都是在自己的場區內執行一項前置動作以利從靠近中間球網的一個點（直接瞄準）的動作；這是朝向正面前方的動作。

但是排球可以經由傳球來準備這項瞄準動作，而在網球（接球＝直接將球打回），則是球員奮力跑到中間球網設備，做出關鍵動作（《凌空截擊》）。

在網球方面，假若球員沒有在其場區移動位置，因此沒有所謂的前置動作，則瞄準永遠是直接的。接球基本上採《直接瞄準》並且是即刻性的。凌空截擊增加瞄準的分散可能性，因此擴大《瞄準的範圍》。

5. 運動行為

有關運動行為、球員的動作和姿勢接從上述基礎發展而來。

攻擊

在所有關於場地的演變分析部分，目前只考慮到攻擊，而尚未提到的防守部分將稍後探討。

在第一類運動中（運動 1 至 3），球隊佔據整個場地；各隊分散並混雜，可以進出兩邊的半場區，不論是自己的或是對隊的。可以對敵營作出阻擋前進的動作，也就是*攔截*；但攻擊行動的目的皆是為了最後階段集中的可能性或有利於射門。對於持球的球隊，其問題在於前進突破敵隊的集中點並嚴防攔截。所以在這類運動中，動作總是保持在眼前聚焦，***但當球的位置改變時，動作方向亦隨之改變***（攔截）。所有行動是方向一致的（參閱第 160 頁平面圖 16）。

因此攔截試試改變運動方向的交接點；***攔截，即運動的運轉交接點***，使得操作的行動決定一會兒在這個半場區，一會兒又到另一個半場區。攔截進入了預先的前置動作領域；攔截使球員可以有機會根據要達到的目標支配場區。

我們無須檢驗攔截的技術，亦無需檢驗這種現象就社會心理學、小組心理學等觀點而言所包含的效用。我們只需認識一項事實，在第一類運動的集中行動裡，因為發生攔截，才決定從一個場區再移到另一個場區行動。

但在實際操作中，然而，追逐的版圖，或操作的版圖，永遠保持在實際操作者的視野內；永遠在眼睛前面，運作的行動決定永遠保持在同一個相同方向的範圍內。

決賽動機
第一類

那麼現在，除了這個場區問題，我們同時考慮動機的心理現象。我們稱作運動的**決賽動機**，整體目標針對利用集中行動將比賽帶到有利區域，形成有用且有效的情況以獲得勝利。所有支配前置動作的片段的、部分的、偶然的、臨時的動機，事實上，都被此縈繞腦海的決戰動機涵蓋並引導方向；決戰動機概括了球員心理上在意的事。

完成階段完全由該決賽動機統領，因為決定投球或不投球端視判斷能夠提供球員最後進球得分的可能性和優勢。在確定和付諸最後行動本身之前，應該評估成功機率。

此決賽動機的素質因此仍然是最後精神運動執行的仲裁者；但所有行動仍是直接且具體的，壓縮成視野底部 浮現的畫面，根據存在的目標、終端的挑戰，及運動比賽的最終極目的，以聚焦透視場地和合併動作來表達。因此，沒有任何困難、也不會有混淆的可能性，採取直接且具體的動作迎戰場地上現有到處可見的挑戰。決賽動機下的行動是單純的；球必須滲入敵對陣營的射門區，這個射門區是眼睛看得到的，經常位於場地的終端。

第二類

在第二類運動當中，決賽動機表現方式不同。

排球

對於運動 4 而言（排球），決賽動機就是設法讓球碰觸對隊的半場區地面，並且**使截擊不可能發生**。就場地和空間的觀點來看，這種決賽動機因此更極為清楚、確切限定；它也是在視野範圍內，就在眼前，無論動作發生在任何時刻；無論在前置或完成階段，球員的前方有一塊攻擊場地，而確切的得分目標區在對隊的半場區內。

網球

在網球方面產生的心理現象更為複雜,且區分更明顯。事實上,在此無法僅以球碰觸對方場區就能得分,因為當球落地後,對方球員就會接球並回擊。因此不再有場地上直接的決賽動機。隨之產生另一種心理程序,疊加至受到對方方向導引的具體直接的動作。

在運動 4 和運動 1 至 3 之間,存在一種程序的相似性。因此對於運動 4 而言,接球便可以再度朝向對方陣營發球,再度取回運動比賽的主動權,對手無法阻撓其接球動作;然而該接球動作係為了導致運作方向反轉,前置階段的唯一目的係創造局勢以利形成銳不可擋的完成階段。

在運動 5 裡,決賽動機顯然是使球碰觸對方場地,同時又讓對方不可能接到球;當球落地再彈起而被揭起時,此乃真正的回擊扮演扭轉主動性的腳色。在此,首重目標在於**製造對手接球的困難度**,使其不可能接到球。

就我們感興趣的觀點而言,視野的交疊和操作範圍仍維持有效;操作經過都在視野範圍內進行。

歸結

因此,在一般情況下,我們可以說,在第一類的運動,其動機和完成階段的空間目標自我認同的角色為:空間的目標使動機具體化。

在第二類的運動,動機已變得較抽象,尤其是運動 5,因為該動機並非僅一個空間設備的目標就足夠,還要加上極重要的大腦方面的思考,使得技術和戰略價值並重的運動比賽的主導優勢能夠被給予、被貢獻給、被授予給那些透過參與,其心理程序懂得製造不利於對手回應的條件。

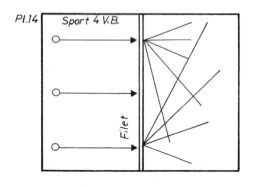

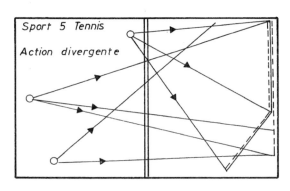

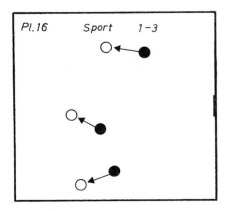

Pl.14：平面圖 14 / Sport 4 V.B.：運動 4 排球/ Filet：球網

Pl.15：平面圖 15 / Sport 5 Tennis：運動 5 網球/Action divergente：分散
式行動

Pl.16：平面圖 16 / Sport 1-3：運動 1 至 3

因此在團體運動當中，前置動作和完成動作永遠應開分開考慮。這兩個階段具有非常不同的重要性；兩者並非具有相同素質。當最終目標在視野內完成時，生理心理問題比較容易解決─並且《完成》動作─；當中間有一個屏障、設備安置在中心時，也就是在兩個半場區之間，會因為決定完成動作的起始點的不同變得較複雜。在第二類運動當中，目標是在一個橫向場地裏，所產生的心理地和生理心理的行為問題不同於第一類運動。

在第一類和第二類運動之間，主要差異在於運作交接點的現象（從攻擊到防守的，或防守到攻擊的經過），對於第一類運動代表攔截，第二類運動則完全無此相同現象。在後者的情況，主動性的轉換只是場區的問題，也不再只是個人的行動；因此有關於場區的主動性非常明確也不會有異議。場地的界線同時也限制行動的領域。

防守戰略

防守戰略系統完全根據每項運動的獨特條件來架構。

第一類運動

防守，此處為攔截：只有攔截才能終結對方攻擊（參閱第 160 頁，平面圖 16）。

第二類運動

1. 排球：防守，此處為接球，意思是將球擊出越過中間球網後必須被接住，否則得分。有時候，防守立即變成攻擊（參見用雙手在網上形成一道《牆》，阻擋對方扣球）…

2. 網球：在此，防守和攻擊交疊，因為每一次用球拍擊球以打斷對方攻擊，實際上就是一種攻擊。這就是為什麼這項運動的心理性視覺的元素在攻擊和防守完全相同。

更有甚者：在其視覺範圍內，球員總是防守和攻擊同時並進；防守開始於觀察對方球員的姿勢就已包含可能的落地點。這就是所謂的《預測》：從姿勢判斷預測球徑。

　　但在同一時間，也就是說當球從對方場區擊出的那一刻，防守球員已經判斷何處適合回擊該球。球拍擊球中斷攻擊（防守！）時，同時給了球一個方向以製造對手接球的困難（攻擊）。

V. 巧固球

1. 巧固球的技巧介紹

我們在前章闡述了從一到五等五種不同類別的球類運動，現在我們可以開始分析巧固球與這些運動的不同之處。

首要觀察之處在於，置於球場底端的反彈網不是得分的目標，目標不是在觸碰到這個區域，球射到反彈網時球員還沒得分，他們真正的目標是在球反彈後的過程，反彈網只是在這過程之間的一種中介器具，但跟一般球網不同的地方在於，球網將球場分隔為兩半且球員須跨越球場另一半場區，而反彈網是一種靈活的裝置，它擴大了運動的範圍，並改變了球隊之間對抗的方向。

運動器具

我們在考量其他運動之餘尚未討論到一個重點。在一般使用的運動器具中，有一種器具的目的是在"擴大"身體活動時所製造出的機械特性。例如，球拍可以強化與球之間的碰撞效果，並大大增加球飛行的效能。球拍因此成為擴大動作的器具，基本上所有球拍皆是如此。

巧固球也使用一種不僅僅是分隔球隊，而是可以擴大球飛行效能的器具。當球碰觸到球網後會強力的反彈出去，進而使球產生各種不同的飛行方向與距離，這樣的機械性擴大作用會讓球又回到場地中。

進攻

我們先來談談進攻的動作。球隊一方想要進攻時會把攻勢集中在反彈網上。換言之，正如與其他運動一般，此時球員的"視線"（champs visual）與反彈網相互重疊，但由於反彈網並不是得分的目標，而是在球反彈回場地後的過程，球在反彈後攻守易主，球員在場地中站位至關重要；也就是說，為了贏球所做的“達陣”不是一開始便預設好，它不是一種在視線內的預判，而是球員在腦中進行球反彈的落點以及針對可能的落點進行策略性站位所做的“事後想像”。

因此，球員最終的動機是要能夠透視球在經過反彈網後反彈到場地的過程。這樣的動機雖然因人而異，但卻也是一種“預視”（antévisuel）。球員瞄準的目標有二，首先，直接射網是要保證球要能觸碰到反彈網的有效區，其次，間接射網是要尋求讓球能夠反彈回球場場中。球員在射網時是要“想著場區”來“瞄準反彈網”，唯有當球員把直接射網當成先決條件時才能有效地達到間接射網。

這些特徵都是巧固球與前述其他球類運動不同之處。雖然，這些球類運動在“預備階段”存有直接的共同點，他們在最終的階段卻存有“回朔的差異點（rétroactive divergente）”，而這中間又存有共同的客觀與預視條件。

球員最終的動機因此受制於許多攸關心理的要素：觀察和評估外在環境、預判球的反彈路線等等。

“攻守轉換”，或稱為接替的轉換，不是要“攔截”，而是透過技術來“射網”，也就是上述所稱的直接射網。反彈網標誌著攻守轉換，它轉換了進攻和防守的球隊，而不是轉換場地，兩支球隊繼續在同一個場區競賽，反彈網則是促成替換的轉折點。

這也使得“視線”無法涵蓋所有的面向：它包含了直接射網的視線，但不包含球反彈後的部分。

巧固球的“預視”目標（參閱第 175 頁平面圖 17）

球員 A 瞄準不在他視線內的 C 點來射網，這個點也是敵隊的弱點，也唯有在 C 點成為空檔時 A 球員才會想將球射到這個地方。因此，直接射網的共同點為反彈網（從 A 到 B），但實際最終的目標是能夠從

B 達到 C（分歧點）。C 點不在射手的視線內，但他必須在觀察周圍狀況後做出這樣的心理判斷。

防守的心理要件

巧固球的防守十分複雜。事實上，它跟進攻處在同一個場地，並總是與進攻混在一起，並且根據每一個動作、移位、與進攻姿勢，在防守接球時都需要馬上補位與配合場上新的狀況。防守最重要的關鍵就是補位到攻擊球反彈的位置。防守需要每一位球員做到最好的站位以便準備來接反彈球。因此，防守其實就是球員評估球可能反彈的落點所做的移位，在球反彈後，甚至是反彈的當中，球員在接到球時馬上轉守為攻；球員接到的球後便阻止了對手的攻勢，並且從原本防禦的場中展開進攻。

但是真正的防守是從球反彈前、甚至是在進攻球射出前便開始。它是一種全程監控敵隊可能的射線的過程，因為在評估這些可能性之後，防守球員才能有效地移位到可能的落點接球。

由此我們可以看到，巧固球的防守與一般防守十分不同，它更著重在心理層面，如果沒有準確預測場內狀況是不可能做到的。此外，我們不能預期每位球員都能及時到位接球，每位球員都要能夠判斷那一個隊友最適合移動到接球的位置。最終，防守就是要自己準備，或協助隊友，站對位置接球；換言之，好的球隊是能夠做好攻守轉換的概念，這才是防守的最高境界。

另外還要注意的是，如果防守首重人際間以及場地間的心理現象，它同時也受制於場地受佔據的狀況，就跟敵隊一樣。由於兩隊球員混在一起，因此要根據隊友與敵隊球員的站位來移位。這也是為何我們十分強調自由運動，而禁止阻礙運動與阻礙攔截，這樣攸關人際行為的心理就算對進攻隊也是如此，這在進攻與防守時都是同樣的心理機制，這是一種判斷場地狀況與移位的行為。

在防守時的行動始終與反彈球息息相關。攻守的轉換始終是透過反彈網，處於防守的隊伍如沒有接到反彈球的話就不能轉守為攻，接球也包含在這樣的轉換時機點，只有在接到球時才能促成轉換。

防守比進攻更講求心理層面的"預視"。球員的眼光專注在反彈網上以便看清楚來球，此時，這個過程還在球員的視線內；但是球員必須事先移位到球反彈的路線，這是在看到這個事件發生前便開始的動作。防守球員的移位是一種結合智慧、判斷、與理解運動動作的行為。防守與攻擊皆然，都有一種所謂的"預備階段"（根據反彈球的可能路線，甚至是最有可能的路線，進行移位），而"最終階段"則是在球反彈後開始。

預備階段始終是一種預視。因為這是要"目不轉睛地盯著"球從對手球員手中傳遞的路線才能達成的心理任務，由此才能選擇最佳的防守位置。

在（參閱第 175 頁平面圖 18），B 和 C 為防守球員，他們必須很早便判斷 A 的行動以便能及早移位到 c 的點。要做到如此，他們要在機會來臨時將 A 納入他們的預判視野內。

攻守轉換

在（射網與傳球準確度的）技術相同的情況下，首重判斷球場上的狀況與大腦適應這些特殊狀況的心理過程。由於球員的視線無法涵蓋所有可能的發生狀況，這增加了精神層次的難度，但卻也額外提高了遊戲的趣味性。

在這樣的前提下，比賽最初便須要一直保持預備的動作，這是一種經常性的策略，也就是說，預備階段不僅要考量到球員在預備時的位置，也要考量他們在間接射網後的站位。這涉及了十分複雜的腦神經機制，這使得球員得以預測、甚至是事先預知可能取得勝利的狀況。

我們可以從巧固球沒有"直接攔截"的規則得出一項重要的結論：球員之間不會發生碰撞，沒有所謂人的問題（ad hominin）。如果說預備階段十分緊湊，這不是因為要攔截對手，而是因為進攻球隊必須找尋適合射網的站位，而這樣的站位包含了直接射網和間接射網。

　　單存的攻擊是把球射到反彈網內就算了，但是如果考量到間接射網與場內的狀況，如何有效的介入其中，攻擊的射手必須要為自己創造出最佳的進攻位置，同時也要增加敵隊在間接射網後的防守難度。問題的癥結點就是在此，而非與射網的視線有關，這項運動最難之處便在於球員對於場地狀況與對手運作方式的心理評估。巧固球因此是一項很有智慧的運動，它是要靠移位與技術以便在場上佔得優勢。

　　在攻守轉換中，也就是球隊轉變成攻擊的過程，並不涉及轉換場地，而場地的概念也與一般每隊有自己的場地的概念不同。巧固球的"場地"隨著比賽的狀況而產生變化，這個場地屬於每個人，問題是要在這個相同的場地上發揮戰技術。我們只知道場地易手的時機為球反彈的時候，這表示防守隊伍的目標不是要再攔截或阻礙對手的進攻，而是要移位到可以接到反彈球的點，有效的攻守轉換因此與攔截無關，而是關乎接球。

計分

　　巧固球的計分方式也十分特殊，它可以是來自於進攻隊伍的失誤，包括球沒擊中反彈網、或者是球沒有反彈到場地的有效區域內。每次失誤都表示該隊失分，也表示對手得分。這樣的計分方式雖然跟我們在上章提到的第四與第五種運動一樣，但在一般的狀況下（沒有因失誤而失分），勝利的關鍵則在於運用球反彈後場地的弱點所在，球隊要透過間接射網找到場地的弱點（因防守隊伍的站位不佳使得部分區域出現空檔）；而這個空檔為進攻隊伍當時所有，也就是說，由於兩支球隊的球員相混在一起，球場的佔據情況與兩支球隊當時的站位有關。

　　除了失誤而導致丟分外，一般的得分僅靠間接射網所產生的效果，也就是讓球反彈到場內的空檔。

2. 遊戲進行細則

現在我們要談的是場上的球隊與遊戲規則。

a) 禁止帶球走（參閱第 39 頁第二章第二點）

禁止帶球走是一項很重要的規則。每一位拿到球的球員都必須保持原地不動的狀態。如果帶球走可以被允許的話，將會全然改變本項遊戲的方式，如果帶球走可以被允許的話，本項遊戲的所有其他規則就全都無效。禁止帶球走的規則是要防止球員與球員之間的肢體碰撞。

讓我們更進一步的闡釋什麼是禁止帶球走。當球員手中握有球時，兩腳同時踩在地面上，當他將一腳抬起並再放下時，這只是運行的開始，所以是可以被允許的；但當他把同一隻腳踩回地面，然後再抬起另一隻腳時，便啟動了走動的動作，此時球員犯規，也就是沒有遵守原地不動的原則。嚴格的來說，帶球的球員抬起一隻腳，可以將這隻腳再放下，當他再抬起另一隻腳時，這另一隻腳不能再放下。

例外：激烈活動時的接球

當然，我們不可能總是單純地照本宣科。事實上，接球時經常會涉及激烈的移動，這包含激烈的肢體動作以至於球員無法立即回到原地不動的狀態，特別是我們在空中接球再回到地面時的動作都會十分激烈，此時在接到球時難免都會在地面上移動幾步才能停下，這樣移動接球所導致的帶球走是可以被允許的，一旦球員停了下來便不能再移動，因為接球所做的移動並不包含在帶球走的規則中。

如果是為了要接球，球員必須要移動幾步、甚至是倒地滾動後才能停止，這並不包含在帶球走的違例。換言之，如果因為接球難度很大所導致的移動是沒有關係的，除非球員故意技巧性地利用這樣的肢體原則來取得優勢，這理當由裁判來裁決是否違例，不過這種情形是極少發生的。

　　如果在激烈的移動中，球員為了接球而花了一點時間才停下，裁判可以很輕易地觀察球員有沒有誇大這樣的動作，裁判會開始在該球員原地不動後再開始管控帶球走的規則。

倒地接球

　　當球員為了在艱困的情況下接球而撲倒、滑倒、滾動在地面時，他有權再次站立起來，帶球走的規則只有他再次站穩時才會重新計算。要注意的是，裁判此時會仔細觀察球有沒有觸地，當球員抱球滾地而球沒有接觸地面時，球員救球成功，比賽繼續進行；但是如果球員滾地救球但沒有辦法阻止球觸地，此時比賽停止，接球的一隊失去這一分。

接球後出界

　　比賽中經常出現球員在場內高處或低處接球後，因為動作過於激烈以至於移動出了邊界，此時裁判必須要確認該球員在接到球的那一剎那是否仍在界內，如果裁判對此存有疑慮時，他可以取消這一分。但如果球員的確在接球時仍在場內，但由於動作過於激烈導致其步出場外，此時他可以帶球回到剛剛離開場內的地方，但是他卻不能再繼續射網。

　　如果球員出界的方向跟反彈網同一邊，以至於當他回到界內將進入了球場禁區，此時他可以跟剛才說的一樣，回到場中，此時他只能將球傳給處於禁區三公尺外的隊員，這是要避免球員之間做出近距離射網的動作，如果該出界球員在傳球時沒有傳給規則允許的隊友時，裁判可以要求出界球員再傳一次球、或是在端點平行處射網、或是乾脆取消這一分。

　　最後要說的是，裁判在安排遊戲的進行時，把球傳給球隊可以持球的球員（在球場後方的球員），這位球員跟其他的接球員一樣在接球後不能移動腳步。事實上，當裁判傳出球後，比賽便開始，處在後方場地一隊的接球球員必須要原地不動。

另外還有一種限制的情況，當接球的球員往反彈網方向接球時，因為動作過於激烈反而把球送到網內，此時我們很難判定是因為球射到反彈網還是接球員把球移動到反彈網，如無法舉證球員停止後做出原地不動的動作又移動的話，比賽繼續有效進行，除非球是因為出界後又從禁區開始進行。

球

球的選擇：在試過好幾種球後，我們選擇了手球的球這種小型球，但如果可以再小一點，可能更容易握在手中（各種大小的手，包括小手），只是市面上很難找到更小的球種，而手球的球則是可以輕易取得。此外，手球的球也足夠適用各種球員。

球要充飽氣後才比較堅硬，這在傳球時的效果和也比軟趴趴的球較為簡潔有力。軟球不合適比賽，它反彈的效果不好，也讓整個比賽進行起來更為複雜。有些人可能會覺得比賽時若使用充太飽的球，球若太堅硬的話，會讓比賽變的比較危險，容易讓手指受傷。其實不會。因為我們的手比較容易掌握充飽氣的球，較不容易掌握軟球，只是球員要習慣球反彈比較乾脆的方式而已。

b) 射網：巧固球的主要動作

一般原則

我們會在談及射網方向時對此問題有更多的著墨（參見射網技術練習一節）。

射網技術：球的效果

射網的方式非常重要。在既定的路線下，球員可以用各種方式來改變球的力道，他根據想要的效果來選擇射網的方式。

力道

　　球員首先必須要考慮的是球射出的力道。射網的力道十分關鍵，球射出的力道越大，反彈回球場時的距離越遠；力道較小的話，反彈的距離也較近。球員要能有意識地控制射網的力道，射出的威力與反彈回球場的距離要能創造機會與有用處。根據球反彈的落點所球射出的初始力道是要學習的重點項目，它要能轉變成控制性的反射，這種控制性的反射跟前述的道理一般，我們絕不會在側邊的方向用力射網，因為這距離邊界太近（使得球很容易反彈出界）；相反的，如果我們正對著反彈網，則可以全力射網（參閱第 192 頁照片二）。

　　很遺憾的是，我們觀察到很多的球員都只會使盡全力地射網。當他們正對反彈網時都會用最大力氣來射網，以至於很多時候球都反彈出了界。其實，水平較為一般的球員都很少會用較為平均的力道來射網，他們不知道如此可以讓球反彈到球場中央，而不是到球場底端，而在比賽中我們經常可以看到球場中央是空檔，後場球員更多時間是守在底線。很多球員沒有觀察到這樣的規則，也就是不會計算如何使用平均力道時，他們會習慣性地大力射網，結果只是讓球反彈到守在後場的敵對球員手上，或根本就是出了界。

射網的方向

　　球員要能認識到射網方向所產生的效果。我們可以把手高舉在高位向下射網：此時球往下走，觸碰到反彈網後就像鏡子反射一般，反而會往低位的路線前進，幾乎與地面平行。這又是一個控制性的反射：手舉高在高處射網、球往低處向下著地（參閱第 175 頁平面圖 19）。

球的效果

　　相反的，如果球員從低處向上射網，球將會反彈的很高，並在空中以弧線方式飛行（參閱第 176 頁平面圖 20）。

　　但是如果我們想讓這樣的變化更多，可以透過球來施加效果，其中最典型、致勝機率又高的便是從低處射網，讓球以弧線方式飛行，此時掌心朝上，手掌要完全握住球，手臂往前投射，球順勢從手中旋轉滾出，使得當球碰到反彈網時，會朝著反方向比一般反彈的更高（參閱第 176 頁平面圖 21）。

　　在比賽中經常會出現對手球員站在反彈網附近很靠近自己的情形：此時如果球呈弧線飛行，飛越了該名靠網太近的對手球員，同時又沒有其他球員注意到這一點的話，便可以因此得分。

　　我們不想特別去強調假動作射網動作（假動作）。值得一題的是，側邊假動作射網：將手臂伸展到一邊，然後在手臂的前端往反方向射網，而伸展的手臂卻往左邊甩去（平面圖 22），這樣的動作往往會令對手來不及防備，並讓球產生十分有效的側旋（側旋射網）。

　　單手的技術有時也非常有趣。這種球用在守中反攻時十分有效，當防守球員在高點只能單手接到反彈球後，立即在最高點射網，藉此縮短對手的接球時間（平面圖 23）。這種守中反攻的球用在射網時最有效，比較少用在傳球時。

　　為了要增加球的方向變化，球員必須要做出很多的假動作，但這些動作無法直接描述，很多的時候是球員透過自己的想像所完成的動作，這些動作非常實用，欣賞度高又令人驚奇，這些很多都是球員即興的發揮。

　　在各種射網的變化中，絕對一定要提到接球後的立即射球技術，這是球員在接到回球後，立即再次折返射球，有時可以直接射網，有時也可以傳球給隊員。這種非常迅速的動作很實用、也很有利控制場上的局勢，但是這項技術只建議用在球員對自己的反應能力很有自信、有辦法掌控射網方向時才使用。這樣的接球技術扣人心弦，很多球員對此非常熱衷。然而，要掌握這樣迅速的動作需要很長時間的練習，我們經常可以看到不少球員為了匆促執行這個的動作時打了折扣，未能很順暢完成這樣的戲法。

在射網時還要注意一點：當球員已經站到很有利的位置可以準備射網時，他其實還可以進行傳球，球員最好能夠不要急著射網，而能夠沉穩地觀察場上情形，讓其他隊員有時間站到更有利的位置，然後透過假動作傳球，將球傳給該名隊員，並很有效地蒙騙過敵隊球員。這是要告訴我們不要總是想要倉促的射網。

在結束這一節之前，我要堅持地再複述一次看似一般但卻也十分弔詭的一個現象：手中握有球的球員經常傾向用盡全力去射網。我幾乎可以閉著眼睛就可以知道球會往哪裡反彈，這些球員在射網時很靠近反彈網，由於反彈網在他們射網的視線內所以對他們的吸引力很大，甚至到了著迷的地步，他們急著要射網，在射網時簡直要炸掉了網子，這是球員內在很自然的反射動作；然而，在這樣的原始基礎的本能與追尋技術動作變化之間，還有其他值得更深思熟慮的要素，需要計算、融入場上情況、從製造效果到得分的智慧、以及能夠評斷射網，並不只是把球射到反彈網上，而是透過鏡像反射到場上的某一個點。我們對於視線內物體著迷的本能，往往導致我們疏於思考。

最後，我們還要提到一個狀況：手中持球的球員很靠近反彈網，他在強力射網後球反彈打到他自己，這是一個技術性失誤，他不應該在可能擊中自己的情況下射網，此時該隊失去這一分。

然而，如果反彈的球是擊中隊員時，這名隊員當時沒有移動、也沒有做出違反規定的動作，此時這一分要重新開始。有時在場上隊友因為站位不佳，這不是故意的動作，也沒有笨拙地站在那裏，因此我們不能因此判定該隊失去這一分。

當我們說這一分取消時，我們指的是裁判根據常規重新發球進行比賽。

c) 阻擋犯規（參閱第 39 頁第二章第二與第三節）

在巧固球運動中，有一個概念非常重要：阻擋犯規，也就是不能阻擋敵方和我方球員。

阻擋犯規有多項意涵。當我們在進行單次或多次傳球時，只有在找尋最佳的站位是可以被允許的，因為球如果沒有射到反彈網內、沒有利用反彈網來作為攻擊對手的媒介的話就不能得分，球員因此要有效率的射網，也就是讓敵隊球員無法接到反彈球。最佳位置射網或有效的射網是每個持球中的一隊首要考量的目標。

本隊攻擊射網與敵隊防守接球是相輔相成的。由於反彈球是以鏡像的方式反彈，防守接球的站位與攻擊射網的站位也是相反的，這是每個球員在移動站位時要記住的基本概念。當一隊的球員將球傳給另一個隊員時，敵隊球員也要以相反的方向變更站位位置以便準備接球，所以傳球時的回應動作為另一隊球員以鏡像的相反方向移位。我們一直利用鏡像的概念來解釋在場上球反彈時的球員必須應對的相反動作，這個鏡像的概念講的就是不要跟射網的方向站在同一邊，而是要以對稱的方式站在相反的另一邊。

尋找合適的站位攸關觀察、推論、與決策，是一個（進攻）球員對另一個（防守）球員之間的腦力激盪，或者說是從一個意圖激發另一個意圖，這是「頭腳並用」的長年概念：頭下命令、腳下服從。每一個動機都是思維下的產物，而思惟本身則是從觀察周遭環境後得出，防守的思維總是伴隨著攻擊的思維。

這也是運動中一個很好的問題：在諾大的場地中，用到腳的機會很頻繁，從生物學的觀點來看，這會讓人氣喘不止，這是每位運動員在運用策略思考後所進行的動作。

常常有人會問我為什麼要禁止攔截，例如攔截傳球、攔截以避免對手傳球達陣。攔截其實代表兩種重大的缺失：

1. 打架，人與人之間、對手與對手間的肢體攻擊，這是我們絕非樂見的，這點我們會在其他章節專門論述。

2. 肢體的接觸以及限制他人的移位會拖延遊戲的進行，這種造成肢體間不穩定性的動作不是我們想見到的，如果我們允許這樣的行為的話，前述的規則將都不適用，本運動的明暢度也與之消失。

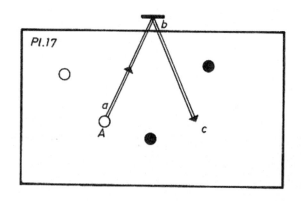

Pl.17

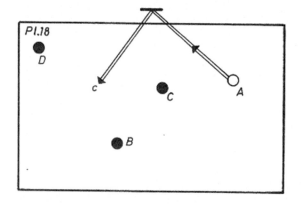

Pl.18

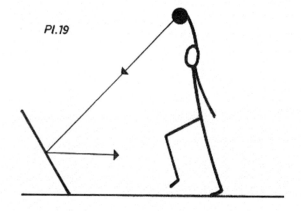

Pl.19

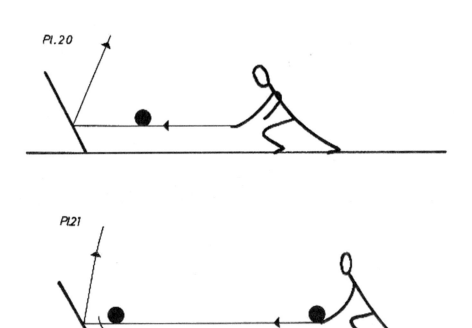

Pl.20

Pl.21

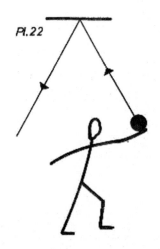

Pl.22

Pl.23

我們要了解在球類運動中，攔截所代表的概念。在想要傳球和真的傳球之間，也就是說球達成目標，有很多進行配合攔截的空間，這些攔截可以阻礙敵隊的應用策略。

如何才能"規範"攔截的權利？畢竟攔截可能是發生在射手球員和接球球員身體之間幾毫米的距離。在我們看來，想要確保動作的完整以及能夠讓球員完全發揮技術是建立在「效率有賴執行的品質」的前提下，以及沒有其他動作來打斷這個動作的執行。

對於球隊內部而言，比賽本身應該被詮釋為執行者忠於目標的過程與適應。任何順利完成所有過程的球員都值得獲勝，而勝利不應屬於在目標和出球間出手阻饒的敵隊球員。

因此，沒有為了要爭球而產生的直接角力，所謂的爭球只有在球傳出以及接球時才會發生，畢竟要保證射球與接球的品質已經是十分困難的了。

所以，這裡講求的第一個原則是，力量是由心智來支配，由此原則我們禁止任何阻擋的動作。

我們可以將其解讀為「自由路線」。這個原則適用所有選手：讓予運球、不要扭曲動作、不要阻礙持球選手的活動空間。

這項原則適用任何球運行的路線，包括射網、傳球、或是反彈，在這些情況下，都必須要確保球的運行路線完全暢通，在球運行的路線很明確時，任何其他球員都要留心球能夠依其路線自由前進。

我們對這個原則十分嚴格。球隊一方若試圖扭曲接球的反應都應該受到處分。有時會出現球員自己會搞錯的狀況：在空中飛行的球不是要傳給他的（他沒有權利去接這個球），但他卻搞錯反而去接這個球，使得真正有"合法"權利接這個球的球員錯失了接球的機會，而漏接了球，這個漏接球的失誤則是要記在犯規在先的球員那一隊的頭上。

阻撓不只是空間上的（不恰當的行為），也可以是言語上的：我們可以觀察到有些球員為了要讓對手失誤而發出尖叫、短暫的影響對手接球的動作，這也包含在阻撓自由路線的範圍內（自由路線也是讓球員有任何可能的接球方式）。

當然，如果球員行為太超過的話，裁判可以取消這一分，並讓比賽重新開始。這些情況包括：

a)（參閱第 211 頁平面圖 24）球員 a 在禁區附近，沒有人可以更往前靠近，同隊隊員佔據在鏡像面的相反位置，他是唯一接球最有利的人。當球射網時，對手準備接球，但卻處在與前述這個站在有利位置的球員的背後，卻無法移到最佳位置，此時他面向反彈網的視線被擋住，而射網的球員可以很輕易地稍微變更射網的角度，使得球反彈後往其隊友的方向飛行。也就是說，其他球員要尊重這個鏡像反彈的接球位置。非接球一方的球員佔據這個有利位置是錯的，他可能會因此失去這一分。換言之，手中持球的一隊球員必須要讓敵對球員佔到鏡像反射的位置。

b)（平面圖 25）球員 a 仍舊站在禁區附近（這個區域和反彈網很容易造成這樣的情況發生），他在射網後卻站在球反彈的路線上，以至於他遮蔽了敵隊球員的視線，也就把身體當作畫面，就算反彈球沒有擊中他，這種情況會發生，而且經常發生，此時這名球員失了這一分，因為他阻擋犯規，他應該要把身體移向球反彈的另外一邊。

射網後“提早移動”為球員在球從反彈網彈出後快速地穿越到場上的另一邊：如果這個舉動是在球碰到反彈網時便執行，該隊失去這一分；當然，這是指與射網同一隊的球員，也就是接球方的敵隊球員（接球方的球員不會阻礙自己的隊員接球）。如果球員阻礙接球，則是犯規，並成為該隊戰術上的失誤。

d) 運動道德

我們提到阻擋犯規是巧固球的基本原則，這個原則不僅具有理論上的價值，它也是這項運動的道德基礎，並依此建立社會心理上的準則。

　　足球員或籃球員都很習慣去攔截來球，在比賽中它甚至變成一種口頭標語、一種戰技，球員們使用攔截到可以被允許的極限。人與人互相對抗，人與人互相角力，這完全是肢體對上肢體的動作，單靠運動規則來明確規範球員們可以被允許做到什麼樣的程度。這樣的動機多多少少都帶有侵略性、攻擊他人的成分在內，這是一種（原則上）有限度的、具有一定程度的、與模仿性的攻擊，但總是沒有脫離攻擊的意涵在內。他們解決問題的方法為：從對手球員手中盜球。

　　由此，球員的動機演變成要針對與消彌對手的動作。

　　在巧固球中，我們完全刪除了這種具有攻擊性的動機，球員絕對沒有尋求針對任何人的動作，手中持球的球員腦中只想著戰術，就如同圍棋一般，棋士有權進行遊戲，我們不會拿走其技能，他完全有權自己決定和闡述意見，一旦他思考過問題所在、找到解決的方法，他便可以馬上執行這個想法，並等待觀察這個行動所帶出的結果，這個動作沒有被對手所打斷。

　　巧固球運動中，球員心底還是會顧慮著反彈網，反彈網是他執行戰術、試圖取分的所在之處。所有的動作大致上都要通過反彈網才能觸及對手，正如同要透過一座橋梁才能到達河流另一邊的道理一般，特別是反彈網還不是最終的目標，射網球員保證不會受到額外的限制，他自己找到問題、進行決策、最後的動作、將心理的想法轉化為實際的動作，就是在這個過程中他會受到（裁判的）監督判決。

　　這個動機因此只注重在研究場上變化的心理過程，沒有任何因素可以阻止球員將心中的想法轉變成實際的動作（參見動機過程一節）。

　　我們由此可以發現動機純粹的過程只屬於球員本身，行為的問題總是與個人在即時與立即訊息的掌握有關，他們可以自由地找尋解決的方法與主動詮釋自己的動作，而不會受到其他人或其他想法的阻礙。

　　侵略性實為一種相互的交鋒的動機，在直接交鋒中，一方試圖壓制另外一方。在巧固球中，當下的動機要從〝自由預判〞來思考、面對、與裁決。

e) 球員的社會教育

上述的考量解釋了為何巧固球包含了個人行為的社會歷練。每一個決定攸關球員"自己"在進行決策時所應負的責任，他的思維與由此所詮釋的動作將因此受到裁決。

「球員個人單一責任感」的概念在巧固球的演化中舉足輕重。實際上，球員不會受到其他人的干擾、可以自由使力、自由決定與應對，這些動作由所有包括己隊與他隊的球員來裁決，由此發展出很明確的責任感。當球在手中時，自己要決定處理球的方式，就像是在空中駕駛飛機一般遲早都要降落，無可避免地要著陸，而手中握有球的球員也必須要射球，他自己決定他的戰術應用，由此衍生對其隊伍與隊友的責任感。

我們再怎麼強調這種心態也不為過，這是一種社會心態，我們之前在討論總體心理時有提及這點，但我們要一再強調的是這種責任感只有在球員沒有受到干擾的情況下才會產生，他是在自己的決定與權益下而衍生的責任感。

在個人教育的面向上，針對教育本身而言，這種心態非常重要，並促成巧固球社會心理作用的基礎。

從讓習慣具有攻擊性運動的球員來玩巧固球，可以體認到他們難去遵守這個原則。這些球員們仍然會試著去攔截、去針對他人、去阻撓，因此必須要訓練他們不去直接干涉對手，畢竟這就是巧固球的精神所在。最終，所有場上的球員們學會完全尊重他人施展的戰術，他會讓他人自己設定射球的方式，並完全同意他人的動作舉止。尊重他人也是巧固球的心理基礎的重要之處，對我們而言，這些基本原則也是巧固球在社會心理的面向上所達成的教育功能。

這種透過具有社會心理特性的運動所習得的明確心態讓本運動彰顯出獨特的團體心理。

提到具有侵略性的運動，以及從一般的行為來看，可以讓我們更明確的補充說明，由於這些具有侵略性的運動目標在於用盡手段、極盡規則邊緣的方式來搶球，其心理肢體表現也十分可議，由此會衍生一種非常複雜的次行為。

f) 奮鬥性與侵略性

現在我們來來比較奮鬥性和侵略性的差異。

奮鬥性是一種很主動、很根本、會讓人為了理想、想要積極地實踐目標的態度。他會打拼，也就是在各種情況中他會表現出想要取得成果的行為。這種奮鬥性是一種不願向失敗低頭的態度，是一種願意花費精力、起立行動、去應變，以便在比賽中完成各種可能戰技的心態。

侵略性則具有種負面的元素在內：想要抵消對手、瓦解其攻勢、無法讓對手可以順利完成動作。

這樣的概念在團體心理中是很重要的。它自然有權辯護自己，我們絕對可以找到辯護這個態度的方式，但我們認為，在大部分的情況下，不具侵略性的奮鬥對很明顯的是利大於弊，純粹的只是運動，並涉及教育的社會行為。

在巧固球中，球員們在交鋒時並不涉及個人直接攻擊，而是專注在結果上，如果使用生理學家門所使用的生理圖來表達我們所說的動機的話〔參考動機一章中的卡力（Karli）圖〕，我們可以發現很有趣、很有啟發性的圖示。

我們採用了先前論述過的部分並整理了最近的發現，得出如下的圖示：

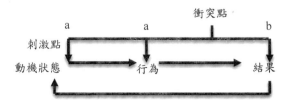

衝突點的部分為運動中是否具有個人侵略性的成分在內：

在 a（侵略）的狀況下，當球員張力到達頂點時，就引發了衝突點，這個衝突點甚至在結果前便已經發生。

在 b（巧固球）的狀況下，由於衝突點是發生在結果之後，不論如何都不會干擾球員的動機狀態。在這樣的狀況下，很明顯的這個運動的動機完全是另一種層次：在 a 的狀況下，動機處在活耀的狀態；在 b 的狀況下，它只是處在觀察的狀態。在 a 的狀況下，它相互混雜與干擾，使得球員間單靠力量大小來進行對決；在 b 的狀況下，它是被整合在球員的動作當中。

雖然說，a 的衝突點代表了抵銷了的侵略性，而 b 為巧固球的衝突點（在行為發生之前不會出現，使得動作可以持續進行到整個過程結束）。

球員的「技術自由」

自由發揮技術只有在球員不受外在因素的干涉下才能達成。這種包含了好幾個階段的身心過程是在球員自己的控制下發生。球相關的動作結果就是在這種「純粹的狀態」與可能的規則處分下所組成。

球在易手時，便會產生相同的社會心理活動，這個活動將導向對完成動作的外在認可。當我們閱讀卡力有關動機和腦神經座落位置的研究時（參見特別章節的評論部分），我們認為我們可以說巧固球的遊戲有如社會心理實驗中的「實驗室」。

社會經驗

遊戲在這個階段所包含的樂趣有很多，並隨著遊戲的不斷進行而趨向無限。

基於團體行動的社會心理所包含的教育和心理治療要素，我們還要加上觀察的價值。「團體認同」囊括了所有個人的行為，是一種社會學習，其中，個人人格總是受制於社團的行動。我們很常能體會到這種帶有社會動態的經驗，這讓（團體中的）某些人發現不同的體認，如"內向的人"在經歷環境的壓力後會重新定義他們自己的人格。到目前為止，我還沒有看到比觀察社會心理更好的闡釋方式，即便它存在著而且比比皆是。它只有在個人經歷過後才真正會出現轉變。

在個人的經驗上拓展到隨後的階段，就是把遊戲帶向群體的努力，這樣的過程也不是沒有趣味…因為很有趣的是，每個人都可能會做出一些"不到位的動作"，單就這點做初步的心理分析，就可以解釋為什麼個人可以在這樣的經歷中會重新發現自己的人格。人基於道德感將會很快的適應這個現象較為突出的一面，但是藉由社群制度的推動下衍生出人際間的關係，我最終將它稱之為「團體友誼」。

如果運動活動中也關乎社會道德的話，這就是因為「團體友誼」所致，或是所激發出來！

專注花費精力

但在我們稱為「發展」（elaboration）階段的豐富之處，在於只有在觀察運動中的球員在極其專注時的狀態才能解釋清楚。這樣的努力十分耗費精神：球員在發揮的階段其實也關乎其他參與活動的人，他們可以從該球員在此空間中所做的決定來觀察到其展現的張力：球所經之處會立即引發大家的反應；等待射網的敵隊球員會與我方球員一般專注在反應的預測上，而且在場地的設限下，兩隊相混在一起的球員想要獲勝只能靠快速的「制約反射動作」。

我們先前有提到我們觀察到球員們花費很大的精力活動了一到兩個小時之後，其專注力將會明顯地降低：這種神經作用結果特別反映在球員之間的互動上，當體能降低時，注意力也會隨之降低。

這解釋了為何球員在受到這樣精神折磨之後，必須要依靠對此運動的熱情持續進行比賽。

在緊湊的遊戲中，精神不集中與樂在其中的反差甚大。當我們的身體機能還存有體力時，此時遊戲的有趣之處在於，就算是注意力不夠，球員們仍然可以在沒有察覺自身的注意力降低時繼續比賽，他們在活動的過程中，仍然可以很主觀地感受到滿足的感覺，並由此超越專注力（的問題）。

令人訝異的是，這樣的現象經常可見，特別是當我們看到年輕球員通常很難保持高度的專注力，但令人讚賞的是，即便專注力不夠，他們卻能夠本能地透過對遊戲的滿足繼續全力以赴進行遊戲，通常這只有在專注力足夠的情況下才能完成。

g) 社會心理分析

我們方才在分析了個別球員在發揮階段時所表現出來的動作讓我們必須將話題帶向本運動所展現的社會心理行為。

消除侵略性不僅是避免所有影響動機和行為的外來因素介入，這樣也保證了球員動作的內在進化。這是社會人格的構成過程。球員在行動後必須要面對立即的社會環境（不管是面對其隊友或敵隊球員），其行動是由球所經之路線來決定其結果，這個空間動作多少與從行動到動機完成的結果有關。人在社會上總是不停地透過內在適應環境的反應方式來面對各種挑戰，就是這種「社會制約的反應」讓人性與團體活動相連。在社會心理非常重視的小團體心理中，我們可以明顯地觀察到動作執行與外化的模式，當一個人在評斷其行為和受到評斷時，這不會是一個中立的過程，這可能會扭曲其負責任的觀感。

我們很自然的聯想到羅倫斯（Lorenz）很有智慧地論述「道德責任」的概念，他把這個概念看成是未來社會的基礎。我們沒有想要地把小團體提升至全面社會分析的層次，但我們必須要提到巧固球可以讓球員產生 "小型經驗" 所引發的社會作用。所有球員學習到或感受到的（我們對於人際關係的認知所產生的重要性）是一種對 "他人" 的感知，他透過心理層次所運用資源、不具侵略性而表現出的行為，是要面對一起進行遊戲的同儕。

我希望不管所有年紀的人都能有這種經歷，因為我很難想像會有人在社會進化中，從沒體驗過與社會團結連結在一起的經歷。在運動進行中拒絕 "非侵略性" 動作和拒絕將其人格融入社會環境的人在態度上有其共通性（因為他們已習慣將其意見和欲望施加在其所處的社會環境中）。我在討論人格特徵時有已經提過這點，我只想再次確認從心理分析和治療的角度來看，巧固球運動中所展現這樣的特徵也可能可以衍生出其他的進化動作，但這樣的社會歷程只適用在那些可以清楚地認知到己身責任與行為的人身上。

我對於「動機思維自由」的闡釋隨著撰此書的撰寫過程得到進一步發展。因為在一項緊湊、快速、一連串不間斷反應的運動中，球員要能立即適應狀況，他們可以感受到小團體在時間與空間的壓縮之下所表現出來的特徵以其他們必須發揮的團結精神，這樣的經歷會終其一生影響著球員的行為。

3. 雙網賽

當球場兩邊底端都設有反彈網時，我們將之稱為雙網賽。

當比賽為雙網時，一隊最多可以讓五名球員下場比賽，每一隊負責自己那一邊的反彈網，敵隊則會想盡辦法在自己那一邊的反彈網企圖得分。

就跟一般的比賽一樣，當球反彈後便是對手轉守為攻的時機，不過此時接球的一隊必須要到另一邊由對手防守的反彈網場區進行射網。

要達成這個目標，球必須要由 "中介" 球員來傳，這個球員要站在橫向走道離中線約兩公尺的端線傳球。

因此不能從球場此端直接越過球員頭部傳到球場彼端。球必須要透過中介球員傳過中間的走道。

在雙網賽中，球員可以傳五次球，但在實際比賽中球員很少傳到五次。

原則上，攻擊線和防守線是藉由中介球員所連結起來。

要讓敵隊球員多在場區奔跑，球員則要多讓球動起來：短程或中程的快速傳球，但不能有長程直接射網的球，前述的傳球方式是最有效率、最能起到戰術運用的方法。

至於其他的規則則與單網賽一般（參閱第 51 頁，平面圖 8A）。

4. 教育作用

巧固球的運用生理介紹

關節與肌肉的科學考量

我們有討論到物理活動對心血管、呼吸道，以及腦神經的重要性。我們不能忽略它對關節與肌肉同樣重要，這在本書中已有說明這樣的原則（與前註相同）。

教育作用與效益

對我們來說，最重要的地方在於了解在運動中，反覆性練習一個動作無法完全讓某個部分的關節和肌肉處達到最佳的狀態，這跟一般的思維有所不同。事實上，從關節與肌肉的面向來看，某些條件必須達成才能讓練習收得教育之效（參閱前述註一書第十二章）。

動作的振幅

在所有基礎的原則中，其中一項是與關節的振幅有關。關節在執行振幅或大或小的動作時是很關鍵的，也會導致很可觀的後果。從教育、以及肌肉與關節生理學的觀點來看，振幅大的動作比較有效率，我們在此要註明的是這是從教育的角度來評斷，而不是從運動產能來評斷，我們必須要將與表現結果有關的"產能"的概念與教育的概念切分開來。

拿賽跑的例子來看，臀部和膝蓋部分的關節的振幅為中度大小，但是如果我們想要加大下肢肌肉關節的發展，我們就必須要透過適當的動作來完全伸展和收縮這些部分。這點我們已經討論過，這裡就不再贅述。我們認為這些事實是很根本的，也因此，一項新的運動也會觸及到這個問題：它的動作振幅與肌肉延展運動在彈性與速度的考量下，是否符合科學條件？

肌肉功能的品質

如果關節振幅可以運動到關節，它卻不夠運動到肌肉。肌肉的功能變化很多，種類也不同，就像教育一般，我們必須要根據想要的方式做不同的練習。

對我們而言，訓練力量大小不是首要之務，而是要首重肌肉的彈性和速度。速度跟肌肉放鬆的程度有關，但有很大的部分它也跟肌肉纖維的彈性品質牽連著。

速度、放鬆與彈力：這些條件是一個人在運動過程中影響肌肉功能最顯著之處。

在這些條件下，我們如何要如何發揮肌肉的功能？我們在本書中有評析運動執行的生理條件，我們只要簡單的複述發揮肌肉功能所需的動作。

很明顯的，肌肉收縮影響著心血管的維護和控管。

心血管的作用

速度和放鬆伴隨著生理耗能，他們之間的互換是調節心血管的要素，這是我們稱之為對抗"呼吸困難"的過程。

運動的功能性在於它運用了關節振幅、速度能力、肌肉的放鬆與彈性，這些動作在教育性上看有很強的相關性。

巧固球在此面向上的教育性

我們將利用圖片來演示巧固球也是這樣的運動。接球和射網需要做到像基礎教育一般的動作。如果（讀者）還記得的話，巧固球其實有很多深層的收縮和伸展動作，透過在特別情況下展示的圖片來看，我們將可以了解這項運動對肌肉關節的功能變化。此外，這些功能性的狀況跟快速移位、一連串的執行速度有關，這些都是很有益於肌肉關節發展的條件。

若我們想從球員以最大的伸展方式離開地面，或者是相反的以最大的方式屈曲雙腳、關節、和臀部來貼近地面來看，我們將會理解到場地的大小相對的也會與這些動作的頻率相乘。事實上，特別是在接球時，在不同在情況下，將會要求球員移動很大的距離，球員要適應這些狀況，例如像球貼近地面時球員要做出很大的屈曲動作；在空中接球時，則要做出張力很大的跳躍動作。總之，為了要在諾大的場地中接球，而且在球移動的距離很大之下，球員需要作出包含基礎生理教育所演示的各種可能的變化動作。

教育力量與執行能力

當然，有些人沒有辦法執行很大伸展的跳躍動作來攔截高球，這些人無法完全屈曲下肢、將手放在很低的地方來攔截接近地面的低球，這些人會跳過這些動作。如果是在比較小的場地，就算是能力不足也已經足夠；然而再比較大的場地，經常需要很大的空間移位，可想而知那些有能力執行很大的伸展屈曲的人當然比無法做到這一點的人來的更為具有優勢。

我們可以試問，在比賽中我們無法隨性地選擇那些沒有能力做出很大伸展屈曲的人，無論再如何教育也沒有效。我們承認在運動的執行面上，我們無法期待每個人都做到一樣的程度；其實，我們經常觀察到能力較不佳的球員在遇到難度較高的接球時往往都會直接放棄，他因此沒有達到教育的目的，這倒也確認了我們的基本觀念，也就是什麼也不能取代一般體能教育。

我們想要給能力較不佳的球員一個可以協助其發展肌肉關節的機會，我們還是讓他們執行對於肌肉關節要求較大的動作，而不是讓他們可以滿足於連動都不動球就到手擒來的小動作。

一個運動的教育力量大小端視它是否有辦法透過完成一項動作來達成教育的"潛移默化"，這樣的方式是最有效率、最具教育性質的。如果一個人具有想要達成明確成果的動力，就算他的能力有限，最終仍可找到執行的方法：但是"體能再教育"的經驗讓我們知道我們想要達到的效果只有在這個人願意嘗試難度較高的動作並嘗試各種可能來超越表象的限制！

這回到我們說的，當運動要求"（超越）極限的表現"時便具有了教育的力量，此時個人會受到這樣教學動態的潛移默化。

比賽還有另外一個很大的默化性力量，特別當我們想要得分時，我們會盡力去學習所需執行的動作，讓其達到盡善盡美的地步。

在正常的巧固球運動中，我們所說的正常是指可以發揮運動能力的正常場地，球員可以正常發揮表現，諸如肌肉關節、振幅、速度、放鬆、到位等基本特質，這些特質為球員想要攔截球時不可或缺的；我們在此必須要再次註明球員還須能夠適應場地的大小，所以技術執行的品質還端視球員本身真正的能力。但是就是透過這種方式，球員慢慢地能夠增進能力，學會教育難度係數高的動作。

團體運動卻無法取代體能教育。不過，就團體運動來看，最好的運動是能夠最接近教育本質的，這也是為何巧固球引人入勝之處。

就經驗和想要結合"愉快的工作"來談，我們的大原則為"從比賽獲得教育的效果"，迫使身體機能，特別是大腦，完成教育難度系數高的動作，這不管在生理、心理、甚至是社會學的面相項都應如此，在不知不覺之中，得到了解決問題的方法。"在教育的浸染下又能樂在其中"，得到了我們原先沒有去追求的，也就是人格的優化，同時又能進行喜歡的運動，這樣的過程提供了無法計量的額外教學：活動的樂趣增強了這樣的效果並讓動作執行的更好，趣味性幫助了人性！

5. 圖片展示動作

肢體訓練

巧固球的動作與技術與其他運動一般，並無特別之處。

當然，每個球員（在其能力範圍內）盡其所能地執行各種動作。

在這種情況下，每個動作要求的肢體訓練就如同最好的體能教育。

肢體訓練的細節

在配合肌肉的各種功用下，屈曲伸展的動作讓關節振幅達到極限，這在反彈動作時特別明顯。

這種動作的說明如下：

I. 撲球

這會在射網時說明。

撲球的動作使用到所以上肢（肩膀、手肘、手腕）的動作。

參考：（參閱第 192 頁，照片 1 與 2）

力量：（照片 3）

II. 屈曲

屈曲的動作一般會用到所有肢體，特別是軀幹和下肢的部分。

1. 接球（照片 4 與 6）

III. 伸展

身體遇到高球時所作出的動作（照片 7）

跳躍伸展（照片 5，照片 16）

IV. 奔跑（動態的訓練）

1. 啟動（照片 9）

2. 尋找傳球（照片 8）

3. 一名球員全力射網，其後的對手球員往鏡像方向奔跑（照片 10）

4. 在腳邊的奔跑接球（照片 11）

5. 面對（低位）來球（照片 12）

6. 當球非常低時撲身救球；球並沒有著地（照片 15）

V. 應對

應對：為了應付射網時的基本要件。

在空中接球要求很高的肌肉神經協調：

1. 球員在場上移動（肢體的詮釋為下擺動作配合上擺動作的任務）

2. 空間判斷以便讓雙手（上擺動作）隨著身體的變化來停止原本的球運動方向

球的移動路線和身體變化的交會（照片 13、14）

VI. 特技動作

堪稱為（足球）守門員式的接球

這種接球方式並不特別突出（照片 15）

Fig. 1

Fig. 2

Fig. 3

Fig. 4

Fig. 5

Fig. 6

Fig. 7

Fig. 8

Fig. 9

Fig. 11

Fig. 14

Fig. 10

Fig. 12

Fig. 13

Fig. 15

Fig. 16

6. 巧固球的技巧訓練

a) 傳球

本項運動的重要基本技巧有二：傳球和射網。

我們先從傳球開始講起。

球員手上握有球的情況：

A. 第一時間：球員在評估場上情況時必須要很清楚的認知到場上其他球員的站位情況，這包含兩種類別：

    a) 敵隊球員：如果敵隊球員沒有"到位"（沒有站到對稱位置）則不要傳球，這時可以直接射網！如果一定要傳球的話，首先要先確認場上留有空檔而且我方隊友可以移位到這個位置：這裡是要傳球的地方！

    b) 本隊球員：傳球時要選擇站位最佳的隊友，並且還要考慮到傳第三次球時就必須要射網。

首要原則：要能分辨出前兩次傳球與第三次傳球的差別。

在前兩次傳球時，球員應傳球給有辦法找到最佳位置的那名隊友，這名隊友應該考慮怎麼做才有辦法到位，而且這個位置應該是最佳的射網位置。

在所有可以接球的球員中，他們必須要仰賴他們站位位置的重要性，並且還需配合接下來的動作。這是球員在傳球時必須立刻解決的問題。

在第三次傳球時要考慮到接球球員必須立刻射網，這也大大的限制了傳球的選擇：此時他要傳給最有可能達到最佳射網的隊友。

B. 第二時間：確保好的傳球。

主要問題在於球員把球傳給另一名球員所花的時間。

    a) 分隔兩個球員之間的距離為所要考量之處。從生理角度來看，

接球球員的反應端視接球的時間，傳球球員會透過肢體動作
表達傳球的注意指示：這個初始動作要很明確，以便讓接球
球員認知到球是傳給他，由此開始，他的反應將從視覺接受
到指示到身體應對所規範著：在距離很短時，由於時間太短
所以很難做出理性或合適的反應。

距離與反應之間的關聯解釋了為何在短距離時，傳球速度要
必較慢，以便讓接球球員有反應的時間；在距離比較大時，
即便是快速和筆直的傳球也能讓接球球員正常反應。

b) 力道和傳球方向同樣也是首要考量的因素。但是要知道的
是，短的傳球不一定比較有利，傳球是要讓球動起來，迫使
對手球員必須快速地移位（為了射網所準備的站位）。

球員都應該把這些問題考慮在內：球的運動範圍越廣，對手
球員必須移動準備回應的距離也越大。也就是在製造出對手
球員很難招架的大範圍的移位下，我方在射網時才能創造出
有利的契機。當球反彈時，對手球員的站位將導致最後的結
果。球在運動中時，會使球員為了接射網球而在場上奔走。
同樣也是在這樣的移位過程當中，我們可以在場上製造出想
要讓球著地的對稱性空檔。

這也是為何短的傳球通常用處不大：它無法讓敵隊隊員大範
圍的移位，同時又縮短我方球員的反應時間。

c) 球員之間的相互理解同樣也十分重要。球員始終要把反應時間
考慮在內，一個動作（不管什麼樣的動作）代表了讓接球球
員知道是讓他接球的訊號。這在社會心理學 「溝通」一章當
中有相當的討論。傳球和接球球員之間要建立起很好的接觸
方式；我們刻意地說球員間要能 "眼神相對"；也只有在眼
神的表達當中我們才能保證傳球的始末。無論如何，球員不
應該把球傳給沒有看著他的隊員，因為這名隊員沒有接球的
準備。

傳球的球員因此要很清楚的知道哪個隊員準備好接球，他必須要很習慣於觀察細微的訊息、了解其中的意圖。確保傳球的品質是由確保傳球的意圖被清楚的了解後才開始。

這也是為何假動作有其困難之處。假動作會同時讓接球隊友和敵隊球員分不清傳球的方向。所在練習的時候，球員必須訓練當他們在使用假動作時他們所面對什麼樣的狀況。在練習時，同隊球員要能知道己方球員正在使用假動作試圖騙過對手球員，而實際上只是要傳球。這是經常一同練習的球員組成一致性高的隊伍時所能有的優勢，他們互相知道隊友在比賽時所展現的靈活性（雖然不總是如此）。

d) 球員也要記得長距離、拋物線的傳球也讓敵隊球員有時間準備有利的站位，所以傳球要能快速。如果傳球距離長的話，它必須要是力道大且筆直的傳球。又高又長的傳球通常作用不大：這只有在接球球員站位很好的情況下才會使用，例如傳給站在一個角度的球員，從這個角度，再傳給另一個有利射網的隊員。也因此這樣的傳球只是中介性的。

C. 第三時間：接球。

兩個位置要分清楚：傳球的位置和射網的位置。

a) 傳球的位置：球員接球並且在傳到其他更遠之處。傳球的時間要盡量縮短。

接球時，理想的方式為接球再傳球，這個過程所花的時間要越少越好。雙手（或單手）接球的動作要能馬上允許做出再傳出的動作，傳到手臂上的位置只有用像打排球的技巧才能再傳出，不然的話雙臂要往身體方向內縮才能用射球的方式把球投出去，在這須與之間，敵隊球員將取得更多的站位時間。

為了要節省更多的時間，傳球的球員要把球對準接球隊友身體中間高度的地方傳球，此時接球隊員可以直接把手臂內縮，準備做出再傳球的動作。

只有訓練有素的球員才有辦法在輕觸球後馬上再傳球（就像球在手上或像排球一般）。通常這樣的技術多少只有在偶然的機會才會用到；而且這樣的傳球缺少準確度，更常的情況是會傳漏了球。要成功做的這個技術需要大量的練習，特別是跟同一的隊友（參閱第 224 頁，照片 20）。

b) 射網站位：在此有一個不可或缺的條件，在撲救來球時，要大量地後退。當球員伸長手臂準備撲救來球，此時敵隊球員已經做好對稱站位；在射網時，花長時間準備的動作不是很有利，而為了要奮力撲救來球，球員通常需要更多後退動作。

為了抗衡這樣的不便，我們要訓練所謂 "加速" 動作，如下兩例：

1. 接球球員位在左邊傳球球員的側面，他因此從左邊接球，如果球確實傳到他前面腹部高度之處，此時接球員只需轉向右邊來接球便已經完成動作。

2. 一名中介球員將球垂直上拋（就如同排球中為了殺球而準備的拋球），此時一名隊友從後面跟進，利用雙手或單手接球後立即射網。這樣的技術要求兩名球員密集的訓練，讓彼此能更清楚認知到自己的角色為何。要做到如此，拋球的中介球員的角色就像是提著蠟燭檯的人一般，要很靠近反彈網，可能的話在反彈網前面稍微靠邊的地方（要知道如果射球就在面前的話，射網球員很可能會自己被球打中，同時失去這一分）。

另一個有用的技巧是不要做出再傳球時的 "超時" 動作。

如果我們考量到傳球的整個過程，我們可以發現傳球與接球球員之間的協調有多麼的重要。另外，我們在技巧訓練時很少著重說明每個球員都要想辦法符合接球的各項條件。我們不能忘了每次的傳球都代表了球員間的溝通與責任。這也是為何此處所說明的方法很有用的地方。

總結來說，本項技巧訓練的目標在於：

1. 傳球員要確保接球員能夠接球。要做得如此，最好的方法便是 "眼神交會"。

在接球員沒有接收到這樣的訊息前不要把球傳出。

2. 依舊針對傳球員：要把球傳到接球員身體適合接球的位置。傳球員要有這樣的責任感。

3. 根據接球員可以反應的時間來決定傳球的方式。

4. 要辨別傳球的類別，是中介傳球還是射網傳球。

5. 要學會讓球盡量在場上輪轉，以便支開敵隊球員或讓其失掉滴水不漏的站位。

6. 針對接球員，要能夠做出不浪費時間再傳出的接球動作。

總的來說，球員要能養成習慣評估場上球員的狀況，以便能夠確保戰術執行，也就是創造傳球的契機。

有用的訓練

持球球員要能夠做到制約反射動作，使其能夠眼神專注在球上並想著想要達成的動作，這得要靠反覆練習才能學得。更難的是球員要學會在移位中不忘轉頭觀察場上狀況，確保他能夠盡到場上的責任。這不是一件簡單的任務：因為球員可能會面臨在場上奔跑但眼神卻要看著反方向！在這樣的特技動作中，球員還要持續觀察著他感興趣的其他球員的動作（如那些被選為傳球或球反彈後的接球員），由於同時協調的動作是在很多不同的意圖下進行，這也是動作很複雜的原因。不過困難就是運動之所以存在的原因，他的解答就是要有效率。

根據我們的研究，我們提出三個代表這些動作的階段（參閱第224頁，照片17、18、19）：

球員處在照片 17 左邊之處和照片 18、19 右邊之處，沒有往他們移位的方向看，因為如果要在場上找到有效率的站位端視場上不斷更新的狀況，球員要不停的這樣做才能獲得思慮過後的回應方式。

在移位方向與觀察方向不同時，球員知道球可能會傳給他，而他必須要立刻為此作好準備。換言之，球員在每一分每一秒都要保持在閒置的狀態，這樣的閒置狀態不應該只是依靠著他當下在場上的站位；事實上，如同在棋盤上下棋的位置仰賴著賽況，球員眼神專注在球上，而其位置則跟著策略要求來移動，當獲得眼神傳達的訊息時，球員身體要隨時能夠移動到任何想要到達的區域，而頭要轉向基本的位置使其不會漏掉其他球員在場上變化的過程中透過眼神所傳達的訊息。

還要一提的是，從生理結構面來看，這樣從頸部帶出的動作對頸椎的壓力不是很大嗎?的確，並不是只有這個運動對脊椎產生負擔，但本項運動卻要求系統性地、規律性地、經常性地做這樣的動作，經常要"眼觀八方"，看著這種不同的方向，對於球員要能隨時有空接球的要求很大，而要在移位和觀察場上狀況取得平衡也代表著視覺能力的專注度。

奔跑中的傳球

傳球不只是一個靜態的問題，彷彿我們總是有時間去思考它，在正常的比賽當中（也就是好的比賽），球員們在或快或慢的移位中，經常在移動中要傳球。我們之前所教的注意事項依舊管用，但是可以思考的時間縮短了。一方面，球員在制約反射下要繼續保持著一樣的原則；另一方面，在這種情況所執行的動作特別要求接觸地面的下肢要保持穩定。

全力奔跑中的的傳球

移位是根據比賽的策略合理性與順應性的運用，但傳球講求的是敏捷。當比賽節奏進行的很快時，球員往往傾向順著比賽的節奏，但是在我們以為達到快速的傳球時卻失去準確性。這不是可以簡單達成的任務，動作是由內部的決定所產生，這個內部的決定則是來自於球員對一連串的事件所進行的評估，傳球可以被簡化為最後的動作，因

201

為它在考量團隊下結束個人的動作。如果說這個動作結束了，它卻開啟了與傳球對象所進行的團隊活動。傳球員的責任感規範其制約傳球的敏捷度，就算這個動作停止後也一樣，不過實際上沒那麼簡單可以達成。

我們把最快能夠訓練這樣的反應的方法稱為"旋風"：球員們在小的場地上（約十四米長）以沒有秩序地繞圈的方式訓練，他們可以隨意傳球，而他們要依照給予訓練的原則來進行傳球。

在進行順利的時，陪練員置於場中央並餵球給其後的球員，此時球員一邊傳球、一邊靠近反彈網，這樣的訓練可以讓球員學習如何將傳球傳向網子的方向。最後，當球員們理解並能夠執行這樣的動作後，我們以射網作為收尾：陪練員在餵球後，球員要計算傳球的次數，就像在正式比賽一般，在傳第三次時便要射網，如此，他們便能習慣於計算傳了幾次球（自動計算的難度很大），在射網後，該球員（不管那一個）接球並變成陪練員的角色，由他站到場中並餵球給"旋風"中的球員。

"旋風"的訓練方式好處在於它便於控制，讓球員可以練習傳球卻不用擔心比賽的狀況，也因此避免了過於沉迷在反彈網上。練習專注在技術訓練上，而不用擔心戰術的問題，我們只要求球員要傳好球，並且在此之後找尋最佳的射網位置，這是一連串好的傳球動作。

在這項練習當中，我們沒有特別標明團隊的角色：球員們混在一起並且沒有秩序的混著跑動著，不過他們盡量不要跑在同一個方向。

我們要讓球員習慣不要急著傳球。我們觀察到球員通常拿到球後都很急這要傳出去，即便每個球員只有五秒鐘的決定時間，不過實際上很少人真的在計時，因此要讓球員習慣他們其實有足夠的時間讓球離開手上。當加快速度時，這種快速執行的動作會像傳染一般的，讓其他球員也想很快的傳球；然而，不要讓球賽節奏進行的太快，以便讓團隊球員能夠掌握所有我們剛才說明的要件。

這項訓練方式要謹慎地進行：執行的快時它會讓球員筋疲力竭，

對於心臟循環的負擔很重，因此要循序漸進。首先先準備幾個射網的動作（這也是訓練目標之一），然後再慢慢加重份量。"旋風"的訓練要在進行幾分鐘之後停止以便過度讓球員疲累，更不要讓球員運動過度，我們對這樣的漸進性的運動是很了解的。

幻想式傳球

傳球技術並不只限於前述的原則，因為有時有些"幻想"式的傳球也可被允許使用，這種傳球有時很有效。只要在球不著地的原則下，任何方式傳球都可以被允許。

"排球式"傳球：透過圖片的表達來看"排球式"傳球（參閱第224頁，照片20），球在只碰到手指前端後立刻反彈給隔壁站位良好的隊友。

有時，直接用手把球反彈傳出去（例如手掌）可以避免用雙手接球，這樣節省下來的時間可以把球送到適合射網的空檔之處。這種傳球沒有任何規範，只要球可以再傳給想要接球的人，有時球員可以即興的用各種方式傳球，而且接球者也要能夠（或有空）接球。

一般來說，最佳射網的站位通常伴隨著"閃電傳球"，使得射網能夠達到奇襲的效果。這是技術配合戰術的結合所創造出的契機。

我們會用圖解來解釋如何練習這些結合動作，這些訓練是要設計讓球員可以將動作內化為制約反應。

b) 傳球和射網

不過，很重要的一點是球員要把傳球的動機建立在戰術的應用之下：傳球不只是為了一己之樂，它的最終目的是要達成有效的射網。這也是為何在一段時間的"旋風"訓練與嘗試有價值的傳球後，球員要在傳球思考中有系統的引進射網的想法：傳球是為了要射網（參閱"旋風"練習）！

我們可做其他練習，例如（參閱第212頁，平面圖26）球員 a 受到 x 的看管，其隊友 c 則有 y 的看管。此時 c 的站位較佳，但是如果他能移動到 c'的點則更好，從那裏他可以輕易地射網。如果 a 可以快速傳球的話，y 則沒有時間去防守。

我們在教導球員射網的概念時，要讓初學者放棄一種心態：不要把球傳給離自己最近的隊友，或是最容易傳的隊友。有時我們觀察到球員會把球往後傳，遠離了反彈網，事實上球傳應該是要傳給更靠近反彈網的隊員。

練習（參閱第 212 頁，平面圖 27）。從場地後方開始進行，球員"任意地"傳球，同時要往反彈網的方向移位。這是要讓球員養成傳球方向是要越來越靠近反彈網的習慣。不過，當所以的球員都很靠近反彈網、呈現混交在一起讓動作無法順利進行時，此時要有"透氣"的概念，把球傳給站位稍遠的隊員。

當我們處在遠處時要靠近，當我們太靠近時要遠離。

本項訓練演示

訓練員 1 將球傳給後方任一球員，此時，球在球員之間運行，並逐漸往反彈網的方向靠近。

陪練員站在較靠近反彈網的直線上，當球員跑到這個線上或該線之後便要射網。

球隊的進行方式由"達到反彈網"的概念規範著，並達成最後目的：射網。

準備接球：

在傳球的訓練當中，很顯然的不只是要練習把球傳出去，還要練習要準備接球，這是練習時不可忽視的一環。當旋風練習開始時，每個球員必須要依照自己想要的方式傳球，他要在場地各個地方移位卻又不碰到其他人，同時還要讓隊員注意到自己以便能夠接球。在準備當中要能"讓別人把球傳給自己"。我們再強調這點也不為過，因為我們總是看到初學者無法理解這項技術要求：球員在急著把球傳給隊友時卻遲疑了，因為他找不到已經準備好接球的隊員。

我們已經提及球員要 "隨時待命（閒置）" 接球。這也是訓練的一環，不過要讓球員明白這一點並把這個概念有意識地融入練習中。在詳細解說這些練習的原理後球員才可融會貫通並將其養成制約反射動作。

讓我們來總結前述的說明：傳球員和接球員要能建立起默契，這種默契包含了社會心理學稱為 "人際關係" 中的諸多細節，而團隊所有的行為都與之相連。由此可見，那些更能掌握這種 "人際關係" 的球員會進步得比其他人快，不過這種心態也是從後天學習而來。

球員要能知道如果他們不能達到我們提到隨時待命的概念的話，那他們實際上等於是自我排除在比賽之外，脫離了球隊內的功能性連線，這樣的連線卻是勝利的關鍵。球員不只是要 "等待" 著來球，而是要思考如何透過移位創造更好的站位機會。如果移位無法讓傳球變成可能或更有效率的話，那還有什麼意義？

練習

要讓球員習慣計算，我們要進行傳球練習：不要分組成隊，也等於是不要讓球員感覺自己是歸屬在一個團隊當中，同時傳球不能超過三次，這也就是說，球員在球傳了兩次之後，在傳第三次時就要以射網結束。這讓持球的球員了解到雙重概念：傳球的次數（因為從第二次傳球開始他就必須要想著要準備射網）和判斷最佳站位的球員。

心算傳球次數。

想要以射網結束：下面是球員如何將行動轉化為心理的自動化行為。

在心裡掌握傳球的次數是要跟著行動相連，同時不應該要耗費力氣。裁判自己在比賽的進行過程中也會計算傳球的次數，並在超過傳球次數時示意犯規。但是球員本身要有意識地知道傳球次數，因為他們要知道在第二次傳球時就應該取得適合射網的站位。

　　這就是這個練習的目的。計算傳球的次數不應該是重視最後一次傳球；事實上，在第二次傳球時，持球球員就應該要仔細評估應該傳給哪一個要射網的隊員，也因此要選擇最佳站位的隊員。有時球員在第二次傳球時便最好自己射網，而不是再傳第三次給一個已經受到看管的隊員。

　　此時我們要討論變換位置所涉及到戰術的問題。例如（參閱第 212 頁，平面圖 28），A 球員手中握有球，此時是第二次傳球，球隊只剩一次傳球機會。A 受到 a 的看管，B 受到 b 的看管，C 則處在空檔，敵隊球員沒有在後面，這是要由 C 快速往前移並要求隊員傳球給他以便進行射網。

　　這本項情況下，敵隊球員沒有在後面，很可能是因為他剛剛從後方移動到這個點，而空出的點可能有人遞補上去，如果攻擊一隊的傳球很迅速的話，第三個接球的球員可以達到奇襲的效果並得到這一分。

　　要補充說明的是，A 球員應該後退替補 C 的點；如果 b 夠敏捷的話，他或許還有可能撲救到這一球而扭轉整個戰況，讓其隊伍轉守為攻。這也是為何隨時都要準備到後面補位，當團隊中的一名球員必須往前移時，他留出來的空位要馬上被同隊球其他球員補上去，這要變成是 "團隊反應"。

"全力奔跑" 中傳球的協調問題

　　在比賽中，我們提到的象徵性問題會一一浮現。球員漏掉我們建議的傳球方式，因為球員 A 與 C 沒有協調默契，當然也可能因為技術問題而漏掉球：其實要傳球給突然從場中全力奔跑出來的球員的技術很難；傳球球員要計算好傳球的路線、把球傳到隊友身前、讓他可以在視線內把球在 "可以觸及的距離" 中接到手中。這需要兩名球員極佳的默契協調，特別是接球球員在成功把球接到手上的當下，還要馬上進行射網的動作。這表示球要好好的接到手上，以便可以迅速地以全力、控制好方向的方式射網！

我們可以這項動作看作是田徑的接力賽一般，但又比接力賽難度更高、更為複雜。兩名球員的動作一致配合要很高，同時又都要"冷靜"地進行。接球員不應該倉促冒進，反而應該在球傳出時稍稍延緩前進的動作，就是這個延緩動作可以讓接球員更好感測來球，並且做出好的射網。有效率的射網是在配合良好"傳球-接球"協調下才會出現。

球員在傳球時的行為其實關乎心理的感測：這是透過反射、觀察、多重整合的方式得以讓球員在五秒內做出決定。我們再怎麼強調也不為過：這就是巧固球的身心動作的精隨所在。在心理動力的驅使下，球員在一瞬間整合所有問題的要素。不如下圍棋沒有思考的時間限制，在巧固球中大腦是處在要迅速完成動作的壓力中（謹慎的動作）。

傳球的時間分析

這是巧固球的關鍵階段，而且這個階段隨著不同的持球球員而有所變化。這是"很活躍地謹慎"的階段：活躍因為這個階段將導致空間上的決定，是每個其他球員都十分關注的核心動作，這個階段包括：

1. 準備階段：這牽涉到所以可能接球的人，因此等於是其他人：奔跑、引球動作。總的來說，把傳球做為是攻擊戰術的計畫等。在接球後，球員把戰術帶進計畫中，接收任務並完成它，球員要知道這個接球的任務為何，並要追蹤比賽的進行以便讓自己融入賽事中、發揮最大的功用。

團體球賽都有這樣的特質；然而巧固球講求快速、幾乎沒有間斷的執行動作（直到輸了那分！），球員"活在"準備時間當中並且真正的參與其中！

2. 發展階段：在接球會，球員心理整合的機制便開始啟動：觀察空間環境（包括場上球員的站位）、評估每位球員的技術能力、預先評估誰可以啟動射網、協調的決定（多少次球員遇到來球卻沒有反應！）：這些全部都被壓縮在幾秒內進行（因為球員很少等到五秒用完才出手）。

這個階段在動作後結束，而這個動作要求很高的心理動力掌握能力。只要稍微緊張、急躁（沒有考慮好），球便會失了準頭。所有的好的比賽的訣竅都跟發展階段以及它最終的結果有關：決定之後把球射出（動機後的行動）。

人際間的要素

在這個決定中，除了我們先前提過心理領域上有關人的要素之外，還要加上史多澤（Stoetzel）提出的"人際感知"的心理概念：在"利他"的基礎上，球員在把球傳給隊友時才能體會機會創造的問題。

每個人對於"人際感知"的程度不一，它是人社會直覺能力的成果，將隨著每個人的細心程度而有相乘的不同。

然而，我們經常可以觀察到一個球隊的組成結果卻不盡如想要的結果：三個很棒的球員組成的球隊卻只表現平平，只要換掉其中一名球員，即便其技術水平普通，卻也能夠達改全面改造出驚人的團隊表現，這樣的結果從表面看來很難解釋，球員的默契變的絕佳，球的輪轉也更為順手與流暢。

我們很早就要下這個定論：在觀察到這樣的現象後，我們可以理解心理動力層面的影響對於團隊組成與球員互動的重要性。

c) 射網

射網的技巧

簡介

有關基本技巧的部份我們在特別的章節已經提及。

此處我們只想介紹將球射到反彈網上（當然這指的就是"射網"）的基本訓練原則，並指出訓練的重點所在。

訓練是要伴隨著教學上進展，在適合球員理解的程度上指出其動作的問題癥結。教學的進展說明如下：

1. 射球要能夠射到反彈網的中心。一開始要射到中心已經讓人覺得有一定的難度，初學者如果能夠不把網架射垮或把球完全射飛已經應該滿足了。

2. 在射球後預測球的落點。球員若能正常把球射到網內，下一步則要考慮到射網後，球反彈回場內的狀況。球員具有建設性的想法是要動作後的狀況當成是射球整套動作的一部分。這種在射網的想法中懷有球觸地後的感覺是要慢慢的培養。一開始時，如果球員逐漸"感覺"到球反彈的方向時已經代表有重大的進步了。

3. 只有進步到上述的階段時，反彈網才有任何意義，此時我們知道可以透過這個網子平面上的某一點來創造不可輕忽的效果。
隨著逐漸達到的水平，訓練的技巧也有所不同。

射網的原則

現在我們終於可以談到射網。以下為這些要素：
只有在球射到反彈網反彈之後才出現兩隊攻守互換。

反彈網不是最終得分目標，而只是得分手段。反彈網是球員的視線目標所在處：球員首先必須把球射到反彈網內，迫使球反彈出來。基本的技術便是將射球的重心集中在反彈網上。

但是沒有"漏掉射網"還不夠，因為只有在球反彈觸地後才能得分。讓球反彈觸地因此才是最終的目標。

"直接目標"為射網，"間接目標"為讓球有效反彈觸地。由於得分是建立在球反彈觸地時，因此間接目標才是球員的真正追求的目的。

在比賽中，我們要在瞄準反彈網時想著讓球反彈觸地。對於球反彈觸地的預想是超乎反彈網之外，在訓練中要讓球員學習能夠在射網後讓球反彈到想要的落點，一旦養成自然反應的動作後，球員會在透過瞄準反彈網來"想像出"球反彈的落點。就像撞球一般，球員在腦中預先思考球在撞擊後的落點，巧固球的球員在從場地一腳瞄準射網時同樣也要把預想球反彈落點當作是自然反應動作。

初學者總是過度專注在反彈網上。在他們還沒學到什麼才是最終的目標時，讓球觸碰到網面總是一項讓人羨慕的技術，他們甚至都沒有想到要傳球，當他們手中握有球時便認為一定要去射網。他們還需要培養經驗才能體會到射網不過是其中一個階段。

射網訓練有好幾的目標：

學習了解球會以鏡像法則來反彈。

從球員在射網時所在的場上那個點可以“鏡像”方式計算出球反彈的落點。我們也可以說球以對稱方式反彈：從射手的射網站位因此可以預測球的反彈落點。

在可視的平面上，面前的球場範圍比側邊範圍還要大（參閱第 216 頁，平面圖 29 到 31）。

在接球時，鏡像的原則一樣，只是這是一種事後的想像（“預視”）。

根據射網的方向，球也會多多少少反彈到同樣的方向。

當然，有些技術超群的球員能夠讓球反彈的方向更為多變。

有關射網的一般問題，讀者可以參見基本原則一章）第二章第三點）。

射網＝鏡像反彈

我們可以用圖解來簡單說明（平面圖 29）。從圖中也可以看出反彈網是比賽中不可忽視的平面裝置：根據球觸碰到網邊或離網邊更遠之處，則會出現兩種不同的反彈落點，這個差異是由於射網的區域不同所致。換言之，從一個明確的點，我們可以以較大面積的平面射網並達到射程較遠的效果。

“射網區域”對初學者而言還太複雜，他們首先必須專注在把球射到反彈網的中心。想要射網就要瞄準網的中心位置，如果能夠做得如此就值得讓初學球員滿足很長的一段時間了，因為其他的要件對於方才能讓球碰到反彈網的初學球員會產生"反-反彈網-自卑心結"，連帶影響其想要射網的欲望。但是射網區域對於已經能夠把球射到網邊的球員非常重要，此時，球員已經可以開始成功習得各種細膩的技巧，而瞄準射網區域是要能夠明確地掌持球的落點變化。

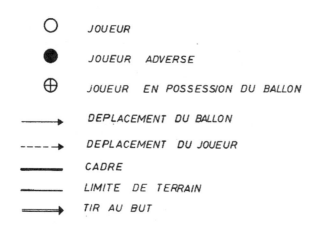

SIGNIFICATION DES SIGNES UTILISES POUR LES PLANCHES

○   JOUEUR

●   JOUEUR ADVERSE

⊕   JOUEUR EN POSSESSION DU BALLON

⟶   DEPLACEMENT DU BALLON

---⟶   DEPLACEMENT DU JOUEUR

━━   CADRE

━━   LIMITE DE TERRAIN

⟹   TIR AU BUT

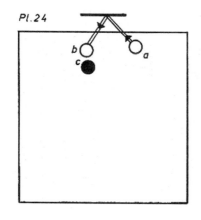

Pl.24

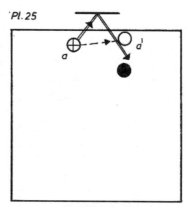

Pl.25

Pl. 26

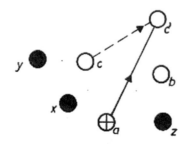

Pl 27

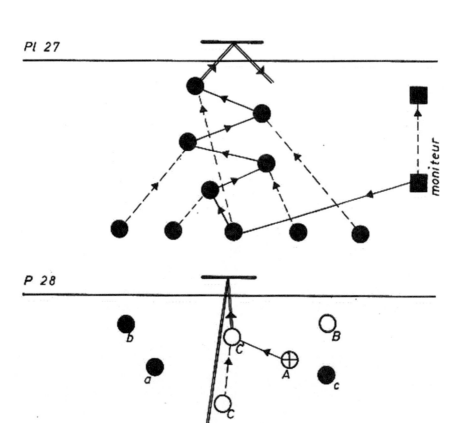

P 28

（參閱第 216 頁平面圖 30）＝A＝眼睛注視著射網視線

BC＝射網區域

射網區域與射網視線是不同的，但從射網區域可以預想到這個視線。射網的平面是肉眼看的到的部分，從側面來看，它的面積範圍比較小。

射球的角度因此扮演了重要的角色：從前面直視的話，它的面積比較大（平面圖 31），但球員此時處於射網區域內，他們要知道他們所在的位置，從裁判的角度來看，如果球員射網後球反彈到自己身上就失去這一分！

相反的，球員站在越側邊，反彈網的可視面積也就越小（平面圖 29），但此效果較為多變，球員也不會打到自己。

不過球員還要考慮到一點：越往側邊靠的話，球也會反彈到越靠側邊的地方，也更容易出界（失分）！

換言之，側邊射球的力道要小一點，以便減少球反彈距離；而在球網面前射球時力道則要更大，特別是在四人賽當中，正面射球力量要大到可以反彈到球場深處。

當球員養成射網的習慣，也能評估球反彈的效果後（從站位之處預想射球的落點），他們就要開始學習善用反彈網有效的區域來擊球。第一個圖解顯示從射網上的一點到另一點，其範圍就像是屏風展開一般，這已經不是一個點，而是以在網邊以線性方式的各種射球可能變化。如果球員將射角往側邊移動，更會大大地增加這種變化。在使用側邊假動作時，更伸長（如果從外面來看的話，則是更加傾斜）了這個攻擊的直線範圍（平面圖 32）。

鏡像的投射射線則顯示出球員在使用側邊假動作時可以製造出多大範圍的反彈效果。

在圖解之外我們加上實際的照片（參閱第 225 頁照片 21-22），由此可觀察由技術帶出的動作變化。

為了改善射網，我們要教導球員如何尋找網面的有效區域。為了讓大家能夠比較清楚的想像，我們用兩種可能的直線把球面分成四等分：

a) 兩個垂直和平行中線。

b) 兩個對角線。

在 a)的情況中，我們有四個區域（參閱第 217 頁平面圖 33）。

    1. 右上角

    2. 左上角

    3. 右下角

    4. 左下角

在 b)的情況中，這四個區域為：

    1. 上

    2. 下

    3. 左

    4. 右

練習時球員要能把球射到指定的區域內，當球員能夠做的這一點時，他們會感受到球的反彈效果，並由此認知到使用不同的落點變化在比賽中的重要性。

如果我們再加上攻擊的成分在內（球從高處往下射，使得球反彈的很低，或是反過來從低處射網讓反彈球飛高），我們會在射球的站位之處做出更多有效的射球變化。

遠距離射網

球員可以從場上（當然是在場內）的任何一點射網。遠距離射網的缺點主要在於可以讓敵隊球員有更多時間準備站位，不過有時這樣的射網卻可以讓站在離反彈網太近的敵隊球員大吃一驚。這種射網是從離反彈網很遠的地方強勁地射網。他要求跟快速傳球一樣的勁道。

有一種遠距射網很有用：遠距的高拋球，在觸碰到反彈網後會產生路線離地面很低的反彈球。這種球很適合繞過中介球員（平面圖

35），如果這種高拋球呈現垂直降落的話將非常有效。

近距離射網

近距離的超低射網是一個很棒的戰術因為反彈球只在腳邊的高度，讓對手很難去接到球，此時要使用由上向下的拋球技術來達成。通常大部分的球員都會大量的聚在前面離禁區不遠之處（平面圖 36）：球會在這些球員之間穿梭，球員通常都十分高大，而球很難穿出這個人牆之後，因此要脫離這種困境只有一種方法：高拋球。

我要重複再說一次這種高拋球是用掌心持球，然後用旋轉方式把球往反彈網的方向拋過去。

幻想即興射網

我們剛剛演示的都是在規則範圍內的射網技術。好的球員通常都會使用即興的射網，帶一點想像力，將之融合進去屬於他們自己的技術能力內，這種射網方式沒有教學的分解動作，因為它只適合具有靈巧雙手的有天分球員。

例如用打排球的方式或擊拳的方式來直接傳球；我們甚至看過有前足球員用頭槌的方式來巧妙地射網；我們經常也可以看到球員用背部…甚至用兩腿之間來射網。

這些動作就像是極高成就的一般，而不僅僅是運動技巧，我們有什麼理由去禁止它的使用呢?儘管它具有特出的表象，但這些創意的擊球不一定可以收到想要的"報酬"：如果他的奇襲效果不再（敵隊球員已經預期到），那麼這種擊球除非在傳球和射網的連鎖反應下速度很快時才有效，同時這種球也不難招架。有一點大家都認同的是，這種球看來賞心悅目，就像羅倫斯展示的一般，大家都免不了大笑一番。

總的來說，我們不認為應該要限制任何技術的可能性：每個人都可以盡其使用其想要射網的方式，重點是要從中尋求比賽的最終目標。

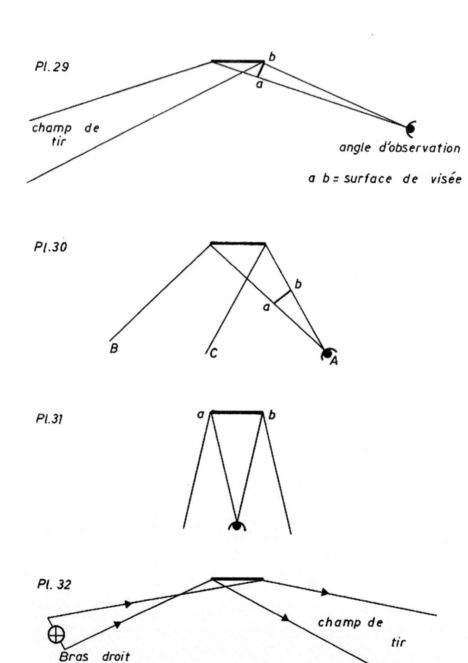

Pl. 29

champ de tir

angle d'observation

a b = surface de visée

Pl. 30

B   C   A

Pl. 31

a   b

Pl. 32

Bras droit

champ de tir

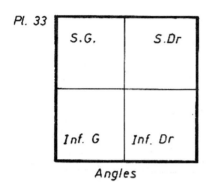

Angles

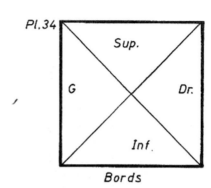

Bords

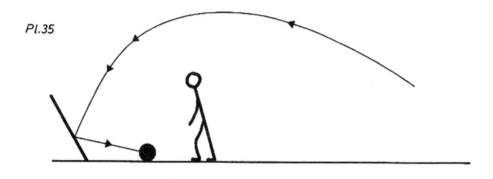

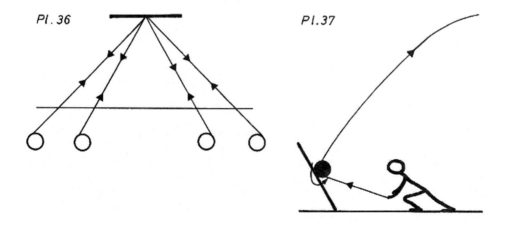

現在我們要利用圖片來展示技術的豐富性與射網的這種可能變化。

射網圖片演示

等待時間

通常我們會在思考後進行射網，除了在第三次傳球時要立即射網，這是不要讓對手有太多準備對稱站位的時間。在第三次傳球前，球員通常必須自問是要傳球好還是射網好，在有些狀況下，這種短暫的遲疑反而會讓對手不知所措，不知道是要準備防守傳球還是要防守射網，球員們會一直觀察著直到球快速射網。

（參閱第 225 頁照片 23）。處在等待狀況中的球員得以在最後一刻變化射網的技巧，達到奇襲的效果。

（照片 24）。球員似乎準備大力射網，但這也有可能只是假動作；還有可能是一個軟綿綿的射網使得反彈力道很小；或單純只是一個傳球。

這些狀況象徵性的代表球員之間的關係：球員看似決定要射網；對手站好位準備應付這種可能性。但比賽的訣竅就在於動作的姿態不代表最後的行動。假動作的巧妙之處就是讓人以為射球員要使用這個技巧，實際上卻是奇襲式的使用另一種技巧。

關於特殊的射網，我們可以討論它所達到奇襲效果的有趣之處。"執行動作的速度"始終使要顧慮的要點，因為球員不管做任何決定，都不想讓別人猜到他的動作；相反的，能夠在"用盡全力"完成在空間中的動作。

（參閱第 226 頁照片 25）。從極左方向射網，如果執行的好的話，球將往極右的方向反彈過去，而那裏無人看守！此時，球員如果有能力瞄準（並達成）反彈網右上角的話，球將網超低方向反彈使得沒有人可以接的到球。

準備動作

就像是擲球一般，全力射網要求球員以從後方很高的地方用力擊球，使得球以超低的地方反彈（參閱第 226 頁，照片 26）。

（照片 27）。同樣的準備動作，但此時手舉的特別高，使得球會以極低的角度、幾乎觸及禁區線的地方反彈。

溝通意向

這個圖片讓人以為是一個中度力道的射網。在研究球員的射網的站位後，我們可以了解球員的手準備好精準、但不強勁的射網。意向是透過動作表現出來，由這個特徵我們可以解釋：在比賽中，我們經常可以看到這樣的動作，敵隊球員在觀察這樣的態度後已經可以猜到反彈球的方向。

我們在研究人際間的反應時（參閱社會心理學一節）要討論的"訊息"的問題。在這裡，敵隊球員可以靠球員的動作所傳達的訊息來調整站位。在網球的術語中，我們說比賽像"講電話"一樣，球員可以讓對手猜出他的意向，讓對手知道如何在比賽中作基本應對。

戰術也仰賴著這樣的觀察預測。球員要清楚的認知到這一點。圖中的球員有著使用假動作的藝術，看起來是要大力射網，但卻延遲其動作，並在動作最後改用小力射網，使得球猶如死亡般虛弱地反彈到對手的腳邊；此時對手原本急迫地準備接著中高的反彈球必須馬上反應改變接球的方式（如果成功的話！）。

全力射網

不管事近網還是遠網的全力射網，都需要使出渾身解力：從腳跟到手指，全身上下都使出力氣，把球由球場後推送到反彈網上（照片29）。

墜球射網

"墜球"式的射網要求球員把手舉的很高。用單手在高處把球接下來（參閱第 226 頁照片 28），先停球後可以立即射網（照片 29）。

這個動作是要達成近乎垂直反彈落地的效果。從這樣的高度射網，當球射到網面的上方或是下方，結果將十分不同。如果是網面下方的話，球的反彈將可能低到無法接球的地步（變成力道強勁的腳邊球），如果角度控制得好的話，球將剛好落在出界線之前（照片 30）。

柔軟地準備動作的態度

（參閱第 227 頁照片 31）：柔軟地抓著球，全身彎著，作放鬆的準備。用這樣的態度才能做出各種動作，特別是"輕拋球"的動作：球從高處觸碰到反彈網，然後很輕的反彈到界外線之前（參閱第 228 頁照片 35）。

不過圖中此處球是在全力奔跑中接到，球員將要立即射網（接球射網動作）；（照片 31）：在接球前，身體已經站好位，並透過動作加強射球的力道。

側邊假動作（提醒）

我們再次提到側邊假動作的射網技巧用來提醒球員（參考生理結構一節）。

要注意的是，側邊假動作會使球反彈產生更多的變化；射球員不只是要作出假動作，而是利用前述網上的四個區域來進行射網。

由下往上的高拋球

準備動作：身體往內靠，手已經準備好姿勢，右手手掌朝上握住球。

（照片 32）：一開始的路線：手完全向後（蓄勢待發準備射網），

手心包覆著球。

　　（照片 33）：射球的路線：球從很低的地方由下往上拋，以便能夠以最有效的方式射網。要注意手持球的方式：一開始，讓球往前滑行，在我們的照片中，球已經滑到球員的手指尖，就是這樣的"滾動"動作可以讓球轉動起來，並增加求在上升時的力道，讓球可以拋得很高（照片 21 與 34）。

　　（照片 35）：球脫離球員手中並往天空上飛（照片中的球似乎垂直下墜，實際上是球員動作很靠近目標裝置才產生的錯覺）。一個好的高拋球會落在很後場的地方，而它也是最有效的射網方式之一。正如我們之前提過的，如果要穿越敵隊球員在很靠近禁區之處築起的人牆，高拋球時最能讓他們後退的利器…不然他們就會漏接球。

跑動射網

　　球員在奔跑中接球，這樣的動能讓他無法在射網時停下來（參閱第 228 頁照片 36），如果球員仍舊想要射網，他必須要立刻出手（圖中從持球的姿勢我們認為球員可能要使出高拋球），（照片 37）：球在接到後馬上射出。注意球員和特別是敵隊球員的眼神，他們每個人都專注在反彈網，而不是射球員的動作。

　　（照片 38）：球已離手。射球員順勢已經到了禁區邊緣，而跑動的動作可能讓他會超過這個界線。

注意禁區

　　（照片 38）：由於跑動的慣性作用使得球員可能無法在禁區線前便停住。要讓射網有效的話，球員的前腳不能踩到禁區線。

　　射網後身體不平衡的現象在比賽中經常出現，球員勇於進行跑動射網後特別容易如此，不過球員要靈巧地避免踩進禁區才讓射網有效（照片 39）。

　　（照片 41）：在圖中我們觀察到，球員在努力射網後卻衝出了界。

這名球員在站起來之前甚至還在看著敵隊球員是否有接到球。

圖中的射網會讓裁判在判定犯規時有一定的難度。如果裁判沒有在禁區前方觀賽的話，將很難判定球員是否是在出球後腳才踩出了界！我們稍後會提到裁判的部分。通常裁判在稍微猶豫時（猶豫的情況在比賽中很難避免），可能會取消這一分或重新比分。

（參閱第 229 頁照片 42）：本圖可以讓我們看到球員犯規的情形。此處，球員的左腳很可能在出球前便已經出了界。

最後，我們圖示一個特技射網動作（照片 40）。

射網技術練習

（照片 38）：

前方射網：球員們以一直線方式面向反彈網，第一名球員只在禁區線後方幾步之處，他射網後，由隨後的球員接反彈球，換言之，每個球員都要掌握好力道與射球距離的關係係數。

球員一個接一個，射完球後的球員再排到隊伍後面。球員最好能夠保持好距離，也是就說前一個球員跟後面的球員的射球距離是一樣的。

要改變射球的力道，隊伍可以是情況拉開與禁區線的距離。離禁區線越遠，所需花費的射網力氣也越大。球員實際上是當作自己在射網，但要馬上把位置讓出給下一個球員，這樣也可以練習射網後迅速離開。

這個訓練專注在射網方向和力道的練習。

（照片 39）：

側邊射網：球員在側邊排隊練習射網。左側邊的球員練習射網，右側邊的球員練習接球，動作做完的球員排到隊伍後面，重複如此練習。

（照片 40）：

側邊射網後移位：球員跟上述方式一般排隊練習，不過現在射完球的球員要排到右邊接球的隊伍，這是要讓球員練習射網後要有繼續移位的自然反應，因為很多時候球員在射網完之後便停在那裏不動。

（照片 41）：

側邊射網與傳球：跟前述練習一樣，球員在球場兩側對稱排隊練習。對於接球方，要有兩名球員確保能接到來自左邊射網後的來球。之所以要兩名球員因為初學者的射網經常很不規律、反彈球也很不平均（在訓練後，球員的射網會逐漸變為較為規律、並可射到瞄準反彈網上的地方）。

在接球方，球員要把馬上接球，並把球傳給對面一隊的球員，如此，球員可以訓練敏捷地接球、並在接球後快速準確傳球的技術。

在所有的練習中，射球員和接球員都要專注在動作的準確度上。

（照片 42）：

全力射球變化：球員(a)站在很靠近禁區線的地方，在他之後不遠之處球員(b)等待其射網，其他球員站在中場普通距離的地方。

(a)大力射網，(b)在後方遠處接到球，並從那裏射網，這稍有難度。

另一名球員(c)從旁邊補位到中間合適的位置，並從那裏射網。

(a)要補到(b)然後(c)的位置，此時由(c)大力射網。持續以這種方式練習下去。

這個練習是要球員學習如何在球場不同距離的地方以不同的力量射網。

有關射網訓練，我們要提醒的是，每一次的射網都是整合的射球方向（瞄準反彈網以外的場中）、瞄準反彈網的地方結果（反彈網上的某個點以便製造想要的效果）、力量（根據我們想達到回彈場中距離所施加的不同壓力）。手上的動作是透過與技術發揮與協調相關的神經整合完成。射網為球員在反應的瞬間整合所有的基本要件後的結果。

初學者的遠距射網，他們已經滿足於能夠射到網面上，這樣子的射球其實仍是在戰術的階段上，因為射網不能與場上同隊的球員脫節，我們在研究"傳球-射網"的技術時就會明瞭。

Fig. 17

Fig. 18

Fig. 19

Fig. 20

Fig. 21

Fig. 22

Fig. 23

Fig. 24

Fig. 25

Fig. 26

Fig. 27

Fig. 28

Fig. 29

Fig. 30

Fig. 31

Fig. 32

Fig. 33

Fig. 34

Fig. 36

Fig. 38

Fig. 35

Fig. 37

Fig. 39

Fig. 40

Fig. 41

Fig. 42

"傳球-射網" 技術練習

練習1

（參閱第 234 頁平面圖 43）：球員(a)傳球（路線 1-2）、球員(b)接球後再傳（路線 3-4）、然後(a)接球，因此(a)兩次拿到球，球員(c)原本處於後場中間的地方，立即跑到中線之處，a 傳球給他（路線 5）。

（平面圖 44）：(c)在跑動中接球並射網（路線 6），此時球彈回場中間（路線 7），在此同時(b)移位到場中並接這個球（路線 7）；(c)補位到(b)空出來的地方，(b)在傳球給(c)（路線 8）。

（平面圖 45）：由(c)重新開始：a 射網（路線 9-10），把球送到(c)手上（路線 11-12），(b)馬上從場後跑到場上中線，(c)把球傳到中場給他（路線 13）。

（平面圖 46）：(b)接球並射網（路線 14），球反彈到球場中線之處（路線 15），a 從後場跑到場中接球。

球因此從(a)到(b)，(b)再射球給(c)。如此繼續進行下去。

訓練要遵守下列的原則：開球的球員會再從側邊接球，並將球傳到中場，然後他要馬上跑到場後準備接反彈球。從側面接到球的球員要從側面射網然後保持不動。

中場後面的球員等待第一次傳球，當接球球員(b)射網後，他要馬上往前跑以便接(a)傳給他的球。

每一個球員的職責如下：

第一名球員(a)：他從側邊射網、並馬上從側邊接球，然後傳球給從後場跑到中場面對反彈網的球員。

第二名球員(b)：他接側邊反彈球，然後從側邊射網，並跑到中後場以便接反彈球。

第三名球員(c)：他站在中後場，等待第一次與第二次的射網，球反彈後，他立刻跑到中場並接住（左側邊球員）傳往中場的球。

練習 2

目的：從面向反彈網的站位移動到側邊站位。

比賽從面向反彈網的方向開始，並轉向側邊。

（平面圖 47）：球員(b)面向反彈網（有一段距離）並射網（路線 1）（力道中等），球員(a)站在側邊並移往中央，然後接住反彈球（路線 2）。

（平面圖 48）：在此同時，隊員(c)移動到側邊，並接住(a)的傳球（路線 3）。他因此改變賽況到側邊進行，並且從側邊射網，側邊對面沒有人（路線 4）。

（平面圖 49）：此時射過球的(b)要過來側邊對面接球（路線 5），而(a)從後面跑到中場，並接住(b)傳給他的球（路線 6）。

（平面圖 50）：(a)射網（路線 7-8）。(b)則執行(c)方才執行過的動作，而(c)則移位到中場接反彈球（路線 8）。

（平面圖 51）：(c)接到球後傳給處在側邊的 b（路線 9）（側邊移位改變賽況），並可進行側邊射網、反彈到另一邊側邊當成敵隊球員(a)的地方（路線 10-11）。

（平面圖 52）：(a)接到反彈球（路線 11），並傳球給此時變成隊友的(c)。

練習照此繼續下去（路線 13-14）。

比賽賽況因此從正面轉變到側面去。

每個球員的角色不斷變換（參見 a）。

1. 接反彈球和側邊傳球
2. 後場接球與正面傳球
3. 側邊接球並移到後場正面

d) 戰術

從學習射網到接球-射網，我們可以觀察到技術是跟著戰術走。技術是我們可以建立戰術的工具，但是想要贏球，靠的是戰術。技術通常是個人的價值展現，戰術則把這些技術昇華至團隊的共同行為之上。

　　初學者（至少還沒參與過團隊比賽）對這種足以團結球員與球員的社會價值沒有任何概念，他要從經驗中學習，要做得如此，團隊領隊或教練要對這些社會功能原理有很深的領會。

　　我們先前有提及"非侵略性"的概念，這是應用在防守的一隊上。其他沒有禁止侵略行為的運動要求球員要去攔截球，也就是為了防守而去搶球。

　　這是巧固球的一項特點：進攻的一隊中，手中持球的球員的動作不會被對手打斷，他可以把動作完成進行射網，他不會擔心對手會來阻撓。

　　在允許攔截的比賽中，球員有兩個目的：一方面要讓球接近目標，同時還要預防敵隊球員。後面這個目標全然是技術問題：技術好的人知道怎麼做到這點！

　　從戰術的角度來看，這是一個與敵隊球員永遠的個人對抗。在足球場諾大的場地中，球員要奔跑的空間很大，很多時間都在對手阻斷其攻勢下耗掉，跑動（速度）讓對手難以防守，並足以擺脫對手往射門方向前進。

　　事實上足球的進攻是一種（多多少少策畫的）透過跑動來擺脫障礙（對手阻斷其攻勢）的"戰術構想"：他的速度可以讓他執行這個戰術構想、避免對手蠻橫地打斷其攻勢。

　　在籃球中，方正的球場只能在球交換場地時讓奔跑成為佔據對方球場的一個手段。在靠近敵隊的籃網時，同樣的問題再次浮現：避免對手抄截，通過人牆，以便找到適合投籃的位置。

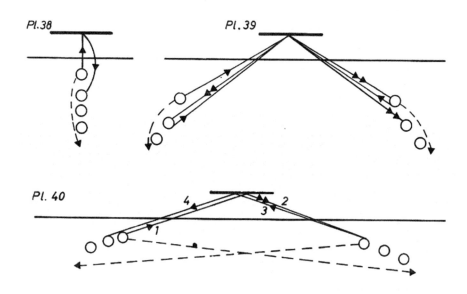

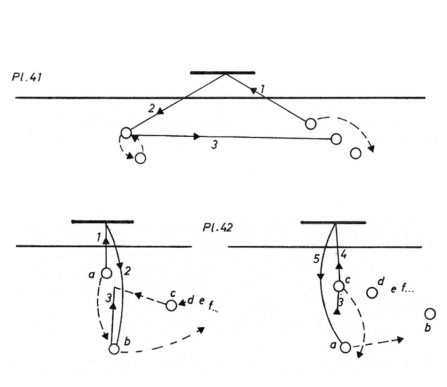

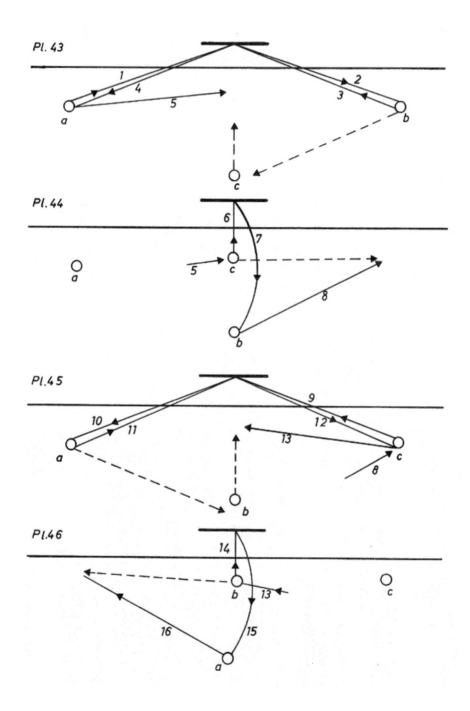

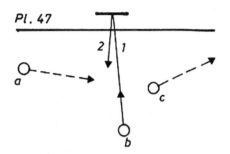

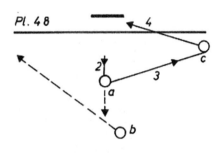

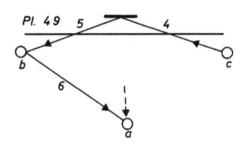

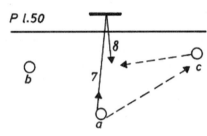

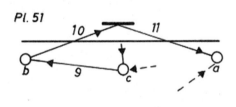

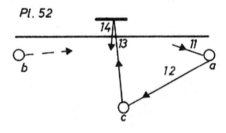

自由發揮的戰術

在巧固球中，球員為戰術運用的絕對主人：他自己想著要怎麼建立戰術，並完球按照這樣的想法去執行它（除了有 5 秒的時間限制外）。沒有人會去打斷攻勢＝自由發揮，自然地完成內在構建的動作，沒有肢體碰撞、沒有牽制…想法透過肌肉與關節來直接詮釋。

這點對我們來說至關重要：心理的動作會先到 "發展" 的階段（參閱我們在討論 "動機" 時有關行為和動作一節），然後進階到 "動機" 的階段在進行到 "行動" 的階段。每一次這個進行的階段都是完整的，自由運行的，最後的動作跟想像的一模一樣，沒有人去抵銷它或是社會環境的阻撓。球員可以完全融入比賽中而不會受到外在因素的限制或干擾。

在球員在戰術上的運動精神只屬於球員個人。如果該名球員拿到了球，我們可以說，從他拿球的那一刻，到他達到一個明確的目標而讓球離手之間，這是一個完美的 "動機-行為" 循環。這種能有具有自由發揮、承受責任的過程可以讓球員感受到自我掌控的感覺，這是構成小團體的同質性與一致性的要素。

非侵略性理論上可以達成社會解放的精神運動表現。這就是巧固球可貴之處。

心理與生理觀點

要補充的是上述的觀點不只關乎持球的球員，而是關乎所有球員，因為其他球員手中雖沒有球，但卻 "想著" 要去拿到球而不會鬆懈注意力，他的專注力隨著球的移動而有所變化（不管是射網還是接反彈球）。如果我們還要再次檢查這個過程的身體協調，我們可以發現這些差異又回到我們之前提過的，傳球和射網屬於上肢擺動（執行動作），而移位則有關下肢擺動（移動）。所以，技術有賴上肢和下肢擺動的配合完成。

闡釋戰術

"戰術"可以如此闡釋：法國拉胡思（Larousse）字典首先解釋本字的來源：拉丁文的戰術原意為"整齊列隊"（為了群體的目的把人安排好），把團體中的參與者順序排好以便達成目標。一個物體沒有順序可言，只有在很多物體時才需要順序。

巧固球的戰術跟其他球類一般，首先講求個人融入團體的藝術，也就是說，個人的技術是要對大家都有用。戰術是個人球員為了整體要達成目的所安排的計畫（他的動機-行為）。球隊的任務順序為：透過有效的射網來完成團體行動，也就是射到對手的弱點之處。戰術是建構在個人行為根據當時的團體目的所進行的次要順序。

這也表示球員首先要理解集體的行動方式。如果戰術分成攻擊與防守的話，那麼團隊不管是在攻擊或是防守時始終都要高度警戒，也因此，球員要"活在"這樣的集體問題下，順應這樣的方式。

戰術態度的特點在於它假設集體行動中存在著這樣的共識（在此我們要再次使用史托澤提出的"智慧"在社會行為中所扮演的角色，我們不是要應用這個理論，還要去驗證它、實驗它），要"活在"社群當中。當球員介入這個社群時會體會到兩種感受：一個"自我"感受（自我認知，參閱史托澤），另一個是"團體"感受，這甚至也是一種生活過與能夠感知的淺意識。在團體中人才會出現"自我"的感受，而這個感受相伴著團體行動。這種感受超乎一般意識，而是一種參與共同活動的感覺，是一種動態的生活，與時間相繫著，因為它隨著活動的不同而有所變化，卻是活在這些活動當下。

總結來說，戰術是集體計畫的執行，它是一群人的行為形成團結一致的鏈結：這條鏈結只要有一個環節脫落，整條鍊子就再也無發支撐，也沒有所謂的"鏈結功能"。

我們是否能夠說戰術的感受就跟鏈結原理是一樣的？至少這個比喻看起來是清楚、易於理解的。

戰術與技術

要能應用戰術，事先要先具備一定的技術，也就是說，要有良好的上肢擺動能力。就教學的現象來說，在執行活動的部分，我們在本書所辨別其差異仍然是很重要的：戰術上，骨盆帶動肩胛來執行技術。沒有技術的前提就沒有絕對戰術（場地順序）可言。如果漏球的話，我們根本無法讓自己的動作與他人的動作進行連動。技術差的話就會搞壞戰術，一個人若不能掌握好持球的技術，更不用說是戰術了。

如果球員同時掌握好傳球和射網的技術後，他將能夠體會到比賽進行的品質也將要仰賴著同隊球員的技術。這樣一開始的體會經驗將敞開有用戰術的大門，隊友幫助我、我幫助隊友，這是建立團隊比賽的基本要素。

戰術的問題

此時我們要提到戰術的問題。要論及這個問題，我們必須要講到技術節奏的問題。戰術假設球員在有利或不利的時候都能執行任務。

巧固球是一項年紀很輕的運動，尚存著小兒般的缺陷，因此不可能建立嚴格的規則。透過我們的經驗累積（從以前到現在）已經可以建立穩定的賽制，然而球員的技術價值還只是在初期階段，這個運動還有許多戰術上的資源等待去開發。

訓練戰術

我們一開始要透過漸進式的分析訓練讓球員能感受到戰術："引導戰術"。綜合訓練可以讓球員學習串聯式的活動而不用感受到敵隊球員的壓力。因此，球員可以在學習團隊比賽中，"很有智慧地"地體驗如何把行動融入戰術中。

技巧圖解

　　為了解釋球員移動範圍及其技巧，透過以下圖解，以便說明各個球員的位置及他們的"動機"。

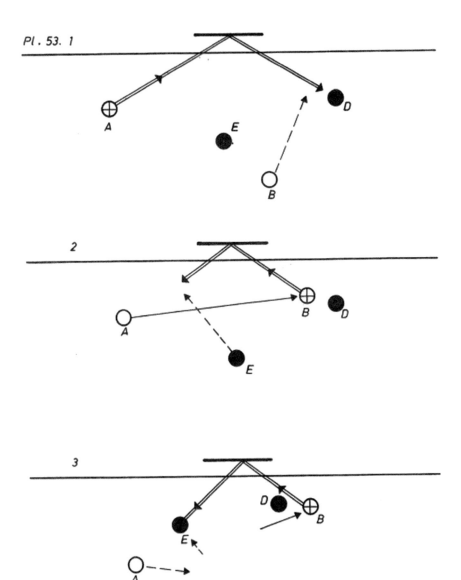

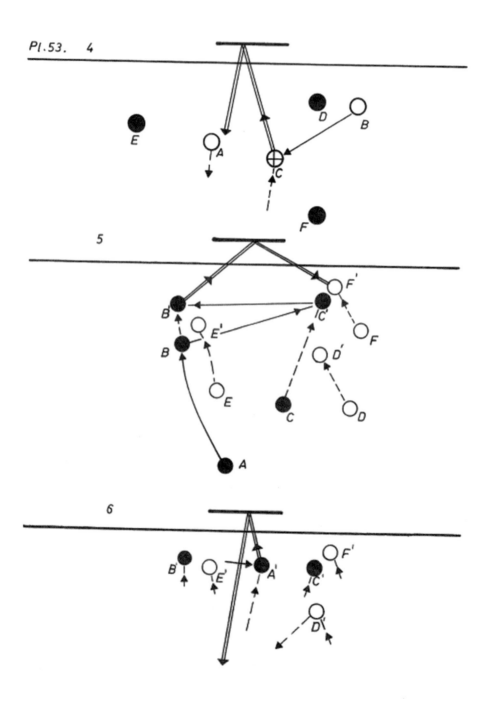

起始隊形：A 球員持球，他的隊友 B 在右後方，對手 D 在球場右邊。

第一隊：隊員 A、B、C；第二隊：隊員 D、E、F

	第一隊	第二隊
1	A 發球，D 站在對稱的位置以確保接球；B 在審度情形後尋求最佳射球位置，來到右邊相對應的空間。	D 稍微左移，以利接球。
2	如預期及請求，A 將球傳給 B，之後 B 在左邊場地運球。	B 的新發球位置迫使 E 必須來到 B 的對稱位置以進行防守。
3	B 正在等待機會，但是 E 已經抵達接球位置（圖解顯示 E 已早一步移動）。	現在第二隊呈緊密防守，沒有任何一個球員準備進攻。
4	另一個解決辦法：因為 E 站在對稱位置，B 放棄射球。C 站在後方察覺此一困境，要求將球傳至中央。 必須移位以清空球道。 如果 C 可以及時預見情況並快速反應，可以在 E 及 F 就位前射球。 在允許三次傳球的情況下，C 可以在判斷被注意到後將球回傳給隊友。	D 現在處於不利的位置。 E 應該快速回到中央(對稱於 C 的位置)，後方的 F 也應該快速反應。E 和 F 可以同時考慮爭取 C 的對稱位置：動作比較敏捷的先一步到位，另一位要思考後續的位移點。 如果增加傳球的距離，我們可以創造防守隊沒有時間定位注意點的情況，這是應該要尋求的機會。

之後，停留在最佳射球點即最受注意點，直到最受注意點時機已過或射出球分散對手注意力。

我們可以再度被注意：設法往前靠近，將可處於不易被反擊的境界。

從圖解上來看，球員位移的距離需要將場地大小一併考量：如果場地比較大，各個球員的相對位置也比較分散，所以在這場遊戲位移的距離也要相應增加，這可以將帶動球員生理反應，將抗阻力帶向努力（一種化抗阻力為喘氣的訓練）。

從生理-神經的協調來看，我們可以瞭解到球員在計畫每一個動作前，需要觀察各個隊友間的社會心理學。所謂的技巧即是每一時刻前瞻決定下的成果，所有球員應該時刻準備好並"設身其中"。

5.球賽中尋找射球機會範例（參閱第 240 頁平面圖 53）：

第一隊	第二隊
A 傳球給 B C 往前移動至 C'的位置（接球及 傳球）。B 也移動至 B'的位置，C' 傳球給 B。	D 移動至 D'（對稱於 B） E 移至對稱點（E'）。 F 移至其對稱點 F'。

此時球員將移動以利射球及接球。

兩隊中移動比較快的球隊將可得分---或者球被接住，球賽繼續。

現在的情勢任何一個好的觀察者（至少一個好裁判）都可以看得很清楚：第一隊已經用盡傳球權（剛完成第三次傳球），所以手上有球的球員必須射球。

團隊內部無需再為是否繼續傳球猶豫，因此 F'的位置因易於接球顯得重要。

其實 B 移位到 B'有待商榷（因為易被 F'盯住）。在這個情況下，C'可以放棄傳球以免把自己的隊伍逼到絕境。最好的技巧是，A 在先前已來到球場中央：

6. A 來到球場中央接球，這也有利於從 A'強力射球。

現在後場無人，D'應該快速後退嘗試接到 A'的射球。

訓練方式

策略技巧要素，應考慮到：

1. 球員一開始控球的位置：

    a) 開球時的後方底線；

    b) 在接球後最接近球框的位置。

    此時腦中應理解一件事：所謂的策略運用並非指上面的情形。

在此重申，這裡討論的策略分析裡沒有對手，這一點需要跟學生釐清，以避免他們在球賽中產生誤解。

2. 第 2 個球員：他的腦中應有情勢發展藍圖，並且扮演介於第 1 點和第 3 點策略的中間人。

他領會並且了解自己的位置及行動意義：他介於第 1 個及第 3 個球員間，為了完成目標，他必須尋找一個適當的位置，隨時找出有利他們的機會並扮演協調他們之間的角色。他進行位移是為了尋求接球的契機。

他的工作如下：

a) 觀察第 1 個及第 3 個球員

b) 負責截球並機敏的介入球陣中。

c) 觀察第 3 個球員，在適當時機時將球傳給他。要學習下決定時不能操之過急，要耐心多等幾秒鐘，等第 3 個球員移到適當的位置。第 3 個球員不會一直待在有利的位置，他必須跟第 2 號球員取得默契，視情況傳球出去。

以上是第一次傳球的時機。

3. 第 2 次傳球：重複上一階段的技巧（觀察後給予敏捷的回應），但是要增加一個要點：要讓整個隊伍逐漸靠近球框，以方便進行最後一個階段的行動。

4. 第 3 個球員要注意的新重點為，傳球後要讓繼他之後的球員可以馬上射籃。

為了完成這個目標，第 3 號球員必須觀察誰正處在 "射籃" 的位置上並且傳球給他。第 3 個球員要學習快速的傳球，因為從第 2 次傳球後速度就變得很重要，不能留給對手太多時間看穿我隊的技術藍圖然後移動到有利的位置。

球員需要深刻了解從第 2 次傳球到第 3 次傳球速度加快的重要性，並且加以練習，之後，並會自動注意傳球的次數。

5. 最後一次傳球有賴最後一個球員重複先前觀察跟機敏行動這

個步驟。球在這次傳送運行的終了，球員必須投球，所以站在適切的位置以阻止對手截球至為重要，他的觀察重點在"探測"對手在哪裡。在一般訓練時我們會忽略這一點，隨著球員自己感覺射球點在哪裡（通常是靠近球框的地方）。在這裡我們為最佳投球作一個情境假設。

首先我們要注意第 4 個球員（即接受第 3 次傳球）相對於球框的位置，他必須了解這個位置是經過觀測全局後而作的斷然（與理性）的選擇。之後，他要儘快適應這個位置，並且快速反應！在最後一個階段（第 3 次傳球的結尾），他必須在最短的時間內精準的接球後投球，所以在第 3 次傳球時，首先要選擇一個易於接球的位置，以快速連結接球/投球兩個動作，用立即的反應製造對投球的有利環境。

現在我們從整盤球局來看要怎樣訓練球員做到這些連接動作。

動作組合分析

分析會因球局有 3 個或 4 個球員而有不同的結果。

由於球賽有不能超過 3 次傳球的規則，我們得善用 3 次機會。透過其他的方式我們理解到一個站在好位置的球員可能在第 2 次，甚至第 1 次傳球就可以投球。以下介紹最佳連結傳球/投球的方法：

為了完成 3 次傳球，我們稱傳第 1 次的球員為第 1 號球員，傳最後一次球的球員為第 4 號球員。原則上在一組有 4 個球員的球隊中如果沒有人介入兩次，通常每個球員都有一次表現機會；而在一組只有 3 個球員的球隊中則會有 1 個球員會有兩次介入機會。

因為上面的原因，我們最好從有 4 個球員的球隊開始訓練，以免超出學員的理解力，等到學員們都能深刻體會傳球/接球連結技巧後，再將球隊減為 3 人，訓練其中 1 個球員動作兩次。

雖然 3 個球員的球隊比 4 個球員的球隊要常見，我們還是先從 4 個球員的球隊開始練習，以培養團隊機制。

球賽傳球研究

為了簡化研究理論，我們採用以下符號說明：

最後一個射球的球員，我們稱他為 X。

前面的球員按順序稱為 A,B,C。

A, B, C, X 組成有 4 個球員的球隊。

A, B, X 組成有 3 個球員的球隊。

我們從各個動作連結先後的關係，以 X 投最後一球的角度來探討技巧。

連結的起始階段：

從球隊取得球開始算起，有兩個可能的情況：

1. 從球賽在中場中斷後重新進行這個階段：此時球被傳到球場後面（依判決而定，如果有的話），傳統定義上，這是一場球賽的開端。

2. 球員在射籃後接到球：這個階段球員佈滿全場偏球框的位置。

連結的起始階段跟球賽進行中的狀況很像，所以要仔細分辨，因為這兩種情況下球員間的互動並不一樣。

因此：

1. 在後球場運球；

2. 接到一個投球：隨著投球的多種情況，接球情形也變得複雜起來，把它們稍微標準化一點的來說，在最常見的情況下，教練會丟出一個側邊球，但不會太遠，當然教練也有可能視當時的情況給予其他的教學指示。簡而言之，訓練從 A 開始，這個球員的位置最好展現卻也提供最大的困難。總結說來，自從一個側邊投球在對稱位置被接到後，A 開始做各種運球連結動作。

X 球員的工作：

假設 X 站在偏球框的位置，他主要可能進行以下兩種位移方式：

從側邊往中央移動

從中央往側邊移動

假如他在中央，將往側邊移動做接球/傳球的動作；如果他在側邊，將往中央位移。這些位置移動非常重要，因為當第 3 位球員無法確認自己處在有利的情況時，我們不可能準備第 3 次傳球，在這個考量下，我們最關切的地方不是 X 現在的位置，而是他下一步的位置，所以邏輯上 X 要從前一個位置移到現在所謂 "完整" 的位置。射球位置的好壞決定於是它否能創造出驚奇的效果，即它有利於快速移動且讓對手出乎意料。

各種運球連結的基礎在於 X 所佔的投球位置，而這個位置是球員 C（在 3 人組球隊中為球員 B）心理計算準備要去的 "完整" 位置。C 的推論有賴於可以確信 X 具有精準隨情況變換執行側邊轉換原則的能力（即中間-側邊-中間），X 以球場中軸為主線進行橫向位移。

另外我們也期待 X 具有非常好的球技：他需要很靈巧的接球以便馬上投球，這點並不容易做到，因此回到我們先前所講的，要在快速傳球/投球上多加訓練，必須在這點求得最大的效益。

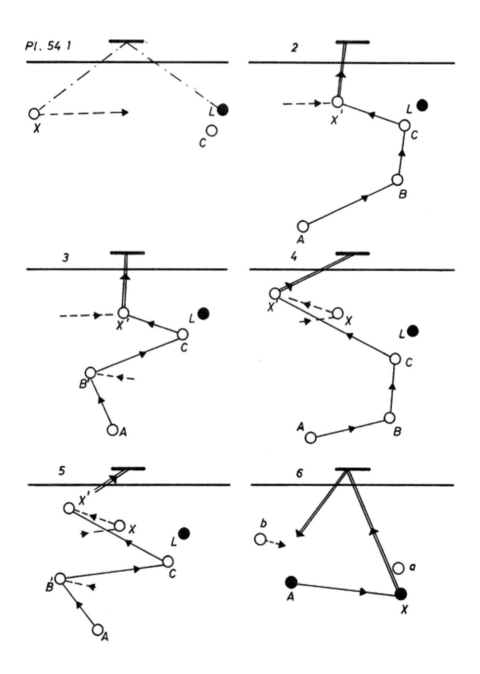

X 的位置圖解：

1. 如果 X 不換位置，一定會被 L 注意到，之後即使傳球給他也無意義。結論：X 應該換位置。

2. 如果他要要求傳球/投球，需要選擇一個最佳位置。離開球框太遠對他不利（近距離射籃比較快速且有效！）。這時只剩一個選擇：橫向移動。

球員 C 的佈局（在 3 人組球隊中為球員 B）：

首先要考慮的：X 要去哪裡？C 會注意 X 並推測他可能投球的地方。

球賽的第一個情況：觀察 X 並追隨他的動態，直到第 2 次傳球。

所以與其討論 B 應該佔據的位置，不如討論他應該運作的方向，以讓我們的對手無暇反應。從這個角度來說，從 A 到 C 球員的相對位置移動與 "球的運行路線" 存在著一種關聯。當我們在各個角落運球時，要給對手 "球在滿場跑" 的印象，並且要迫使對手做多次相當大的位移以觀察到（我隊）的有效投球起始點。

如同訓練傳球的技巧，我們要製造龍捲風的效果，但是這次是有組織的。現在來討論它的細節（不要忘記這個龍捲風的目的之一是使對手搞不清方向並且疲於奔命！）

在此介紹兩個主要的系統：傳球可以只在單邊（稱為單側傳球），或從一邊到另一邊（稱為橫向或側邊傳球）。

a) 單邊傳球（參閱第 248 頁平面圖 54/2）

球在經過兩次連續傳送後會來到離 X 最遠的對峙點，第 1 次跟第 2 次傳球發生在相反邊的同一側。

這種傳球連結貴在快速，但缺乏安全性，容易被追蹤到。但是當球員們在球場上佔據的位置不平均時，這反而是最好的解決方式。

在訓練時，它是一個簡單的方法而且容易獲得簡易的反射效果。

當 A 察覺到站在角落裡的 X 時，有時候反而跑到另一邊 "工作"

比較有利。

b) 橫向或側邊傳球（參閱第 248 頁平面圖 54/3）

　　這裡主要是做 Z 型傳球，讓球穿越球場，使得對手疲於兩側奔跑。要執行這樣的連續動作並不容易，首先它容易遇到對手的干預，另外它需要連續直接傳球，很 "不順手" 而且遠距。

　　上面的技巧如果執行的好，可以 "讓大家追著球跑"，通常要訓練有素的球員才能達標。

　　我們找其他變通的方式，X 的位移以側邊—中央的方式進行。

　　相同的原則可以運用到 X 的位移從中央—側邊的方式（平面圖 54/4、5）。A、B、C 依循同一個指令，但困難之處在於從邊場傳球給 X 看起來並不尋常，甚至存有些困難。因此需要透過練習，使球員摒除技巧理解，達到以直覺執行。

剛接到投球後的初期（平面圖 54/6）

　　A 球員離開球場的底部（除非碰到強力的正面投球例外），通常停留在側邊位置，我們把這裡視為典型的位置。此時 X 所處的階段跟前面講得連續動作階段相同：不管前面球員如何動作，現在球應在 X 的手上並準備被投射出去。X 要在找到最適當位置後再投球。現在對 X 來說有兩種主要位移方式：側邊—中央跟中央—側邊，主要分別在於在靠近球框的地方運球，可以使得對手疲於奔命的追著球跑。

　　所有的策略圖表可以簡化為以下兩點：

單側傳球

橫向或側邊傳球

兩者的理論是一樣的。

以 A 球員在第 1 次傳球前已經靠近球框來說

X 球員：側邊—中央

單側傳球

在投球後（參閱第 257 頁平面圖 55），A 接到球。在 X 接到最後一球之前，場上已經安排了 2 個球員。他的任務是：積極傳球……並讓對手全場跑。第 1 次傳球可以偏後，以有利於 B 作觀察。在單側傳球的技巧上，B 應該跟 C 站在同一邊並且稍微偏斜。

第 3 個傳球在邏輯上是要把球送到 X 投手上（側邊—中央），這個技巧適用於球員多集中於球場中央的情況，以使所傳的球避開人群送到在後方 X 的手上。我們原先假設 X 應從先前所在的後方（Xa）位置向前移動，但是要穿透球場中央的人群並不容易，X 要從後方往前位移甚為困難，因此他最好是留在側邊。

橫向移動

球透過各個球員的手貫穿球場（平面圖 56）。

這裡要談的技巧適用於 A 在後面接球的情況：在他前方有行動的空間，因此可以自左向右運球，之後再將球從右邊傳回左邊。因為 X 位於 A 的對峙點，可以採取 Z 型路線，這跟我們先前講過的（在場後方賽局）情況非常相似。

另一個有趣的地方：如果 A 能在靠近球框的地方接到從 B 傳過來的球，A 只需要稍微位移，就可以接到第二次的傳球。我們現在來看一隊 3 人的情況（平面圖 57），通常 A 這時候已經靠近球框，可以節省一次傳球機會！也就是說 B 可以直接把球傳給 X……，如果 X 能及早領會。

上面列舉各種情況，希望學生能感受到最重要的技巧，不在於可以運用哪一種策略，而在可以仔細審度情況，把握機會作出最佳決定。

X 球員：中央—側邊

X 球員自中央移往側邊的連結動作發展跟前面的精神很像，所以非常容易理解。現用以下圖例（參閱第 258 頁平面圖 58 及 59）來說明訓練技巧。這裡適用跟先前一樣的理論：在單邊傳球時，想辦法突破球場中央球員群的障礙；在橫向傳球時，受過訓練的球員要能透過傳球欺騙對手，使他們追著球滿場飛奔。

在實際上常可能碰到接到球的地方太靠近球框，這時球員會因為壓迫感而急著把球投出，由於兩隊球員大多集結在球框附近時，總有一、兩個球員能接到從球籃反彈出來的球。我們不會靠著直覺把球往後傳……雖然這是驅散人群的最好方法。

球技組合

球技組合主要目的在於賦予技巧意義，以簡化問題並用系統性的方式陳述出來。先從檢討各球隊自身開始，在不考慮敵隊的情況下，分析各球員間的關係，於瞭解他們各項位移動作的理由後並付諸實驗。

球技的連結可說是策略的測試台，或分析性的團體練習，使我們可以《緩慢地》施行。在類似的練習中，可致力於典型的《進攻計畫》，唯一的顧慮是找到與潛在《對手》的接觸，以確保球路符合實戰計畫；將個人動作與《團體行動》融合，並視整體策略妥善利用球員間相互動作。

確保運傳球行動鏈，且不破壞比賽策略，就必須確保《個人行動與團體行動一體化》的分級概念。整體目標明確，方法也已經被研究、灌輸給球員，球員也都了解贏球的運傳球條件：傳球就像在傳遞物證，傳遞團體的共同必需品，是一種《社會型行為》就像無障礙的反射動作。

若球員練習時無法將所提供的球技順利連結，那麼在比賽場上他們將無法即席運用；往往球技連結的學習是潛移默化的，也培養《策略感》，球員必須個別思考與發現。

基本條件

為完成這個團體遊戲，使其不成為未經思索的個人行為，必須有《基本條件》。《團隊感》即是由此而來：一個球員手上握著球，他該怎麼做？

　　我，身為隊友，得找一個相對於對手，利於傳球的位置。一邊監視球員手上的球，一邊尋找可以發揮策略的位置：隊友將球傳給我，也就是說他的策略跟我一樣，所以我會盡己可能繼續。我重拾自己的策略…前提是我了解自身的反應對比賽策略的影響。

　　還記得斯托澤爾（Stoetzel）有關人際關係的論述：計畫的溝通是觀察與機智的結合。靠著機智可想像計畫策略，靠著觀察可決定技術條件。透過球員在場上的位置，靠著機智可猜測擲球球員欲執行的解決方法，觀察力則可記錄球員移動動線，藉此憑著機智規劃各類策略性地贏球方式。我接到球這個事實證明-或可以證明！-把球傳給我的隊友，他也認為最佳策略是傳球給我；我也就只能接下球，並完成原定的目標。

　　當然，即便球傳給我，也不代表只有一種可行計畫；在此藉由觀察力，我可以了解其他球員的反應；其他球員心中當然也有《計劃藍圖》使他的動作與他心中所想一致。一旦我接到球，球在我手中，隊友就必須接受變化；靠著觀察力即可得到明確訊息：觀察球員的位置，因為幾秒鐘前所制定的策略已經不是最佳策略了。又一次，我們得靠機智即時判斷改變帶來的戰術意義，然後得根據這些改變重擬作戰計畫。

　　因此，在遊戲中計畫策略是很混亂的，必須擁有機智的警覺，隨時因應當下條件做變化。

　　這就是所謂的《全面性策略》；必須觀察並理解（資訊的一部分）球員位置的變動，靠機智快速重組可行的計劃策略。

　　在《現行策略》中，面對新的局勢提供新的方案，觀察與機智的結合是不可少的。對初學球員而言，取得資訊與觀察的方法相當有限，因此必須特別要求訓練。

組合分析

　　分析簡化訓練是有道理的。《球技組合》並未考慮對手的位置，且限於對已訂定之策略中該研究、學習的部分。藉此策略的要素可以完全執行；不考慮任何變化，學員可觀察策略的演化。

　　研究球技組合圖解只有一個理論性的好處：巧固球中不可阻擋對手射網，策略計劃較容易依據圖解實現。

　　事實上，我們在此要研究的圖解類型或多或少真實呈現球場上的真實情況。在實際練習中，我們發現圖解呈現基本要素。

　　X 球員：側邊—中央　　　AB(C) 球員：同側

　　X 球員：中央—側邊　　　AB(C) 球員：橫向

（參見前述圖解）

　　所有的組合都是這個圖解的運用。

　　這些練習的實驗值設籍在傳球鏈中球員間的位置到球傳遞至射手手中的群體反射動作比較，射手是組合中最重要的人物。

三人團體

　　（參閱第 257 頁平面圖 57）告訴我們，A 球員接到兩次球會發生什麼事。三人團體的比賽中，若我們傳三次球，勢必有一位球員得接到兩次球。球隊由 A、B、X 組成。在這三個球員組成的隊伍中，我們只能傳兩次球，第三次傳球勢必會回到其中兩人手上。當我們在進行三人練習策略時必須考慮到這點。

　　重新被傳到球那個人，我們稱他為《中樞》，這個中心人物為了重新取得球必須移動。

　　第一個解決方案：X 球員不納入《遊戲中樞》，他只負責傳球與射網。許多側邊—中央與側邊-中央移動案例已經被研究。

　　只包含 A 球員和 B 球員的組合。

　　1. 由後方開球，球員 A 成為中樞。為了取得第二次傳球，他必須往前移動。移動的方向則必須根據 X 球員所在位置與比賽決定：

　　I. X 球員在中央-側邊：A 球員移動到中央。

　　II. X 球員在側邊-中央：A 球員移動到側邊。

　　（參閱第 258 頁平面圖 60）

位置的移動取決於 A 球員的起始位置，因為他可以輕易地接到偏移的球，且佔領 I 和 II 球道。（參閱第 259 頁平面圖 61）；至於位置的取決，必須是 X 球員的位置由 A 球員自行決定，當然還有可能阻擋他的對手位置！如此一來，可輕易地同側或橫向傳球。A 球員即為移動中樞，實務上，我們是各自的優勢採取此種練習。

2. 射網後接球初期

設想一下，如同往常，在側邊接球（最常發生的情況，因為在往後方射網後，B 球員必須接球，他必須處於先前的位置）。A 球員把球傳給 B 球員後，回到後方（I）的位置或側邊（II）的位置（平面圖 62）。A 球員的角色就變得非常重要，因為他要按照 X 球員所在的位置（多變的！）判斷情勢。射網後，A 球員應該注意 X 球員的情況。

在球賽進行中，射網後接球的球員非常重要，因為他要決定接下來的動作，他變成遊戲的中樞人物，他必須非常熟練（好的技巧與好的判斷力！）平面圖 63 精確呈現 A 球員移動中樞的角色。

以上皆是 A 球員成為中樞的圖解。

我們只研究三次傳球的技巧。倘若我們滿足於兩次傳球，我們就可以簡化問題；實務上，我們會設定位置好的中間球員負責射網。若忽略這個優勢，就不可原諒了。

X 球員成為中樞：

要射網的球員二度接到球。如（參閱第 260 頁平面圖 64）：球員 A、B、C 排成行，C 球員最靠近反彈網，若可以，C 球員成功射網，那麼 B 球員就會成為中樞，也就是變成 X 球員。在這種組合中 C 球員原本也有可能成為 X，但為了讓 B 球員發揮，他只能放棄。

另一個常常出現的組合；只有兩位球員（平面圖 65）：A 球員跑到場中，但發現 B 球員在相對較好的位置，將球傳給 B 球員（雙中樞）。

射網後接球初期（平面圖 66）

A 球員接到射網後反彈的球，傳給 B 球員；此時要視 B 球員的位置，B 球員有多種選擇，他也有多種運球方向變化（參閱第 260 頁平面圖 66）。

上述圖解皆為可行方案，平面圖 67 想像雙中樞，先是 A 球員，後來為 B 球員。（2 人上場的比賽）。

中樞球員有多種運球方式。另一種方式是，三位球員皆不動，傳球給 A 球員，A 球員成為 X。

當球員了解《中樞系統》的概念，也了解其變化，在球賽中就更容易指出中樞球員的位置（尤其是相對於對手與反彈網的位置）。針對每個圖解，我們可以想像其變化，並就此改變球員位置，問題就會改變。

e) 策略結論

我不是沒有想過這些策略應該或可以一一使用在比賽場上。這些策略的唯一用途是提供範例讓球員具有策略感。對初學球員而言，《二段式射網》技巧比任何其他策略概更具吸引力。除了練習射網技巧外，我們只能靠策略性練習。例如，讓後衛球員運球，讓球路變成《非自然》，但所有《單獨的》（也就是說沒有對手）練習都成為球員比賽時面對防守或進攻的策略啟發。

此外，策略理論研究也證實目前此項運動的推展需要豐富的良好技巧與良好策略結合。

對於未來的團隊，有很多美好的前景：為使此一運動更臻成熟，有志者與運動員可盡其所能表現。

但得注意的是：巧固球運動適合所有笨拙的人（當然有某種程度限制！），有興趣者可從中發揮其個人能力，有野心的球隊也可藉此獲得成功。

有關策略的概述即是傳球，而對手就得適時的移動。

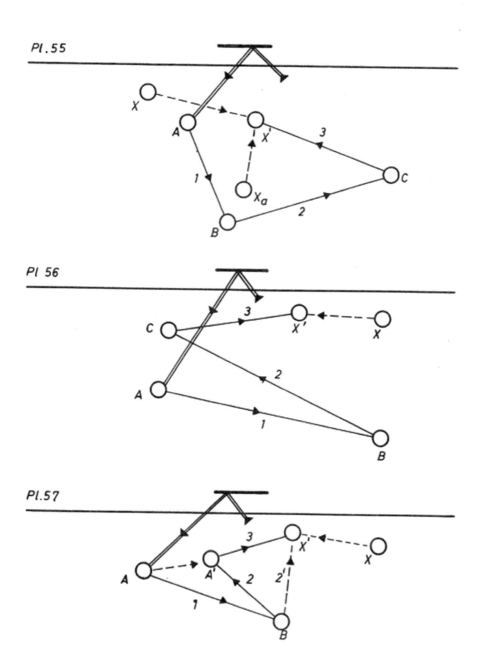

Pl.55

Pl 56

Pl.57

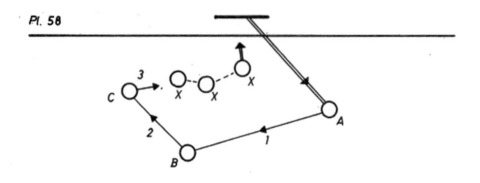

Pl. 58

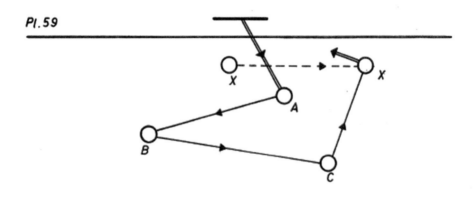

Pl. 59

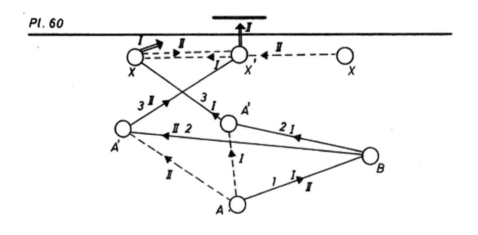

Pl. 60

Pl.61

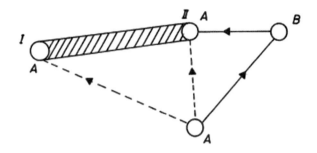

Pl.62

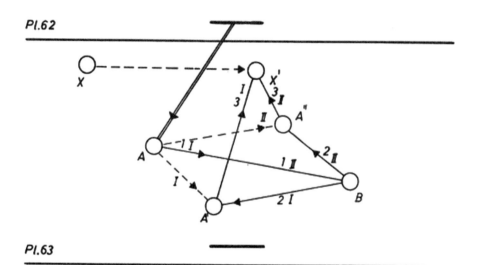

Pl.63

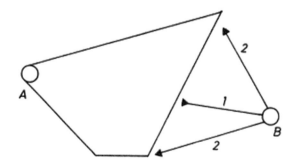

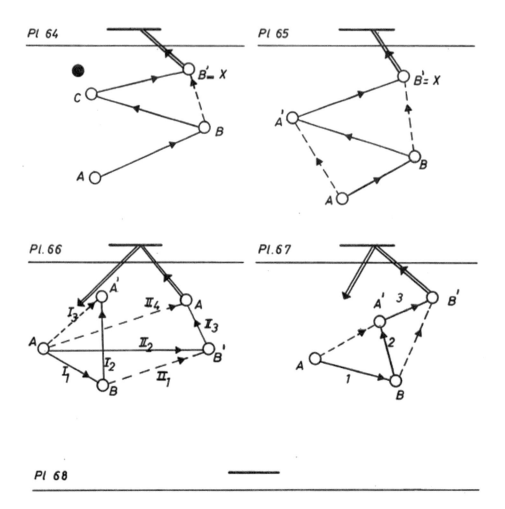

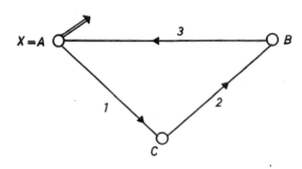

7. 團體訓練

二對二遊戲

我們已經知道如何一對一比賽。一對一非常耗費體力。技巧是最重要也是唯一的關鍵！一對一非常講求技巧，尤其在射網的時候，接球反而難，且必須擁有絕佳的反應。

每隊派出二人的二對二比賽，每位球員都得顧及全場；我們將場地依球員能力縮減為長度 10-12 公尺，深度 10 至 15 公尺。這比賽非常要求技巧；必須要著重於射網與接球。為了不要漏接球或射偏網，球員間必須擁有良好的默契！

不管是二或三個傳球，球員都得貫注全場。這種二對二比賽也能訓練球員移動能力。快速移位、專注力、前後排球員協調能力皆為贏球之關鍵。一旦做出射網動作，就應該知道對手可能會在中途接球，射網與佔領球場後方。移動速度最快的球員必須來回前後場，而其他球員則要即時配合此球員。

就體力而言，此一運動要得分要求相當大的體力。但只要找出對手的弱點，加上良好的策略，要得分也很容易。

所以我們建議這個遊戲（既然只有四個球員我們必須以遊戲來稱呼）主要練習在有限區域快速移動技巧，尤其是前後場來回技巧。

場地：至少 15*14 公尺。

三對三遊戲

這是最理想的遊戲方式。策略可以與技巧完美搭配。就像剛剛我們所提，這種遊戲方式的技巧比二對二困難，在三對三比賽中：其中一名球員並須肩負主控之責任。三位球員必須擁有技巧性策略與快速轉換位置之能力，以提供射網球員最佳協助。

場區與反彈網相當接近，因此必須調整球員位置使《空間稀疏》，意即球員間保持較大的空間。這就需要策略。

原則上，一位球員在場後方，但他必要要能隨時快速向前移動，當他在前場的任務完成時，這位球員要能快速回到後方位置。這種《手風琴式》練習，前排球員必須要能隨時關注後排動作，一旦後排球員往前移動，前排球員必須快速向後移動，遞補空缺。當後排球員往前移動通常是為了要射網，當對隊持球時，慣性會向後方擲球，故後方必須隨時有人防守。

實務上，對於初學者，這種《手風琴式》前後移動的概念對於初學者很困難，因為他們總是認為應向前場靠近。這也就是我們先前提到的要讓球員學會協調。

三對三遊戲似乎是最有趣，也是最受歡迎的。因為隨時都要全神貫注，眼睛不可離開球。

四對四遊戲

四對四遊戲必須有夠大的場地，寬度應達 25 公尺。

在這麼大的場地中，策略是一或二人在後排。後排主要球員負責開球，而後排第二位球員則屬於中間人的腳色，或採用三對三的策略。三對三遊戲因後排的第四位球員更顯完善，因為第四位球員可以選擇最佳直球方向。

為了要使遊戲更有趣，我們可以將球場加大到 20 公尺。不要忘記球場越大，體力需求越大，因此我們必須有訓練有素的球員。

四對四遊戲中，我們可以練習初學者常常忘記的《空間稀疏》概念。當球穿越球場大片範圍時，很難釘住球員《反映》位置。球速比球員移動速度快，這也就是為什麼在大範圍的球場較能展現球賽策略：因為球速快，所以必須快速移動到對隊球員所站位置。在這種遊戲中，我們必須運用手球的傳球概念：距離雖長，但快速。

以下簡單介紹技巧與策略：

遊戲

	技巧	策略
一名球員	+++	0
二名球員	++	+
三名球員	++	+
四名球員	+	+++

關於團隊：

我們常常提醒：男女混合隊伍有不同的比賽法。現在男女混合隊伍如此頻繁，導致我們常常忘記這個原則。球員間的個性與心理物理學行為模式（心態也很重要！）是影響團隊訓練的關鍵。朋友或配偶間無論是同隊或敵隊，從來不會對指令有爭執。這也讓我們注意到，最重要的是他們本身對球賽感興趣。事實上，現在的年輕人喜歡可一同練習的日常社會訓練。以學生為例，有伴一起練習可讓他們感覺身處精神團體之中一樣自在。這當然不是運動在社會生活中的唯一優點，但運動成為團體生活的延伸，我們在運動中找到共享的樂趣。

場地

只要球不會從地面反彈，不要崎嶇不平導致扭傷腳，都是好的場地！

只要我們能在上面奔跑，緊急停止都是可以使用的場地。

但若在反彈網後方有阻擋物（牆或柵欄等）更好：未成功射入網內的球，通常會往後飛去，若反彈網後方空間過大，我們會耗費大量時間在撿球，除非好心的觀眾願意把球丟回來…！

因此我們可以使用小場地（如房舍旁邊），或是使用一半的足球場，體育館的兩端，我們可以隨時即興的在牧場旁、學校操場、海灘或露營區來場球賽。

至於反彈網，我們則可以汽車車頂或汽車後車廂代替。荒蕪的草地一小角也可以當作球賽場地。

舉例來說，可以參考本書中的圖片（參閱第 268 頁，照片 43 與 44）

在照片中可以看到，我們使用的是網球場旁的停車空地。雖然被車子包圍，且必須移除大石頭，但我們充分享受陽光與愉悅的心情，毫無困難地玩球。只要幾分鐘就可以將場地布置好：快速選擇當作反彈網的工具，球賽開始，旁人也驚訝地聚集圍觀！

我們可以選擇住家旁邊的小空地當球場的原因，是因為這項運動已經變成也即將變成**家庭運動遊戲**。我們邀請朋友來家裡喝杯茶（為健康因素，我們不喝餐前酒！），我們很快會發現即使不愛運動的女士們也會想下場玩一局！

簡易球場：以社會觀點看來，這項運動具備別的運動無法達到的場地便利性。

8. 裁判規則

（請參閱第 36 頁進階規則第二章）

只要有規則，就得有方法檢視這些規則是否確實實施與何時發生違例。

若無群體原則，團體活動是沒有意義的。（群體利益大於個人利益）。運動的結構必須符合此一原則。

球賽是並非只是運動，而是一連串符合程序與規則的個人行為。

這也就是為什麼凱窪（Caillois）[1] 表示（馬格納尼引述其著作第 127 頁）：《遊戲活動的敗壞始於未有獲認可的裁判規則與裁判員》。

根據馬格納尼之看法，每個活動必須 《**訂定詳細規則並制度化**》

---

[1] 譯註：遊戲理論學者凱窪（Roger Caillois）, 1913-1978.

始能防止敗壞綱紀之情況。

若無查核機制，裁判規則無法有效實施。在《有爭議的情況下》，若無遊戲規則可循，裁判員則需運用自身之觀察力、判決力、專業知識與禮儀。

巧固球之規則非常明確，係以《允許的動作》或《不允許的動作》，抑是《得分》或《未得分》評分。然而，在操球時，我們也制定了一些球員必須了解的原則。此舉旨在避免爭議…，且我們必須知道，在熱情的球場上，許多球員對操球行為的評斷偏向對自身有利的觀點。（畢竟大家都想贏球！）

巧固球之規章規定團體利益優於個人利益，而在此所指的利益並非團體或其他人的單純利益，而是球員間的運動《精神》。

這也就是為什麼裁判規則須遵守以下原則。

原則一：須避免任何爭執-或爭議事件，當裁判無法公正且明確評斷《好》或《不好》時，且無法確認哪一隊得分時，應該判決《不給分》或重新發球。

意即球若觸地，不給分。球（重新發球）應判給原發球隊。

阻擋犯規常導致爭議：球員無意地以雙腳站穩進在球道上，且影響對隊接球時，取消得分。球應判給對隊。

原則二：有些動作我們無法判定是否符合規範，尤其是在球場上。接球或擲球時垂直高舉超過限制即屬犯規。但要發現此一動作，裁判員須站在**有利的觀察軸線**上，這往往很難執行。當沒有裁判員時，這點更顯重要；隊長應公正裁決：取消得分。

參閱第 268 頁照片 45-46：

在這兩種狀況，擲球的動作也許在腳踩進禁區前已經做出，但腳踩進禁區前，球卻**尚未離開**球員手中。一般情況下，這種動作常常重複發生，但若裁判員站立的位置過遠，則無法確切發現。裁判員應取消得分，並將球還給發球隊。

（照片 47）：

腳踩在禁止線上。接球動作未確實執行，判失分！

（參閱第 269 頁照片 48）：

跳躍空中接球：若接球區為有效區，判得分。

（照片 49）：

若球在有腳踩入禁區前離開球員手中，則不屬犯規。

此一情況常發生在球場的界線上，尤其在禁區界線上。這也就是為什麼我們建議裁判員應站在球場側邊，分界線軸上。

原則三：裁判員應**高聲宣布**其判決。

每個隊伍的球員皆應穿著同一顏色或標示球隊名稱之球衣，舉例：紅隊對綠隊。

若綠隊失分：裁判宣布《綠隊》，意即綠隊失一分。高聲宣布判決可讓球員了解哪一隊取得發球權，宣布綠隊失分後，裁判將球判給對隊；同時綠隊知道該接球，防守隊則應防守。

高聲宣布是最簡單的計分方式；但是要記得被喊次數最多的隊伍，意即**失分越多**，也就是輸球的隊伍。

關於一般指令，還有以下幾點得注意：

防守隊隊員接到球後，**須以原姿勢就地傳球**。只要球在手中未傳出，不可移動。

若防守隊未接到球（因裁判未傳好球或誤傳他隊），裁判重新發球給對隊。此舉不判失分：往往我們會歸咎為裁判犯錯，實則不然。

此外，射球隊伍被視為主攻隊，射網之球未能觸及網時，判對隊得一分。

在此提醒幾個前面已提過的名詞：

無論任何形式之**阻擋犯規**是被禁止的。舉例來說，假設一個未被傳球的球員，做出接球動作，導致應該接球之球員遲疑：未接到球，則判不該做出任何動作之球員之球隊失分。

（照片 50）：

照片中是常見的情況；我們也已經談過：若**反彈網前**為兩位同隊

球員，手中沒有球的球員阻擋對手接球，也就是說，若球員的位置非常接近禁止線，持球的一隊應讓出位子給**對隊**，若球員站在反彈網前靜止不動，則屬阻擋犯規，應判失分。

每次中斷比賽後（判失分後），球應回傳給裁判員，由其重新發球。

重新發球時，只有發球隊可置於場地後方。對隊球員可依其攻略站定位置。

若兩位球員無明確意圖相互碰撞，球權發還給發球隊伍。

球可觸及球員身體任何一點：只要球未觸地，即不算失分，球賽繼續進行。

球觸及**反彈網框架**（金屬支架）發出碰撞聲即算失分。遇此情形，裁判員應判重新發球。但若球沒有**碰觸**到反彈網框架，球賽繼續進行。

Fig. 43

Fig. 44

Fig. 45

Fig. 46

Fig. 47

Fig. 48

Fig. 49

Fig. 50

VI. 結論

巧固球被研究並被設定成為工作工具。

身體活動相關學說研究對其基本原則甚感興趣：

生物心理學

個人心理學

團體心理學也稱作社會心理學

研究團體與社會組成的社會學

此外還有肢體與精神運動技能研究

也因此，我們常在上述學說中看見巧固球的基本原則：在這些研究中反覆出現：我們做綜合研究的原因也在此。

尤其是在賽前練習（技術教學法經驗中），我們了解這個運動遊戲的組成符合所有複雜的人類活動需求。

團體就像一個小宇宙，成為一個綜合性活動場域。透過教育學者與專業的訓練員指導下，這運動可深入社會層面，尤其現代人常坐在家裡不動，已成為隱憂。

此一研究是為了向我那些對教育深富熱情地物理學教育家朋友們致上崇高的敬意，我非常敬佩他們對於個人與社會的付出。同時我也將這研究獻給所有關心這個社會未來的人們，希望他們遇到一位同輩勇於倡導這個理性且有效的活動。

巧固球規章仍在研究中，它將概括球場上所有社會行為概念。

尾註

　　本書出版之章節為先前已於國際體育聯盟（FIEP）蘇林競賽中發表之篇章。

　　該章節於里斯本（Lisbonne）、羅倫所-馬貴斯（Lourenco Marques）[2]及羅安達（Luanda）會議發表後曾做修改；我們很感謝國際體育聯盟主席表達想重讀之意，並提供修改意見。

　　他提供了建設美好未來的基本概念。

但巧固球是一個有生命的運動，也就是說它會經歷過《幼兒病》的時期；支持非暴力技術的專家們將會就此有新的發現。

　　自從蘇林獎後，出現了更多振奮人心的前景：法國巧固球協會與瑞士巧固球協會相繼成立，國際巧固球協會也正在籌畫中。

　　《頂級》競賽實施辦法雖已針對巧固球之規則與裁判法規做出修訂…但並不影響其基本原則，僅是讓此運動更適合競賽條件。運動改進其自身之施行模式！

　　我們邀請所有對巧固球改進辦法有興趣，並欲取得最新相關資訊者前來：

巧固球推廣協會，5 rond-point de   Plainpalais
1205 日內瓦（GENEVE）

一個重要的競賽必須有適當的規則始能有良好的裁判法則。

---

[2] 譯註：非洲莫桑比克的首都洛倫索－馬貴斯（Lourenco Marques，現在稱為馬普托）

巧固球章程

本運動不追求任何個人或團體的名聲利益。

就個人方面，球員的態度必須尊重其他所有球員、對手或隊友，無論實力較強或較弱。

本運動適合各種能力程度的球員，無論其能力為與生俱來或後天培養的，比賽場合我們難免會遇到各種不同實力的球員；應尊重或體諒每一位球員，每個球員應遵照當下情況調整自己的技術行為和戰略技巧。

就團體方面，無論比賽結果如何，均不涉及任何人的聲譽，尤其是，不可存有任何派系之分。我們可以從勝利中得到樂趣，甚至喜悅，但絕非驕傲滿足。獲勝的喜悅是一種鼓勵。勝利的驕傲卻埋下爭奪名利的種子，成為人類之間各種大小衝突的來源，我們予以譴責。

本運動需要長久持續的全心投入：首先必須隨時監看球的路徑，接著客觀並以同理心觀察其他球員。全心投入係以大局為重的參與態度：面對比賽相互對峙時，它可以《融合》所有性格：

a) 球隊團體成就感：鞏固隊友彼此之間的關係；學會尊重、欣賞其他隊友的價值；透過小組共同的努力，建立團結一致的情感。

b) 看待〝對手〞的團體態度應視同比賽裡相對的另一支隊伍，絕不含絲毫敵意。

c) 所有球員最關切的應是如何打一場高尚的球賽。體育界流行一句話說明這項通則：高尚的比賽帶來精采的比賽。

具備這樣的精神是巧固球的社會行為基礎：它使球員更趨完美，並避免向對手做出負面行為。

這不僅是運動比賽規則，更是永遠的行為準則、行為心理的組成元素和社會人格的基礎。

　　因此其目標是大家同心一致消弭衝突：這是比〝公平競爭〞更高超的理念，不是向對手讓步，而是連結各個隊伍彼此之間的共同行動，惟有一隊願意打一場高尚的球賽，才能使另一隊伍有可能以相同的高尚態度應戰。

　　體育比賽成為一種透過身體活動的社會磨練：共享執行資源，最優秀的人有責任教導比較不好的人：沒有真正的冠軍，而是一場〝能力〞的競賽。

　　當我們說『最優秀的人獲勝』，必須知道言下之意是，準備最充分才會成為最優秀的。所以，成績是回饋給首先承受個別鍛練的艱辛，接著在團隊繼續努力的球員的最佳獎賞，這是很好的事。

　　在此限定下，勝利可以並且應該帶來一種正常的滿足，並得到對手的尊敬。

　　勝利應該使對手產生心理刺激（渴望一樣獲勝），而非潰敗感。獲勝者應該努力讓這種印象產生。獲勝者表達心態健康的滿足感方法，應是握手致意輸球隊伍並鼓勵其繼續鍛練。

　　基於這些理由，〝冠軍〞的觀念應該換成另一種更謙卑、更適合的觀念：即〝獲勝者〞的觀念。

　　體育比賽是為了自我鍛練追求完美：這是所有比賽活動應該蘊含和發展的感情。我們應該拓展巧固球運動，從最小的友誼賽到最嚴謹的〝高峰〞對抗賽，都應朝此目標推展。

附錄 1
巧固球比賽規則的修正歷史

1970 年

　　赫爾曼‧布蘭德、西奧‧魏瑞（Théo Werey）和米歇爾‧弗爾為了使本運動相較其它運動時顯得組織更完善，我們將書中提出的規定做了六項改變。

（不巧的是，有關於巧固球的書和一本小冊子當時剛剛印製完成。我們必須重印小冊子。）

修改：

1) 建議在框架前面畫一個三公尺半徑的圓而非一條線，這樣可以提供本運動更靈活運用的面積。

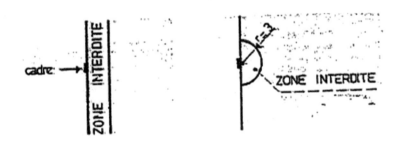

2) 射網之後始可計一分或給一分，〝而射網之前〞任何失誤都罰一分。

3) 傳球失誤，則球歸另一隊。

4) 我們也修改持球時間，為避免球賽完全停頓，我們限制持球時間以三秒鐘為限而非五秒鐘。

5) 在書中提到：球可以碰觸身體任何部位：只要球未落地，則屬有效球，球賽繼續。

　　為避免用碰到腳的風險，我們已決定小腿除外。

　　小腿（Jambe）為一陰性名詞（動物的側面腸、小腿，腿脛）。介於膝蓋和腳掌之間的下肢部分。（小腿骨架包括兩個骨頭，即脛骨和腓骨）。

6) 雙網賽，（兩個框架），我們提出以三次傳球取代五次傳球（使運動比賽不會過於靜態）。

1984 年
台灣總會提議：

〝持球時腳觸地三次算犯規〞（單腳或雙腳著地接球算觸地一次）。

雙網賽：重新發球之後，只要球傳過中線，不論哪一個框架皆可射網。

這兩項規則在西元 1987 年瑞士舉行的國際賽獲得一致同意。

取名為《巧固球》乃因為球觸及反彈網時發出：《巧固…》的聲音。這個反彈聲音是球賽的《關鍵時刻》。這個名稱基本上係模仿本遊戲最關鍵時刻發出的聲響。

附錄 2
巧固球運動教育性之探討
From 1969-2016

國立體育大學博士研究生黃進成
指導教授：周宏室、潘義祥

摘要

　　台灣巧固球運動 34 年來任何一個年齡比賽選手幾乎都是世界第一，而國中小體育老師的基層推展更是他世界第一的原因，深入了解體育老師會喜歡巧固球，因為它附有很深的教育性。本研究之目的為探討巧固球運動教育性的探討，希望找出其運動教育價值。研究方法為從該運動發明者的發明動機和所做 207 多頁的研究報告到過去 40 多年的推展現況，蒐集各論文、期刊等文獻，探討該運動在教育上的價值。

　　研究結果發現：巧固球發明者從人類運動的目的性，定論『人類運動的目的不是為了優勝，而是為了建立一個和諧的美好社會來有所貢獻』（Hermann Brandt, 1970），進而研究出團體運動的教育方式是最好的媒介，找出一種沒有衝撞和和平運動就是巧固球，竟然和聯合國的宗旨相同。而該價值透過規則和憲章來發展更多教育性元素，更是近年成為和平、安全、運動道德、樂趣化、合作學習、團隊、體適能、美育等運動教育之最好教材。

關鍵詞：巧固球、運動教育、學校體育

通訊作者：黃進成聯絡電話：0970957630　電子信箱：1040409@ ntsu.edu.tw

壹：前言

　　1969 年瑞士生物學家布蘭德博士（Prof. Hermann Brandt）將現有的遊戲，經精細的分析研究後，根據人類進化的原則、體育原理、現代工業的需求、人類行為的趨向等，從教育的團體遊戲觀點，參考籃球、排球、壁網球（Basque Pelota），研究 207 多頁報告而創造了與眾不同的巧固球運動。以維持健康而正當的競賽氣氛下，做不侵犯別人身體活動和禮讓的態度為宗旨（萬清和、徐木秀，1985）。

　　他發現很多運動造成生理上的受傷和碰撞，也造成彼此嚴重的心理上傷害，他探討人類運動最重要的目的為何？可透過哪種方法可以達成？他研究出『人類運動的目的不是為了優勝，而是為了建構一個美好的社會來有所貢獻！』而透過團體運動的教育方式是最好的方式，研究出來的運動就是有未來性的運動--巧固球（Hermann Brandt, 1970）。

　　筆者發現國小學童參與巧固球運動，受傷少，有趣且全身運動量大，深受學童喜愛（黃進成，2001a）。巧固球運動又稱「君子球」運動，因為沒身體接觸，場地器材簡單（黃進成，2001b）。參與實際推展工作 26 年，目前接國際巧固球總會會長，2009 年至今，從 20 多個國家到約 60 個國家推展巧固球，去過 33 國推展巧固球運動，身受各國喜愛，覺得巧固球運動本質很好，規則簡單只要 30 分鐘，就可以玩在其中，更加引起筆者研究巧固球之興趣，以了解巧固球之教育精神，又由於這個課題少人研究，綜合上述理由，引發筆者研究之動機。

　　本研究的研究目的主要在探究巧固球運動教育性。以資料蒐集為主要的研究方法，蒐集相關史料，加以綜合、分析、考察得到的研究結果。然而有些文獻少人研究，蒐集不易，對於部分課題，無法詳細探討，此為本研究之限制。

貳：巧固球的起源

巧固球運動源自瑞士生物學者布蘭德博士（DR. Hermann H. Brandt），他在日內瓦從事多年的實驗，研究如何把身體活動的科學知識應用到實際活動上的問題。1928 年在瑞士體操協會中成立「運動醫學管制」機構，並因為其努力，不僅全州所採用，且普及於全瑞士境內。亦 1929 年介紹女子籃球運動與 1951 年介紹排球到瑞士，亦寫了很多有關體育之文章。更在 1938 年榮獲「法國運動機動協會」贈她該會之榮譽顧問頭銜，以承認其卓越貢獻。1960 年法國政府更頒贈他「傑出運動功臣」的頭銜（F.I.T.B，2001）。

布蘭德博士之一本書「從體育到競賽運動，其生物學觀點」（Education Physique Sports Biologie）研究生物進化之推展因素，發現「教育要素」最重要且有實際效果（John Andrews, 1979）。

一、依上面觀點，布蘭德博士研究教育要素，發現「團體遊戲方法」，對於培養有益社會之性格要素最有效，對於生物進化之總代理，人類之發展文化最為有用。

二、理論化階段：

布蘭德博士於 1966 年寄一封信給瑞士第一次說到「Tchoukball」，1967 年 3 月 29 日在瑞士舉行一個巧固球會議，1968 年 5 月 8 日在經過 8 個月的研究巧固球器材後，第一次完成最早期的簡介、規則、器材、打法，1969 年完成一篇研究論文『體育遊戲的科學評論』，入選國際體育聯盟（F.I.E.P）之國際體育學術文獻會議之最高獎，批判現今之各種競賽運動，而聯合壁網球和德式手球，創造了巧固球。1970 年 8 月 16 日在葡萄牙里斯本大學被贈予世界著名的「蘇林獎」（Thulin Prize），在他的理想及實際表現，及他對於現存所有遊戲透徹而精細的研究後，所產生的就是「巧固球」（萬清和、徐木秀，1985）。

三、和平的運動為宗旨

"The objective of human physical activities is not to make champions, but to make a contribution to building a harmonious society."

人類運動的目的不是為了優勝，而是為了建設一個美好的社會來有所貢獻。

Dr Hermann Brandt

這是巧固球運動最重要的運動精神。

四、實際化階段：

完成巧固球運動設計：1968 年 5 月 8 日完成包括巧固球的功能、球（用手球）、網（當時參考法國一家公司 Cheftel 所生產的網架）、打法及規則。跟著布蘭德博士突然的發病，他仍抱病繼續推展此一運動，於 1972 年 11 月 15 日去世（萬清和、徐木秀，1985）。

在布蘭德醫生的執業過程中，他觀察到球員所受到的許多運動傷害，使他興起創造一種新運動的想法。他詳細深入研究那些運動傷害的成因，往往都是由於球員在球賽進行時，為求得分而做出違反個人生理機能的動作，或因某些運動所常見的攻擊動作所造成。這兩種因素引導他思考，何種運動能順應個人生理機能而產生較少的運動傷害。在這種想法之下，他仔細觀察壁球（pelote basque，一種西班牙球類運動，球員將球擲向牆壁，在球從牆壁彈回後，必需把它接住。）的選手，進而發明了巧固球（FITB，2011）。

國際巧固球總會（2014）年教練班課程談到巧固球歷史曾說，他很推崇壁網球，因為規則沒機會讓二人碰觸，互不干擾，但是我們不可能去建造那麼多牆，且攜帶不方便。他是一位醫生，有一天他看到一個中風病人，醫生請中風的病人拿一顆球，面對地面一個網架，將球投入網中，球因為反彈，中風病人要去接住，訓練其反應能力。布蘭德博士發現，就是這個，這就是他要的運動，而當時反彈後的聲音是 tchouk，所以叫做 tchoukball。

由以上簡史可知，巧固球是以教育中的團體活動遊戲為根基，以建構一個和諧的社會來提倡和平的身體運動為目的，所以巧固球有「君子球」及「教育球」之稱（黃進成，2002），聯澳門在國際巧固球總會認可註冊也教做『澳門君子球總會』，因為推展者研發「巧固球」後第二年即病逝，推展上甚受影響。最後靠瑞士人 Michel Favre 在瑞士的 **Neuchâtel** County（法文 Canton）中的 Val-De-Ruz 地方推展，原本訓練足球的他轉為訓練巧固球而繼續推展及英國 John Andrews 透過 FIEP 來協助推展；也是因為該運動特別強調其教育上的運動精神，所以初期發展都以休閒為主，甚至予以沒有計分，男女混合或老少混合之樂趣化比賽為主，也因為巧固球器材貴且比較沒行銷，無廠商資助活動之推展；所有寫下的文章和主事者都是說法文，和各國語言溝通不順，少交流，國際上推展甚不順利。

　　2009 世運會後，巧固球運動能見度打開，國際巧固球總會成立各洲際總會，全球蓬勃推展，從 20 多國增加到 60 國，幾乎每個月有一場研習和每年都有國際賽舉辦，目前已經 41 個會員國，約 60 多國都有代表推展中（FITB，2015）。

參：如何玩巧固球？

一、何謂巧固球？

　　他是一種好玩又好學的運動。就是有一個約一米正方形的網子在地面上，和地面成 55℃ 角，在一個三公尺的禁區外，我射網丟球，您來接，您若是沒接到，我就得一分。若您有接到，換您丟球我來接。最主要的是球射網時，會彈出巧固、巧固的聲音，所以稱之巧固球。因為富有禮讓的精神，比如您射網時，我們要禮讓給您射網，即使您傳球時，亦不能擋住您的視線。所以有君子球之稱。又因為富有教育意義，所以又稱為教育球（FITB，2009）。Tchouk 是法文，我國方瑞民取其射球在反彈網的聲音「巧固」而取名為「巧固球」（黃進成，2002）。

圖一：本圖來自 FITB 總會宣傳單。基本上是射網讓對方
　　　接不到，就是得分。

二、巧固球憲章：

巧固球發明之初，布蘭德博士即擬定巧固球運動精神憲章來規
範，讓運動發展很正向來推展。全文如下：

巧固球目的不在追逐個人或團體之聲望。而是追求個人訓練及團
隊合作。所有程度能力（先天或後天）的球員均可參加比賽。每個人
無可避免的會遇到各不同類型的球員。每位球員（技術性或策略上）
應調整自己的行為舉止，表現出對別人應有的尊重與體諒，以符當時
所處的情況。

個人方面：球員在態度上要尊重每位球員，不論是本隊球隊隊員
或是它隊球員，或是較強球隊隊員還是較弱球隊隊員。

團體方面：不論比賽結果是什麼，均不涉及任何人的名聲；最重要的，是不可存有任何門戶之見。勝利可享歡樂，甚至喜悅，但絕對不是自負的滿足。贏球的喜悅是種鼓勵，而勝利的自大則會帶來爭奪名聲的種子，這種會提高人類間程度不一的各式衝突的情形，是我們巧固球運動所譴責的。

比賽需要全力投入：首先，要隨時注意球的方向；再者，要客觀並設身處地的觀察其他球員。個人參與活動要捨己忘我，為大局著想，如此在比賽相互對抗下可致使性格融合。

即：

球隊團體成就感：它將球隊球員緊緊凝聚在一起，教導大家尊重、欣賞他人的價值，在小團體共同努力中創造團隊一體的感受。

同化對於所謂的敵隊之態度：與對手競賽禁止投機取巧，不可有任何形式的潛在敵意。

球員主要關心的應是努力打場漂亮的球賽。通用的運動經驗可用這句話表達：「一流比賽會引起一流比賽。」

這種心理態度是巧固球社會行動的中樞：鼓勵大家追求完美，永遠避免向對手採取任何負面行動。

這不僅是比賽規則，也是任何時候均適用的社會舉止規範，是行為的精神構件、社會個性的基礎。

因此，目的在於避免衝突，可望達到一個目的：公開賽事的觀念。我們不是說要向比賽對手讓步，而是說有共有的活動，將球隊結合起來，他隊打出的漂亮球賽會讓對手也打出漂亮的球賽。

比賽是透過身體活動而成就的社會運動。這是行動的方法，較佳的球員擔負教導較差球員的責任，因此，沒有真正的個人冠軍，只有合作能力的競賽。當有人說：「讓最好的贏」時，意思應該是說藉由適當的準備可以讓人成為最好的。對不論是個人還是共同努力下曾遭遇困難的球員，比賽結果是他們的回報，這應是合適的。

在這些限制下，勝利可以也應該帶來正常的滿足，並得到對手的尊敬。勝利也應會刺激對手期盼勝利的渴望，而不是相形見絀或傲慢自大的感受。贏球的一方應給人這種印象。贏球的一方表達勝利滿足的方式，是與輸球的一方握手致意，激勵他們繼續練習。

基於這些原因，冠軍的觀念被較單純、較佳技術的贏家所取代。比賽時增進個人表現，是每場賽事均應發展出的動力。所有巧固球組織的方向，從最小型的友誼賽到最重要的高峰對抗賽，都必須朝這個目標前進。

此憲章在 2004 年會員大會時曾經被取消，然而 2009 年會員大會時，再次被恢復，讓巧固球不忘記他的根本精神（FITB，2004）。

肆：巧固球在運動教育上的意義

體育的目標旨在培養學生具備良好的體適能，而不是塑造一個競賽的勝利者，去追求「贏」而已，也就是說不論其天份如何，皆應有機會參與身體活動，發展適合年齡應有的運動技能，是身心健全且快樂的（教育部，2003）。

巧固球運動精神著重禮讓而不侵犯，友愛而有競爭，合作而不取巧，並避免兩球隊比賽間球員有任何侵犯之行為（萬清河、徐木秀，1985）。從潛移默化間達成教育目的才是教育最高境界。因此從巧固球運動的相關教育價值可知，巧固球運動可以促進學生人格的陶冶及技能的培養，所以落實巧固球運動可以提升體育教學的價值（陳垣翰，2005）。

一、和平運動：

巧固球是一種沒有暴力的運動，禮讓是他的精神本意，他教導尊敬所有的選手，從規則來引導和平競賽，強調比賽公平和和平。即使是大型運動競賽，巧固球比賽很少受傷或衝突，協助的護士人員也都很放心，更加證明該運動非常和平安全（F.I.T.B，2015）。

聯合國和平顧問都來函說巧固球運動精神和聯合國的宗旨一樣，希望人類透過運動而和平（Adolf Ogi，2001）。而且每次比賽後，會有選手之夜，每位選手自己準備節目，彼此同樂，比賽時是對手，比賽後是朋友，更可知道運動教育發展之極致。歷年比賽中很少有選手衝撞或怒罵裁判之情形發生，很少裁判舉出紅黃牌，選手之夜的選手表演，大家和平互相勉勵，更是競賽後和平之成效。

二、安全運動：

巧固球排除相對隊伍間任何侵犯之因素，嚴禁肢體碰觸，減少傷害之發生，是適合教育界學生的運動。連傳接球都不能擋到對手彼此間的視線，更何況是不會身體接觸（F.I.T.B，2015）。

在中華民國巧固球規則第七條、第九條、第十一條中，明文規定比賽中禁止雙方身體接觸，在傳球過程中不可以有阻擋的行為及企圖，容許對方盡其所能的發動攻勢，守方僅能依照球的方位採取防守的動作，使參與者在其能力範圍內將體力與智力極至發揮（陳垣翰，2005）。

很多運動本質就是衝突且不安全，在現今家長生的少，且小孩都是寶貝之下，體育老師也很煩惱學生因運動而受傷，巧固球無疑是非常適合！因為他運用規則來避免人類侵略之行為和衝撞。

三、團隊運動：

巧固球講求團體表現，每人各盡自己的責任，發揮整體作戰力的團結合作力量，這是每位選手價值的地方，也是因材施教最好的場所，大家日後共同回憶的地方（F.I.T.B，2015）。

團隊之間的合作學習更是重要。布蘭德想研發一個沒有暴力和侵略活動。巧固球的宗旨是"公平競爭"，但也不損害兩支球隊一起在一個共同的活動中比賽的強度。巧固球提供機會當他們的體力活動時讓參與者之間有社會交流。它提供了競爭，但不鼓勵侵略，將用於提供如何競爭與合作是可以共存的一個例子（Phoebe Constantinou，2015）。

　　隊友們別無選擇，是要學會使用彼此的技能和價值，同時尊重個人的努力。在不間斷的遊戲教導球員要與賽前隊友積極主動，並制定戰略。它鼓勵他們用批判性思維能力做出決定，比如自己在球場上什麼地方，如何騙過對手，使他們能夠得分，以及如何防守周圍的反彈禁區，以防止對手得分。積極的相互依賴。積極的相互依賴意味著學生學會面對團隊的其他成員，他們共同合作完成一項任務。再次，巧固球提供了極好的機會，讓學生接觸到這樣的學習情況。相較於傳統的運動，巧固球擁有所有好的元素，使之成為真正的 "團隊運動（Phoebe Constantinou，2015）。

四、戰術運動：

　　巧固球在場內，就像在玩象棋，如何有戰術誘敵，將球打到沒有人的地方，都是二隊一大鬥智之處，跑來跑去，體適能也會自動增強（F.I.T.B，2015）。

　　一個27*17 公尺的場地，七個人一隊。不管如何跑位，都會有漏洞。而另一隊的人便要看穿對方選手能力和跑位而擬訂克敵之方法，做假動作，誘敵深入，二邊交叉或快速進攻。而此時每人更要盡到自己的力量，守好自己的防守區，不要有漏洞或被騙，心理盤算對方會如何攻防，是一場心理和生理都要運作良好的運動。

五、簡單運動：

　　巧固球規則簡單、甚至於可以更簡化規則（比如初學者可不限走步和越區）富有彈性、時間、年齡、性別、體力、場地、斟酌調整、老少鹹宜（F.I.T.B，2015）。

　　一個運動規則只有三頁，只要 30 分鐘即可初級的玩。平常上體育課時，將巧固球運動設計在課程裡面，此時可發現這項運動很能吸引同學的注意，有著不同以往的師生互動方式（陳垣翰，2005）。

他非常容易學習，教師容易指導，學生安全學習，入門很簡單。一顆球和一個網子，就可以玩得很高興。

六、趣味運動：

巧固球只要簡單介紹即可玩得很高興，尤其每人皆可射網的成就感及動頭腦打沒有人之技巧處是一大特色（F.I.T.B，2015）。

筆者每年舉辦班際巧固球賽，考量學生射網是每個人的最愛，所以修改規則，讓每個人輪流打，造成每年班際比賽時，前幾個月操場10個球網下課都擠滿人，不得不分配場地和時間，造成校園打巧固球風氣很盛，因為簡單和好玩。

他雖然簡單，但是高水準的技術也是很多，配合下棋的戰術變化，更是鬥智而有趣，也是他很有趣的地方。

七、體能運動：

巧固球的全身跑跳擲接等運動促進大小肌肉之發展，體育學報第17期有刊載，巧固球訓練對國小學童大肌肉及小肌肉之發展，經實驗證明，在速度和敏捷性和全身性肌肉能力和反應速度很有幫助（F.I.T.B，2015）。

另一碩士論文，巧固球訓練對學童基本運動能力之影響，也指出在實施十二週巧固球訓練課程後，國小高年級學童上肢瞬發力、肌耐力、心肺耐力、速度、敏捷性、下肢瞬發力、協調性、平衡性等基本運動能力皆顯著提升，但在身體質量指數（BMI）、柔軟度方面雖然有所提升，但未達顯著水準（黃永德、2012）。

透過實驗方式確實知道巧固球運動對學生體適能非常有幫助，而且成效卓越。

八、全能運動：

巧固球選手常是跳高、跳遠、短跑、鉛球、壘球、以上與國小運動會中可以知道，撞球、躲避球、手球等相關運動之優秀選手（F.I.T.B，2015）。

巧固球運動雖然稱為「君子球」，會被誤為沒有活動力，這樣的認知是錯誤的。在球場來回不斷的奔跑，需要有很好的體力，當從事這項運動久而久之就會增進體適能，達到運動的目標之一（陳垣翰，2005）。跑到禁區附近要起跳，攻網要用力射網，攻完也要立刻變防守，還要猜測球可能的方向，去接他人強攻的球也很累，但是很刺激。

近年來政府實施體適能檢測，學生都會覺得很無聊且制式化，倒不如讓學生學習團隊的巧固球運動，他們會自己玩在其中，團體制約學習和激勵，互相勉勵，鬥智，為了接好球，他會自己主動跑去接，為了打到人家接不到球，他會出力去打，都是個人體能鍛鍊，自發性學習，才是最有效的體適能訓練方法。

九、美的運動：

射網時的動作，個人持球之肢體跳躍、翻轉、騰空、入射角及反射角、手腕之相關變化，都有其美感之處（F.I.T.B，2015）。

在比賽當中由於規則的限制，在三傳後必須完成攻擊的動作，增加了射網及防守的機會，是巧固球運動最能表現力與美的地方。當射網時，身體彈在空中，藉由肢體的扭動改變出手的方向，將球射到網上反彈到三公尺外，特別是得分時，更令人感到滿足。防守人員的快速判斷，勇猛的撲接動作，並不輸給其它的熱門運球類運動（陳垣翰，2005）。由其比賽中比數接近，二隊分數一來一往，更是精彩。

十、道德運動：

巧固球運動給輸的機會，攻擊得分後，是輸的發球。即使贏球，也不能自傲，考量他人感受。絕不欺騙他人，贏要贏到別人的心理。比賽後大家都是好朋友，從賽後選手之夜看到大家同樂便可知道，實在符合人類運動的目的，不是為了優勝，而是為了建構一個美好社會來有所貢獻（F.I.T.B，2015）。

從活動當中，讓學生學習禮讓與和平的觀念，並不是所有的運動從頭到尾都是你爭我搶，提高運動的社會性教育功能。從訓練及比賽中，培養守法、團結、服從、犧牲、合作、奮鬥、禮讓的優良品德，是相當具有推展價值的運動（陳垣翰，2005）。

巧固球運動是一項誠實且公平的運動，在比賽過程中，裁判的誤判，球員都會誠實以對，就算對自己不得利，還是會告知裁判，並且改判，這與品格中的責任、公平、公民責任及值得信賴是有相互呼應的（張惟淳，2015）。

巧固球強調勇於面對自己，輸就是輸，還要輸得起。贏就是這一次贏，不是以後都會贏，重點是贏要贏到別人的心理，才是真正的贏，這是巧固球憲章所推崇之巧固球精神。

小結：

現今各國崇尚亞奧運運動，真不知道為何體育教育只剩下 28 個亞奧運項目？而有些亞奧運運動本質根本不適合學生，有的還有侵略性，甚至容易受傷，家長也不希望學生參加，有些項目上課的老師沒此專業、學校也沒有設備，巧固球運動在此更顯得其特殊性。

巧固球不僅僅是這可以被添加到體育課程，它超越了技術和遊戲規則的一項運動。它通過鼓勵他們的目標是盡善盡美，同時避免負面的行為與對方建立團隊 "性格" 的球員哲學框架（Phoebe Constantinou，2015）。尤其巧固球在遊戲及規則中，闡述六項教育潛能---禮讓、不侵犯別人、友愛、正當競爭、健壯身體、團隊合作等（閭湘，1988）。

在九年一貫課程推行的今天，體育課程的編排與策劃，選擇一項能讓學生感興趣又富有教育價值的運動，需要老師多用點心思。巧固球運動對身體活動與體適能、自我實現、動作技巧發展和社會發展等目標，均能一一兼顧此教育目標。所以我們有必要讓此「君子球」巧固球運動持續推展，獲得教育當局及學校老師的認同，發展為全民運動（陳垣翰，2005）。

　　巧固球設備便宜，學校容易採購，適合各種場地，運動時安全性很高，教育性功能強，學校老師也容易學習，國際巧固球總會還將所有基本教學法，拍成中英文影片免費讓全球可以下載和學習（F.I.T.B，2014），他兼顧認知、情意、技能三項教育目標，非常適合在學校體育課實施教學。

伍：結論

　　現今體育老師如何激勵學生，尋找一項運動本質非常適和現今教育體系中的運動項目，而非制式不好玩的體適能檢測，採取讓學生喜歡的方式，擅於指導正確教學方法和因材施教，讓學生們安全的自己玩在其中。尋找運動教育最佳運動項目，巧固球無疑是好的方式。

　　他有安全的比賽規範，讓老師和家長放心；他崇尚和平，強調合作學習和團隊合作，運用戰術戰略，從最簡單規則即可玩得很高興到高水平更可趣味鬥智，讓身體可以自發性提升體適能，充實全身跑跳擲接等能力，在激烈攻防中有美的畫面，更強調內心運動教育的誠實，贏了球技的外在，更要贏到他人的心理，全面皆贏就是巧固球精神。

　　筆者在學校任教 25 年，每年都推展巧固球運動，早上都要球隊訓練，我的巧固球隊球員更是學校每年運動會中，各項比賽優秀的選手，更加證明他的運動教育的優越性。

參考文獻

Adolf Ogi（2001）。聯合國和平運動發展部秘書長之特別顧問給國際巧固球總會的一封信，支持巧固球之教育價值和聯合國和平一樣。

Dr Hermann Brandt（1970）。《tude Critique Scientitifique Des Sports D'équipe》。Editions Roulet, 1227 Carouge- Genève，p10。

F.I.T.B（2001）。國際巧固球總會發展檔案簡史（法文）。該資料透過瑞士日內瓦巧固球會長 Daniel Buschbeck e-mail 給筆者共 45 頁及相關資料彙整。筆者將相關問題 e-mail 給 Daniel，他於 2001 年 4 月 21 日面訪現任 FITB 會長及秘書長及 2001 年 4 月 24 日電訪 John Andrews，於 2001 年 4 月 29 日 Daniel Buschbeck 來台灣高雄縣路竹鄉自宅親自訪問及透過其翻譯了解。

黃進成（2009）。巧固球教學影片。取自
https://www.youtube.com /watch?v=Gn-bUHDCV_0。

F.I.T.B（2004）。國際巧固球總會會員大會會議紀錄。

F.I.T.B（2009）。國際巧固球總會會員大會會議紀錄。

F.I.T.B（2011）。國際巧固球總會裁判研習手冊，P8。

F.I.T.B（2013）。國際巧固球總會會員大會會議手冊。

F.I.T.B（2014）。國際巧固球推展影片
https://www.youtube.com /user/tchoukballmedia。

F.I.T.B（2015）。巧固球運動好的地方。國際巧固球總會宣傳單。

John Andrews（1979）。Tchouk-ball---An International Sport-for-all with Michel Favre。《Essays Physical Education and Sport》。England, page157-164。

Phoebe Constantinou（2010）Keeping the Excitement Alive, Journal of Physical Education, Recreation & Dance, 813, 30-35,
DOI: 10.1080/07303084.2010.10598446

永春國小（2014）。聖火傳遞，巧固之王。取自

　　http://ycweb.ycps.tp.edu.tw/ycpstchouk_cht/index.htm

李孟印、陳全壽（1999）。巧固球訓練對國小學生大小肌肉活動能力之
　　影響。中華民國體育學會體育學報。26，頁 273~280。

張惟淳（2015）。巧固球運動與品格之探討。學校體育，147 期。107-114
　　頁。

教育部（2003）。國民中小學九年一貫課程綱要健康與體育學習領域。
　　台北市：教育部。

陳垣翰（2005）。巧固球運動之教育價值探討。東師體育，12 期，104-106
　　頁。

黃永德（2012）。巧固球訓練對學童基本運動能力之影響（未出版之碩
　　士論文）。國立台南大學，台南。

黃進成（2001a）。高雄縣巧固球運動發展之探討。中華民國體育學會
　　體育學報。30，頁 79-89。

黃進成（2001b）。巧固球運動傳入台灣之探源。第四屆東北亞體育史
　　學會學術大會。東北亞體育史學會：中國大陸，成都。2001 年 8
　　月，頁 311-313。

黃進成（2002）。巧固球運動在台灣發展之研究（未出版之碩士論文）。
　　國立台東大學，台東。

萬清河、徐木秀（1985）。巧固球理論與實際。台北市：健行文化出版
　　社。

閩湘：＜巧固球精神與體育教育＞《教師之友》。民 77，頁 32-34。

國家圖書館出版品預行編目（CIP）資料

團體運動的科學評論研究 / 赫爾曼.布蘭德（Hermann Brandt）作；
黃進成譯. -- 高雄市：國際巧固球總會台灣總會，2017.12
291 面；16.3x22.8 公分
譯自：ÉTUDE CRITIQUE SCIENTIFIQUE DES SPORTS D'ÉQUIPE

ISBN 978-986-96007-0-5（平裝）

1.球類運動　2.教育　3.巧固球

528.959　　　　　　　　　　　　　　　　　106024792

團體遊戲的科學評論

作　　者：布蘭德
譯　　者：黃進成
出 版 者：國際巧固球總會台灣總會
地　　址：821 高雄市路竹郵局第 33 號信箱
電　　話：07-6975784
傳　　真：07-6963151
版　　次：2017 年 12 月出版一刷
I S B N ：978-986-96007-0-5
排版、製版、印刷：文珍印刷有限公司
登 記 證：99-664620-00
定　　價：350 元
匯款：戶名：國際巧固球總會台灣總會黃進成
　　　金融代號：700 中華郵政路竹郵局
　　　局號：0101659　　帳號：0702536
E-mail: academic@tchoukball.org.tw

出版：2017.12 月